当代世界学术名著

Global Civil Society?

新闻与传播学译丛
大师经典系列

全球公民社会？

[英] 约翰·基恩 John Keane / 著
李勇刚 / 译
郭之恩 肖伟光 等 / 校
中国人民大学出版社
·北京·

新闻与传播学译丛·大师经典系列　　　展江　何道宽 /主编

"当代世界学术名著"
出版说明

中华民族历来有海纳百川的宽阔胸怀，她在创造灿烂文明的同时，不断吸纳整个人类文明的精华，滋养、壮大和发展自己。当前，全球化使得人类文明之间的相互交流和影响进一步加强，互动效应更为明显。以世界眼光和开放的视野，引介世界各国的优秀哲学社会科学的前沿成果，服务于我国的社会主义现代化建设，服务于我国的科教兴国战略，是新中国出版工作的优良传统，也是中国当代出版工作者的重要使命。

中国人民大学出版社历来注重对国外哲学社会科学成果的译介工作，所出版的"经济科学译丛"、"工商管理经典译丛"等系列译丛受到社会广泛欢迎。这些译丛侧重于西方经典性教材；同时，我们又推出了这套"当代世界学术名著"系列，旨在迻译国外当代学术名著。所谓"当代"，一般指近几十年发表的著作；所谓"名著"，是指这些著作在该领域产生巨大影响并被各类文献反复引用，成为研究者的必读著作。我们希望经过不断的筛选和积累，使这套丛书成为当代的"汉译世界学术名著丛书"，成为读书人的精神殿堂。

由于本套丛书所选著作距今时日较短，未经历史的充分淘洗，加之判断标准见仁见智，以及选择视野的局限，这项工作肯定难以尽如人意。我们期待着海内外学界积极参与推荐，并对我们的工作提出宝贵的意见和建议。我们深信，经过学界同仁和出版者的共同努力，这套丛书必将日臻完善。

中国人民大学出版社

"新闻与传播学译丛·大师经典系列"
总　　序

　　新闻与大众传播事业在现当代与日俱增的影响与地位，呼唤着新闻学与传播学学术研究的相应跟进和发展。而知识的传承，学术的繁荣，思想的进步，首先需要的是丰富的思想材料的积累。"新闻与传播学译丛·大师经典系列"的创设，立意在接续前辈学人传译外国新闻学与传播学经典的事业，以一定的规模为我们的学术界与思想界以及业界人士理解和借鉴新闻学与传播学的精华，提供基本的养料，以便于站在前人的肩膀上作进一步的探究，而不必长期在黑暗中自行摸索。

　　百余年前，梁启超呼吁："国家欲自强，以多译西书为本；学子欲自立，以多读西书为功。"自近代起，许多学人倾力于西方典籍的迻译，为中国现代社会科学和自然科学的建立贡献至伟。然而，由于中国新闻学与传播学的相对年轻，如果说梁任公所言西学著述"今之所译，直九牛之一毛耳"，那么新闻学与传播学相关典籍的译介比其他学科还要落后许多，以至于我们的学人对这些经典知之甚少。这与处在社会转型过程中的中国的社会经济文化发展的要求很不协调，也间接造成了新闻与传播"无学"观点的盛行。

　　从1978年以前的情况看，虽然新闻学研究和新闻教育在中国兴起已有半个世纪，但是专业和学术译著寥寥无几，少数中译本如卡斯珀·约斯特的《新闻学原理》和小野秀雄的同名作等还特别标注"内部批判版"的字样，让广大学子避之如鬼魅。一些如弥尔顿的《论出版自由》等与本学科有关的经典著作的翻译，还得益于其他学科的赐福。可以说，在经典的早期译介方面，比起社会学、政治学、经济学、法学、心理学等现代社会科学门类来，新闻学与传播学显然先天不足。

　　1978年以后，尤其是20世纪90年代中期以来，新闻与传播教育和大众传播事业在中国如日中天。但是新闻学与传播学是舶来品，我们必须承认，到目前为止，80％的学术和思想资源不在中国，而日见人多势众的研究队伍将80％以上的精力投放到虽在快速发展、但是仍处在"初级阶段"的国内新闻与大众传播事业的研究上。这两个80％倒置的现实，导致了学术资源配置的严重失衡和学术研究在一定程度上的肤浅化、泡沫化。专业和学术著作的翻译虽然在近几年渐成气候，但是其水准、规模和系统性不足以摆脱"后天失调"的尴尬。

我们知道，新闻学产生于新闻实践。传播学则是社会学、政治学、心理学、社会心理学等学科以及新闻学相互融合的产物。因此，"新闻与传播学译丛·大师经典系列"选择的著作，在反映新闻学研究的部分代表性成果的同时，将具有其他学科渊源的传播学早期经典作为重点。我们并不以所谓的"经验学派/批判学派"和"理论学派/务实学派"画线，而是采取观点上兼容并包、国别上多多涵盖（大致涉及美、英、德、法、加拿大、日本等国）、重在填补空白的标准，力争将20世纪前期和中期新闻学的开创性著作和传播学的奠基性著作推介出来，让读者去认识和关注其思想的原创性及其内涵的启迪价值。

法国哲学家保罗·利科（Paul Ricoeur）认为，对于文本有两种解读方式：一种是高度语境化（hypercontextaulisation）的解读，另一种是去语境化（decontextaulisation）的解读。前者力图从作者所处的具体社会语境中理解文本，尽可能将文本还原成作者的言说，从而领会作者的本意；后者则倾向于从解读者自身的问题关怀出发，从文本中发现可以运用于其他社会语境的思想资源。本译丛的译者采用的主要是第一种解读方式，力图通过背景介绍和详加注释，为读者从他们自身的语境出发进行第二种解读打下基础。

"译事之艰辛，惟事者知之。"从事这种恢弘、迫切而又繁难的工作，需要几代人的不懈努力，幸赖同道和出版社大力扶持。我们自知学有不逮，力不从心，因此热忱欢迎各界读者提出批评和建议。

"新闻与传播学译丛·大师经典系列"
编委会

献给于尔根·科卡（Jürgen Kocka）

世界便做如此看，世人莫作应彼观
(Take the world as it is, not as it ought to be)
（德国古谚语）

全球公民社会？

约翰·基恩（John Keane）是一位杰出的政治思想家，他回顾了作为宏大观念的全球公民社会在近期的发展。基恩探究了当前培育或威胁全球公民社会成长的矛盾力量所形成的混乱状态，并展示了全球公民社会话语所暗示的政治图景。那是暴力更少的世界，它建立在合法认可的权利分享协议之上，而这些协议是由许多互不相同而又相互交叉的社会经济生活形式所达成的。基恩的反思和一个广为流行的看法针锋相对，这种看法认为世界太过复杂，有太多暴力和疯狂，不值得进行严肃的反思。他的论述借鉴了各个学科，包括政治科学和国际关系，从而挑战了当代诸多文献中关于全球化和全球治理的规范性沉默和混乱。一反对于恐怖主义、排外趋势兴起以及"反全球化"之放任话语的恐惧，此处对于全球公民社会连篇累牍的捍卫意味着需要新的民主生活方式和全新的民主思维来考虑那些全球问题，比如具有全球影响的全球市场、非文明战争、大学生活和政府。

约翰·基恩是民主研究中心（Center for the Study of Democracy）的创

立者，也是威斯敏斯特大学的政治学教授。他出生于澳大利亚，在阿德莱德、多伦多和剑桥接受过教育，他频频为全世界许多广播节目、报纸和杂志撰稿。他的著作有《媒体和民主》(The Media and Democracy，1991)，该书已经被翻译为超过 25 种文字；他撰写的传记《汤姆·佩恩：一种政治生活》(Tom Paine：A Political Life，1995) 曾获奖；还有《公民社会：旧图景，新视野》(Civil Society：Old Images，New Vision，1998)；此外还撰有掌权者的传记《瓦克拉夫·哈维尔：在六次行动中的一个政治悲剧》(Václav Havel：A Political Tragedy in Six Acts，1999)。他最近荣膺柏林科学中心 (Wissenschaftszentrum Berlin，WZB) 政治学卡尔·多伊奇教授 (Karl Deutsch Professor)，同时他还是公共政策研究所 (Institute for Public Policy Research，IPPR) 的研究员，该研究所是一家以伦敦为基地的颇有影响力的智囊团。他现在正撰写一部关于民主的全方位历史，一个多世纪以来还没出现过类似的著作。[①]

[①] 约翰·基恩新著《民主的生命与死亡》(The Life and Death of Democracy) 已于 2009 年出版。——译者注

前　言

　　宏大观念试图在思想上把握整个世界，它们导致不满，也唤起未来的希望，因而名声大噪。它们的对手指责它们是对世界过于简单的描述，经常怀疑它们还起着意识形态托辞的作用，这种意识形态是为了统治群体压制被统治的其他群体。对于其对手而言，众所周知，宏大观念是恐惧与轻蔑的始作俑者。因此，对于宏大观念的所有现代版本而言，遭受争议和反对是其共同的宿命：最近有一种言论认为，历史终结于自由民主和自由市场那毫无争议的胜利。从这个角度而言，这种言论和早先的一些假说相比不过半斤八两。比如说，这些假说认为社会主义会赢得世界的胜利，或者说法西斯专政会净化民族，让它们能够有超人的成就。

　　既然粗陋的宏大观念的历史如此混乱，那么对于这本微不足道的书中的宏大言论您也许会紧皱眉头。关于全球化及其反对意见，本书提出的一个主题认为，一个宏大、得当且极具活力的概念今天正在兴起，那就是全球公民社会。本书探索了这个星球级（planetary）图景的历史根源，分析其当代意义和用法，以及将来的政治潜力。该观点不仅假设，对于从政治上对社会秩序的设想而言，宏大观念所导致的周期性的"神魂颠倒"是一种必要条件。本书还指出了全球公民社会这种概念中非同寻常的杂乱无章——它非同小可的本事能吸引地球上五湖四海的各种各样的支持者。本书将这种杂乱无章视为一些当代斗争的标志，这些斗争试图使全球化突飞猛进的成长（growth spurt）为人理解，而这种全球化的突飞猛进的成长现在正展现在我们眼前。因此，我们注意那些现在正培育全球化成长的力量，比如涡轮资本主义（turbocapitalism）、全球媒体、社会运动、公立大学和其他政府机构。至于暴力、排外、饥饿、宿命论和其他阻碍这种新的全球图景的力量，我们也将其放在显著位置。我们也作出了政治区分和理论限定，其中包括一个观点，即全球公民社会作为一个 20 世纪 90 年代的新术语，是一个带有彻底不同特征的宏大观念。作者认为，当全球公民社会概念的支持者使用它作为一种伦理标准的时候，它拥护一种建立于非暴力和法定权利分配机制之上的世界政治图景。这种法定权利分配机制存在于许多互不相同却相互联系的社会经济生活形式之间，而这种形式与政府机构截然不同。全球公民社会的多元观念公开挑战之前的宏大观念，这些宏大观念都毫无例外地持有形形色色的一元论假定。全球公民社会的整体印象认为一元论令人厌恶。如果用经验术语来说明全球公民社会，不过是强调一个事实，即认为大多数人今天的生活都在成千上万根不同的全球琴弦上左摇右摆。如果用规范术语来说明全球公民社会，就是说要破除过去的宏大观念，因为那些宏大观念不过是一些木马，一些统治群体用它们来建立不可理喻的制度，而这些制度裹在意识形态的欺骗之中。在极端的案例中，这些木马被用来将牺牲者推向恐怖、残暴和有组织谋杀的死胡同，胡同里面一片黑暗。

可以将这些对全球公民社会的反思看做一种实验，这种实验在当代民主思想的实验室中进行。他们的发现既不悲观也不乐观，但它们确确实实冲那种认为世界正在走向毁灭的普遍感觉而来：这种感觉一方面太复杂，另一方面也太暴力且太疯狂，因此不值得予以严肃的思考。这个实验运用了各种不同的学科，包括政治科学、现代历史、地理、人类学、经济学和国际关系。人们打算把这个工作当成对应用政治哲学领域的贡献，当成送给那些对概念实践的重要性兴趣盎然的人们的礼物。在当代一些关于全球化和全球治理的论文中，有许多规范性（normative）的沉默和混乱，而全球公民社会的图景正好能够当作对这种沉默和混乱的挑战。在反对恐怖主义不断增加的恐惧、顽固势力和民族主义不断强化的联系以及"反全球化"日益放纵的言论的过程中，对全球公民社会的捍卫发展到此种地步，以至于它暗示着需要捍卫生活的民主化道路和全新的民主思考。这些民主思考关乎暴力、全球市场以及全球范围的政府等事务。用来支持全球公民社会的言论竭尽所能地强硬。它们并不是傻头傻脑地捍卫"西方"，也不是"自由主义"或"世界大同主义"，更不是帝国权力：它们是截然不同的东西，是焕然一新的东西。

　　一些读者可能会吃惊地发现，这里所列举的例子对于那些迷恋"公民社会"观念的人是一个挑战，对那些洁癖者（purists）（作者如此称之）更是一个挑战，这些洁癖者对市场的混乱、冲突和暴力视而不见，把这个社会看成自愿合作的舒适且和平的形式——看做人间天堂的处方似的东西。本书希望这些洁癖者在他们的思想上有所长进。本书提醒他们以及其他人：公民社会概念的复兴是当代人文科学最重要的进展之一。这一起源于 18 世纪的观念在学术界内外都取得了一席之地；而且现在看来，它很可能主导今后一些年的知识议程（intellectual agenda）。这也就是本书为什么会和那些将公民社会话语激进化的努力站在一边的缘故。与狭隘乡土观念、社会不公、狂妄自大以及凶狠残暴的力量相反，本书通过回答以下类型的问题来为这一古老的话语注入新的生命力，这些问题是：假如在公民社会和领土国家形式之间"真实世界"的关系并非必不可少，只不过是转瞬即逝，那么，说一个没有边界的"全球公民社会"在今天兴起有意义吗？假设如此，这一术语又指什么意思呢？它的起源是什么？在它的不同用法之间，包括描述性的、策略性的和规范性的用法之间作出区分一定很重要吗？在有着不同历史的地区，比如在印度次大陆、穆斯林社会和中国，对于"公民社会"这一术语有着根本不同的理解，这些理解能否在全球公民社会的观念下得以描述？那样的社会能够为千万人提供"巢穴"和生计，能够约束那些不可理喻且惹事生非（bellicose）的政府和团体力量，而这些力量正欲使世界暗无天日——既然在这两个方面，那样的社会有着根本性的重要作用，那么，人们如何从政治和法律上保障全球公民社会？而这种全球公民社会又是新兴的全球秩序民主化的基本前提。还是说从"下面"开始，仅仅通过非政府组织（NGOs）和社会行动？或者是通过世界的主导力量，比如美国的影响力和战斗能力？通过联合国，或者可能通过各种有千丝万缕联系的社会和政治战略？在全球治理的过程中，全球公民社会能够扮演怎样的角色？或许这个社会能跨疆越界，帮助人们来重新界定世界人民普遍共同的权利和责任？

汉娜·阿伦特（Hannah Arendt）曾经评论道，给一条野狗取个名字会大大增加其继续生存的机会。所以，一个脉络分明的全球公民社会的图景，可以号召其支持者为反对穷困和不自由而联合在一起。而且，在重新为我们的世界命名的政治任务中，在通过对未来寻求新意义而为世界提供希望的过程中，（一个脉络分明的全球公民社会的图景）或许也是至关重要的第一步吧？

约翰·基恩

于伦敦

2002 年 8 月 1 日

目 录

第一章　鲜为人知的词语 ………………………… 1
　新宇宙论 …………………………………………… 1
　经验轮廓 …………………………………………… 5
　理想类型 …………………………………………… 10
　老习惯 ……………………………………………… 25
　层次？ ……………………………………………… 29
　欧洲城镇 …………………………………………… 32
　普遍的历史 ………………………………………… 34
　概念帝国主义？ …………………………………… 36
　大暴力，小暴力 …………………………………… 39
　传播 ………………………………………………… 43

第二章　催化剂

传统：真主的召唤 ·· 50

通往1914年之路 ·· 55

暴力的世纪 ·· 63

公民社会纯粹主义 ·· 72

涡轮资本主义 ··· 82

市场与公民社会 ··· 94

市场不平等 ··· 111

第三章　世界民主

宫廷社会？ ··· 115

世界民主 ·· 122

合法性 ··· 130

笨拙的政府 ··· 134

不稳定因素 ··· 140

  政治熵 ··· 141

  责任阙如的问题 ·· 145

  宰制力量 ·· 147

世界主义的民主？ ··· 150

宿命论 ··· 156

第四章　人间天堂？

高等教育 ·· 161

象牙塔？ ·· 165

意识形态 ·· 173

暴力的三角形 ·· 181

非文明战争 ··· 186

恐怖主义 ·· 188

文明的政治 ································· 190
　　困局与策略 ································· 193
　　社会稳定 ··································· 197
　　狂妄自大 ··································· 200
　　月亮上的飞鹰号 ····························· 202
　　全球公共场所 ······························· 206

第五章　超越国界的伦理 ························· 217
　　流传的理念 ································· 217
　　反调儿学派 ································· 223
　　西方理念？ ································· 226
　　第一法则？ ································· 231
　　　　自然法 ································· 231
　　　　人类共识？ ····························· 233
　　　　新康德路数 ····························· 236
　　神和全球公民社会 ··························· 237
　　全球公民社会——无源之水 ··················· 240
　　道德 ······································· 242
　　文明性 ····································· 245
　　迈向公民社会伦理 ··························· 248
　　防御手段 ··································· 251
　　远方的责任 ································· 253

拓展阅读 ······································· 258
索　　引 ······································· 265
译后记 ··· 283

第一章　鲜为人知的词语

新宇宙论

所有的人类秩序，包括狩猎采集社会，都依靠关于宇宙和世界观的共享映像，这些共享映像将社会成员的根牢牢扎进空间和时间之中。在这颗由白色水蒸气所包裹的小小蓝色行星上，却很少有人幻想过将这颗行星上的五大洋、六大洲和人们之间联结起来。在严格的意义上，在现代早期的欧洲，这类世界观中的每一种都出现于伊斯兰教遭受军事打击之后（the military defeats suffered by Islam）。它们包括在帝国的名义下，对领土、资源和国民的强有力的全球性占有；也包括基督教界为帝国的冒险提供后盾的努力，其目的是给尘世带来精神拯救；还包括通过法西斯主义等极权主义暴力来一统世界的企图。每一种全球化的工程都给世界人民的生命、人们的制度以及生态系统留下难以拭去的印迹，但是每一种（全球化工程）就完成其使命而言都失败了。在我们的时代，与那些失败的背景相反，把我们自身卷入另一场更大的人类冒险的想象又开始兴起了，这种想象在全球层次上得以实现。一个与此前存在过的任何世界观都截然不同的新世界观已经诞生了，并且正在经历着突飞猛进的成长：它被叫做全球公民社会。

这个鲜为人知的词汇"全球公民社会"是 20 世纪 90 年代的新术语，它正在快速流行开来。在 20 世纪 80 年代末期，公共思想知识分子之间有七股相互交织的思潮（streams of concern），而全球公民社会这一术语诞生于七股思潮的汇合之中：第一，公民社会旧话语的复苏，尤其是在中东欧，在"布拉格之春"的军事镇压之后；第二，对于以卫星和计算机为媒体的新通信系统带来的革命性影响所作出的浓墨重彩的赞赏〔以麦克卢汉（McLuhan）的著名术语最为传神："地球村"〕；第三，和平和生态运动导致了新的觉醒，我们认识到，我们是一个脆弱不堪且有自我毁灭隐患的世界系统的成员；第四，流布甚广的一个观念认为，苏联式共产主义体系的解体，预示着新的全球政治秩序；第五，新自由主义经济学和市场资本主义经济在世界范围内突飞猛进地成长（growth spurt）；第六，随着后殖民国家的衰退及其承诺未能兑现而产生的幻灭；第七，对充满危险又制造不幸的真空不断增长的关注，而正是帝国和国家的崩溃以及非文明战争的爆发，打开了这一充满危险又制造不幸的真空。① 得益于（以上）这些进展，全球公民社会的言论

---

① 对于这些关怀的早期表述是"世界公民文化"理论，参见 Elise Boulding, *Building a Global Civic Culture*, *Education for an Interdependent World* (New York, 1988)；"全球文明"的理念参见下面的工作论文（working paper）：Richard Falk, "Economic Dimensions of Global Civilization" (Global Civilization Project, Center for International Studies, Princeton University, 1990)；公民社会"国际化"理论以及"世界主义公民社会"、"全球"或"跨国"公民社会的术语参见 John Keane, "The Future of Civil Society", in Tatjana Sikosha, *The Internationalisation of Civil Society* (The Hague, 1989) 和 *The Media and Democracy* (Cambridge, 1991), pp. 135ff.；以及 Morten Ougaard, "The Internationalisation of Civil Society" (Center for Udviklingsforskning, Copenhagen, June 1990)。首先努力汇集这些早期著作的是 Ronnie Lipschutz, "Reconstructing World Politics: The Emergence of Global Civil Society", *Millennium*, 21: 3 (1992), pp. 389—420。

在公民竞选者、银行家、外交官、非政府组织和政治家当中越来越流行。世界银行欢迎"与公民团体共事的机会";亚洲开发银行(ADB)同样表示需要"加强与公民团体(civil society)的合作";甚至世界贸易组织(WTO)也表明它对于同世界公民团体机构对话的支持。[1] 于是,"全球公民社会"这一短语变化多端而且杂乱无章。它甚至给一些重要人物的演说添了些佐料(peppers)。比如联合国前秘书长科菲·安南(Kofi Annan)、美国前国务卿玛德琳·奥尔布赖特(Madeleine Albright)、德国前总理施罗德(Schröder)。有时甚至到了这样的地步,即这一词语本身变幻无常的程度跟它大红大紫的程度不相上下。

如今关于全球公民社会有太多的唠叨,但是关于它的思考太少了。因此,用"全球公民社会"这一短语时必须小心谨慎。像其他所有有政治边界的词汇一样,它的意义既不是不言自明的,也不是能自动地免于偏见的。因此,我们如何最好地考虑这些词语?目前的用法非常混乱。已经达成普遍共识的是,在全球层次上,需要新的社会、经济和政治协议(deal),而全球公民社会的话语回应了对这种需要不断增长的关注。早期现代欧洲创造了"政府"和"公民社会"之间的区分,有时我们在这种区分中看到了两条平行线。在这种区分出现的时期,人们正质疑秩序的超验基础,尤其是质疑声称其权威来自上帝的君主政体的超验基础。[2] 在这一基础性的共识之外,

---

[1] 每个例子都引自 Aziz Choudry, "All this 'civil society' talk takes us nowhere", http://globalresearch.ca/articles/AZ1201A.html, p. xxi;比较对于"在市场、政府和公民社会之间签署新国际社会契约"的呼唤,参见 Gerhard Schröder (ed.), *Progressive Governance for the XXI Century* (München, 2002), p. xxi; "The United Nations: Partners in Civil Society", www.un.org/partners/civil_society/home.htm; Madeleine Albright, *Focus on the Issues. Strengthening Civil Society and the Rule of Law. Excerpts of Testimony, Speeches and Remarks by US Secretary of State Madeleine K. Albright* (Washington, DC, 2000)。

[2] 参照拙文 "Despotism and Democracy: The Origins and Development of the Distinction Between Civil Society and the State 1750—1850", in John Keane (ed.), *Civil Society and the State: New European Perspectives* [London and New York, 1988 (reprinted 1998)] pp. 35-72, 以及 Adam Seligman, "Civil Society as Idea and Ideal", in Simone Chambers 以及 Will Kymlicka (eds.), *Alternative Conceptions of Civil Society* (Princeton, 2002), pp. 13-33。在我看来,塞利格曼(Seligman)对于公民社会兴起的解释与马克思主义描述有同样的缺点:片面强调市场经济的增长,片面强调相应的对于新伦理秩序的追寻,并认为在这种伦理中,个人利益可以和公共福利相协调。

许多差异和分歧是显而易见的。在全球规模上,过去、现在和突发性(emergent)社会关系都有一种经验性轮廓(empirical contours),而许多著者认为全球公民社会的观念正是分析这种经验性轮廓的一种方式。其他人主要从实用的角度,认为这一概念有助于阐述政治战略。仍有人将其视为规范性的观念。实际上,这些不同的侧重点之间通常相互交织且互为补充。然而,由于它们会而且确实也产生了存在分歧的各种主张,所以在它们之间进行区分就非常重要,而且要尽量避免将它们搅在一起而造成混乱。[1]

在对于"全球公民社会"这一术语的分析—描述性(analytic-descriptive)的运用之中,(本书)有所选择地对一些重要的机构、行动者和事件予以命名,检验了它们复杂的机制,并且通过理论区分、经验研究和富有见地的判断来试图得出结论,以勾画其起源、当代发展模式和(出乎意料的)后果。本书第一部分和第二部分是这种分析的例子。在这种分析之中,用全球公民社会的概念或追溯过去或探究现在,或者双管齐下——用它既追溯过去也探究现在。这种探究的目的并不是推崇政治战略,也不是传达世界上的规范判断;它们不过是寻求对这个世界复杂社会政治现实的解释性理解。全球公民社会的术语也可以用来支持策略性政治筹划(strategic political calculation)。在这第二种方法中,从本书对于全球社会运动的处理可以明显看出,这一术语被用来作为一种运动标准(campaigning criterion),即为了达到目标而建构必须完成的事情(或者是必须避免的事情)。就像自由和正义,对它们的期望或多或少是事先假定的。对于这一术语的策略性运用,与一些政治问题直接相关。它们集中在制度性的限制和机会上,还集中在权势群体和运动的策略上,就是说集中在支持者和反对者的(潜在的)政治收获和损失上,而这些支持者和反对者在全球公民

---

[1] 对于这些不同用法的重要区分在我关于 *Civil Society and the State*: *New European Perspectives and Civil Society*: *Old Images*, *New Visions* (Oxford and Stanford, 1998) 的前言中有详细分析。

社会结构的内部或外部进行运作。规范性关怀（normative concerns）不可避免地加入这种"策略性"方法中，被当做事先给定的。它们的当务之急与方法的筹划有关，即筹划达到或建立全球公民社会的方法（means）。最后，正如本书末尾部分所表明的那样，全球公民社会的术语可以用来（wielded）作为一种规范性理念（normative ideal）。全球公民社会的伦理或宏大观念据说证据翔实且看似有理，令人翘首以待。在那个基础上，可以用两种相互补充的方法来使用这一术语：那些削减或废弃全球公民社会机构的实践力量，比如说通过单边军事干预，或者强加军事法律，产生了一些令人厌恶或不可行的（unworkable）后果，而全球公民社会的术语可以作为一个预防性（precautionary）的概念，对这些后果发出警告。对这一标准的预防性用法通常可以通过其鼓吹（advocacy）功能得以加强：通过温和或强烈的努力来解释和强调，为什么全球公民社会从伦理上说是一个好东西。

经验轮廓

这一术语有很多功能，这当然是其流行度上升的原因之一。尽管如此，可以断定它的不同用法不应混在一起，而当"全球公民社会"一词出现在模糊、简单和有偏见的演讲中时，一般是混在一起的。这是经验思维的研究者在一开始达到的程度（this is the point at which empirically minded researchers arrive on the scene）。他们指出，对于厘清全球公民社会的经验范围和复杂性，对于厘清其策略或政治能力以及规范潜力（normative potential），最基本的是需要寻求绘制和测量全球公民社会的轮廓。他们号召让事实为事实本身说话。他们追求（不论如何，看起来对于他们的事情而言）一种直接的经验方法，（正如美国俗语所说）该方法假定，在这个世界上，如果有东西走起来像鸭子，而且叫起来也像鸭子，那么它就是鸭子。该方法需要可供使用的粗略数据，这得益于国际协会联盟（Union of International Associations）等团体作出的开创性贡献，还得益于世界公民参与联盟（CIVICUS, World Alliance for Citizen Participation）支持的公民社会指数工程，福特基金会支持的、在22个国家进行的公民社会比较研究，以及其他最近的出版物所作出的开创性贡献。这些搜集数据的工作看起来证实了流布甚广的映像：在20世纪期间，一些公民社会机构在全球层次上运行，在其数量和种类方面，让这个世界见证了一种构造性的增长，可能增长了200多倍。① 今天，有成百上千的从事跨国商务的小型、中型和大型公司，这个趋势本书略有论及。除此之外，每年还召开大约5 000多场世界会议，有50 000多个在全球层次上运作的非政府、非营利组织。这些跨国非政府组织（INGOs）的数目近年来有较快增长；得益于货币存取（access to money）和通信技术，从1985年以来形成了几千个跨国非政府组织，它们中大约有百分之九十从20世纪70年代开始就形成了。② 这些跨国非政府组织中，有相当一部分在欧盟和瑞士设立主要办公室（超过三分之一）。尽管如此，它们如今却运行于地球的各个角落，包括在撒哈拉沙漠以南的非洲（sub-Saharan Africa）建有上百个主要办公室。跨国非政府组织雇用或使用志愿者劳动力达几百万人之众：一项研究估计，仅仅在德国、法国、西班

---

① www.ids.ac.uk；Helmut Anheier *et al*. (eds.) *Global Civil Society 2001* (Oxford, 2001)；涵盖1909年7月期间的数据收在 Union of International Associations (ed.), *Yearbook of International Organizations*, 34th edn. (München, 1997—8), vol. 4, p. 559；比较 René-Jean Dupuy (ed.), *Manuel sur les organizations internationals* (Dordrecht, 1998); Thomas Risse-Kappen (ed.), *Bringing Transnational Relations Back In. Non-State Actors, Domestic Structures and International Institutions* (Cambridge, 1995); Jessica T. Matthews, "Power Shift", *Foreign Affairs*, 76: 1 (January-February 1997), pp. 50-66；以及下面文不对题的国别研究 Lester M. Salamon *et al*., *Global Civil Society. Dimensions of the Non-Profit Sector* (Baltimore, 2001).

② 参见国别研究数据，该数据仅仅涵盖跨国运作的非营利、非政府组织秘书处的数量，参见 Anheier *et al*. (eds.), *Global Civil Society*, table R19, pp. 283-286；比较 Michael Edwards, "Herding Cats? Civil Society and Global Governance", *New Economy* (Summer 2002).

牙、日本、巴西、阿根廷、英国和荷兰，国际性非政府组织雇用了超过110 000名相当于全天候工作的工人，还有更多基本上全天候工作的志愿者。① 跨国非政府组织目前支付的货币比美国〔除了世界银行和国际货币基金组织（IMF）〕还多；现在超过三分之二欧盟的救济都是通过跨国非政府组织完成的；在世界的许多地方，对于政府基金的发放有一种很强的趋势，即或多或少只通过跨国非政府组织来运作，这些钱如今每年总共有70亿美元。②

在全球公民社会上的经验视角有其局限性。尽管有不断增长的数据，但因为一些可以理解的原因，全球公民社会的实际轮廓仍然难以捉摸。公民社会全球化的历史，例如关于跨国商业、宗教和体育的兴起的研究仍然供不应求。③ 这个社会中的许多活动，比如说个人的旅游模式、草根群体的行动（initiatives）、组织间的松散网络、跨国公共舆论的增长，这些都没有正式结构，正因为如此也没有被（简单地）登记为"数据"。许多可以使用的数据也非常不完善。④ 它描绘出实际存在的全球公民社会的图景，那不过是一个撕破边界的多层三明治（a torn-edged daguerrotype）。很少有关于过去的可靠经验数据到现在还完整无缺，或是一开始就被搜集起来。鉴于公民社会的概念本身那时甚至还没有被发明出来，这一情况也并不足为奇。当今的这种偏见无意中与其他形式的偏见混合在一起，比如

---

① 参见摘自下书的数据，The Johns Hopkins Comparative Non-Profit Sector Project (1999)，最初出版是 Salamon *et al.*，*Global Civil Society*，在下书中得以总结，Anheier *et al.* (eds.)，*Global Civil Society*, table, R24, p. 302。

② OECD, *Geographical Distribution of Financial Aid to Developing Countries*（Paris, 1997）；比较 Anheier *et al.* (eds.)，*Global Civil Society*, table R19, pp. 283—286。

③ 但是，在这些主题上，可以参见 Eric Hobsbawm, *The Age of Empire 1875—1914* (New York, 1989)；Jack Beeching, *An Open Path. Christian Missionaries 1515—1914* (London, 1979)；Joseph Maguire, *Global Sport. Identities, Societies, Civilizations* (Oxford, 1999)；and Lincoln Allison, "Sport and Civil Society", *Political Studies*, 46 (1998), pp. 709-716。

④ 一些经验问题的讨论参见 Helmut Anheier, "Measuring Global Civil Society", in Anheier *et al.* (eds.)，*Global Civil Society*, pp. 221-230。

说偏向于北半球的跨国非政府组织群落,因为它们都倾向于在北半球建立基地,所以它们是最引人注目的。而来自于其他地方的数据,比如就那些捍卫土著居民权利、维护公民自由或者保护生态复杂性的抗议而言,相关数据就被人冷落一旁、视而不见。

关于全球公民社会的许多潜在的可用数据被一种概念化的国家主义形式扭曲了。事实上,对于跨国非政府组织、社会运动以及全球性公司的经济贡献和活动,大多数国家的会计系统并没有提供细节性的数据。这也就是为什么全球统计机构通常依靠国别基础上的经验数据。非常遗憾,这些数据是由单个的政府或者囿于一国的机构所提供的。只有极少数组织是富有经验的标准数据的收集者,比如一些在美国的机构,它们的标准数据涉及全球人口、商品、信息和服务的流动。① 即便如此,尽管在标准基础上收集、处理和发布数据方面付出了严谨的劳动,仍然留有巨大的空白。关于全球贫困图景(landscapes)的数据恰到好处地证明了一些问题,包括覆盖率、可比性和可靠性:关于贫困和营养不良的问题,世界上大约有三分之一的国家没有数据或缺乏数据,并且大约有一半国家同样缺乏关于青年识字率的信息。② 新兴的全球社会中有复杂的相互依赖,对此用什么标准来刻画才是最准确的?研究对诸如此类的标准也难以达成共识,如书籍翻译、移居国外、全球城市间的联系、英语的扩散、电话交往、站点的地理位置、公司迁移的运动模式等。那些全球峰会、论坛和引人注目的事件,比如全球反地雷运动和反对七国集团权力的公共抗议,对其深度的、定量的描述也少之又少。而且,尽管有言过其实的挂羊头卖狗肉(catchy)的标题③,关于日常生活细节的研究却一片空白。其中,特别是对于食物

---

① 参见下面的报告,OECD Development Cooperation Directorate,*Partnerships in Statistics for Development in the 21st Century* (Paris, 2001)。

② 参见 UNDP's *Human Development Report 2000*:*Human Rights and Human Development* (New York, 2000);www.undp.org/hdr2000/english/book/back1.pdf。

③ 一个例子参见 Ronald Inglehart, "Globalization and Postmodern Values", *The Washington Quarterly* (Winter 2000), pp. 215-228。

消费和观看电视新闻之类全球层次上的问题，很少有研究能集中关注其社会化和文明化的效应。即使有也不过局限于比较性国家调查，而忽视了跨国间的趋势。

描绘和测量全球公民社会有这些经验和技术方面的障碍，这些障碍又和一个基本的认识论困境纠缠在一起。简单地说，它的行动者不是沉默的、经验性的数据比特和字节。这些行动者离不开领地但是又不为领地所局限，栖身于大量相互重叠且交错的机构之中，交织于群体联系的网络之中。就这样，这些行动者从事着交谈、思考、诠释、询问、谈判、顺从、创新、反抗等活动。面对等级分化，他们的反抗是全球公民社会的一个基本特征，全球公民社会从来就不是固定的实体，而通常是临时的集合，经受着重新的洗牌和组装。固定的标准，比如仅凭一个国家的跨国非政府组织的数量，便难以捕捉其许多特质。变动不居（dynamism）是全球公民社会的长期特征：这并非永不平静的大海的特征［维克多·珀雷兹-迪阿兹（Victor Pérez-Diaz）作出的一个自然主义的明喻[①]］，而是一种自我反思变动不居的形式，其特征是创新、冲突、妥协、一致，还有对于全球公民社会本身的调和性结构（syncretic architecture）、突发事件和两难困局的不断增长的认知。贝克（Beck）有一个挺在理的简洁论断：新兴的全球公民社会的特征不仅仅是"非融合（non-integration）"，不仅仅是"没有统一的多样性（multiplicity without unity）"，在其行动者看来，它还是可知可感（perceived）或反躬自身的（reflexive）。[②] 对于全球公民社会之丝线（threads），人们每时每刻都在将其精心编织、委弃不用，又将其重新拾掇、加以改造、替以他物，再将其与他物重新交错、精心编织，如此一而再再而三。这样，全球公民社会使其参与者不仅将这个社会视为他们自己

---

① Victor M. Pérez-Diaz, *The Return of Civil Society. The Emergence of Democratic Spain* (Cambridge, MA and London, 1993), p. 62；对于实际存在的公民社会的自我反思性，参见作者的评论，*Civil Society: Old Images* pp. 49ff.

② Ulrich Beck, *What is Globalization?* (Cambridge, 2000), p. 10.

的（theirs），还通过将全球公民社会叫做这个（this）世界或那个（that）世界来识破其本质（这更多是非个人性质的）。这些参与者包括运动员、活动家、音乐家、宗教信徒、经理人、救援人员、远程工作人员、军医、科学家、记者、学者等。仅仅因为这个原因，那些谈论全球公民社会的人都不应该忽视其难以捉摸的、理想类型（idealtypisch）的性质。全球公民社会的概念具有维特根斯坦（Wittgenstein）所说的"模糊边界"。请安海尔（Anheier）原谅，这也并不意味着该术语会因为是"初生牛犊"，而不够精确或者"模糊不堪"。① 像那样说的人令人遗憾地把疑惑带给该术语，该术语其实和所有人文科学概念一样，是一个名不副实（ill-fitting）的术语。它笨拙地追寻着智识的对象，而该对象通常是运动着的主体，朝着许多不同的方向迈进。安海尔说的是正确的："任何全球公民社会的标准，与其试图衡量的概念的丰富性、多样性和复杂性相比，都显得简单而又不够完美。"但是，也必须认识到安海尔法则的对立面：与实际存在的全球公民社会的形式和内容相比，全球公民社会的概念性理论是无限地"纯粹些"，并且更为抽象。

理想类型

因此原则很清楚，没有观察的理论是苍白的，没有理论的观察是盲目的。甚至，当我们谈论全球公民社会的时候，仅仅是阐明我们说的是什么意思，也是一件困难的任务。为了描述性的解释，或者正如本书所主张的，最好是小心地把这一概念当做理想类型，将其作为有意制造的心智构造或"认知类型（cognitive type）"②。它非常有助于启发或解释的目的，有助于对复杂社会现实的诸多元素予以命名和分类。尽管在社会世界本身

---

① Anheier, "Measuring Global Civil Society", p. 224.
② Umberto Eco, *Kant and the Platypus. Essays on Language and Cognition* (London, 2000).

之中，任何地方都找不到这种"纯粹"的形式。当这样使用全球公民社会这一术语，将其作为理想类型时，它恰到好处地指的是相互联系的社会经济机构系统。这个机构系统是动态的、非政府的，它跨越整个地球，各个地方都能够感受到其复杂的影响。全球公民社会既不是静态的客体，也不是既成的事实（fait accompli）。它是一项未完成的工程，包括时而扩展、时而收缩的社会经济机构网络、社会经济机构的金字塔结构、中心辐射型（hub-and-spoke）的社会经济机构群，还包括行动者。这些行动者实行跨国界的自我组织，有着成熟的目标，即用新的方式将世界团结起来。这些非政府的机构和行动者试图分化权力、拷问暴力；于是，它们带来和平或"文明"的福祉，流布各地，此处彼处，无远弗届，回旋于局部范围，周流于更大地区，直至润泽全球本身。

这一定义确实有些抽象，我们需要仔细审视它的所有要素。总的来看，全球公民社会以下五个紧密联系的特征，使其在历史上与众不同。首先，全球公民社会的术语指的是非政府的结构和活动。它包括个人、家庭、追求利润的商行、非营利的非政府机构、联盟（coalitions）、社会运动、语言共同体以及文化认同。它依靠一些媒体名人的工作，依靠一些过去或现在的公众人物的工作——从甘地、比尔·盖茨、普里莫·列维（Primo Levi）和马丁·路德·金到博洛（Bono）、昂山素季（Aung San Suu Kyi）、大主教西梅内斯·贝洛（Ximenes Belo）、内奥米·克莱恩（Naomi Klein）、阿瓦利德·本·塔拉勒（al-Waleed bin Talal）。它包括慈善团体、智囊团、卓越的知识分子［比如杜维明和阿布杜勒卡里姆·索罗什（Abdolkarim Soroush）］、竞选和游说团体、对"表演集群（clusters of performance）"[1]负责的公民抗议运动、或大或小的法人公司、独立媒体、互联网群体和站点、雇员联合、贸易联盟、国际委员会、平行峰会（par-

---

[1] Charles Tilly, "From Interactions to Outcomes in Social Movements", in Marco Giugni et al. (eds.), *How Social Movements Matter* (Minneapolis and London, 1999), p. 263.

allel summits）和体育组织。它包括一些团体，比如大赦国际（Amnesty International）、索尼公司、基督教救济社（Christian Aid）、半岛电视台（al Jazeera）、天主教救济服务社（the Catholic Relief Services）、土著民族生物多样性网络（the Indigenous Peoples Bio-Diversity Network）、国际足联（FIFA）、透明国际（Transparency International）、卡底里亚教团（Qadiriyya）和纳格什班底亚教团（Naqshabandiyya）等苏菲派网络、国际红十字会、全球珊瑚礁监测网络（the Global Coral Reef Monitoring Network）、福特基金会、国际贫民窟居民组织（Shack/Slum Dwellers International）、在穆斯林法律之下生活的妇女们（Women Living Under Muslim Laws）、国际新闻集团（News Corporation International）、开放民主网（OpenDemocracy.net）以及佛教僧侣们不知名字的圈子（unnamed circles of Buddhist monks）——这些僧侣们身着深红的长袍，保持思维敏捷。总的说来，这些机构和行动者组成一个广阔的、相互联系的和有许多层次的非政府空间，里面包含成千上万的、或多或少自我指导的生活方式。所有这些生活的形式至少有一点是相同的：跨越遥远的地理距离，突破时间的障碍，他们在政府结构的边界之外，精心地自我组织，从而从事他们跨国界的社会、商业和政治活动。

有时，那些使用和捍卫全球公民社会这一术语的人，比如世界护照行动（World Passport initiative）①，就认为它不过是一个没有边界的非政府机构和行动者的代名词。这种略带一元论的理解有一个好处，就是强调了它的一个基本特征：全球公民社会并不是政府权力的附属物或者傀儡。然而这种局限性定义的代价也是高昂的：它使得全球公民社会幻景的批评者指责其对手粗心盲目。这些批评者有几分理直气壮地强调，全球公民社会的术语通常被当做一个剩余范畴或垃圾范畴，什么都描述又什么都没有描

---

① www.worldservice.org/docpass.html：" 对于旅行自由这一基本人权的执行而言，世界护照……是一个富有意义的象征，有时是强大的工具。正是它的存在，它挑战了民族国家体系排外性的主权假设。"

述。这个术语被用来指称所有那些非国家的生活部分；它似乎是所有存在于领土国家和其他统治机构之外的事物的同义语，是领土国家和其他统治机构触角之外的所有事物的同义语，不仅包括商业和非营利组织和行动，还有"黑手党，各种极端组织和恐怖主义者"①。批评者陈述的图景有些夸张，甚至是不对的，因为如果仔细定义全球公民社会的话，它并不是"国家"的头脑简单的密友（alter ego）。真实的情况是，从描述的角度而言，全球公民社会只是"非国家"机构中一个特殊的部分。狩猎采集社会和部落秩序，就它们在现代条件下继续存在而言，包括在"非国家"的机构里，但是把它们描述成"公民社会"秩序就是错的。同样的观点适用于黑手党和黑手党统治的结构，它们对公民社会机构恰恰有毁灭作用，因为黑手党秘密成员依靠血亲关系、血缘拟想（imagery）、暴力以及阴谋来瓦解政府和公民领域边界。② 同样的观点可以换一种方式表达：全球公民社会确实是政府之外的空间，但是不仅仅如此。它由其他特征所界定，这些特征要求我们用不同的眼光来审视它……

比如说，关于全球公民社会不仅仅是非政府的现象的说法，就可以用来确认说它也是社会的一种形式，这是它的第二个特征。全球公民社会是社会过程所谱写的动态的合唱曲（ensemble），这些社会过程或多或少是紧密联系的。③ 不能通过生物科学或机械科学来满足探索其奥秘的要求，因为这种正在兴起的社会秩序既不是有机体也不是机械装置。它的成长也并不遵从细胞分裂的盲目逻辑，这种盲目的逻辑不受人类判断和意愿的影

---

① Barry Buzan, "An English School Perspective on Global Civil Society", unpublished paper (Centre for the Study of Democracy, 17 January 2002), p. 1；参照 p. 3："在描述性模式中，公民社会＝非国家，于是它包括黑手党、色情商人、恐怖主义和一群其他黑暗面的实体，还有公民社会的良好一面，其代表有人道主义者、动物福利和人道主义机构。"

② Anton Blok, *Honour and Violence* (Oxford 2001), chapter 5.

③ 关于"社会"的社会性概念，参见 Claus Offe, "Is There, or Can There Be, a 'European Society'?", in John Keane (ed.), *Civil Society: Berlin Perspectives* (London, 2004), forthcoming.

响，也不受回旋性（recursive）反思和自生性学习的影响。全球公民社会也不是机械，机械可以根据人类的设计来组装或重装。其被生产和再生产的过程和方法是独一无二的。

因此，谈到全球公民社会，这意味着什么？"社会"一词是一种家喻户晓的概念，这些概念通过掩藏或搁置那些复杂（有时是自相矛盾）的谱系（genealogy），来帮助我们简化那些冗长而又书生气的解释。社会这一概念当然有着复杂的历史，有两种不同而又紧密联系的内涵。在19世纪和20世纪期间，特别是在大西洋地区，人们逐渐用这一术语指代一个相互联系的过程和事件的全部整体，从（包括）家庭到政府机构。这种理解把"社会"看做一种整体的生活方式，一个"社会有机体，社会关系的整体系统，社会构成"（列宁）。对于公民社会更为古老的、早期的现代观念而言，可以认为这种理解是其非政治化且不那么规范的版本。在早期现代观念中，公民社会指得到良好治理的、有合法秩序的整体生活方式。两种"社会"的用法与这一术语第二种原始的中世纪的意义大相径庭：作为平等人之间的特定的合伙或合作关系的团体。圣·奥古斯丁（St Augustine）的描述指出了这种理解方向，他把教堂作为真正的"父亲和儿子的团体"，与人间之城和上帝之城都不相同，"社会"意味着远离政府和法律的亲密的互动。职业团体和商业伙伴，荷兰的公司（matshappeij）、德国的协会（Gesellschaft）、英国的"圣·乔治协会（Societie of Saynt George，1548）"以及反奴隶制协会（the Anti-Slavery Society），或者今天的"作家协会（Society of Authors）"或黑人律师协会（the Society of Black Lawyers），都属于这一类别。还有18世纪上层阶级中引领时尚的圈子，也属于这一类别，比如《世界报》（le Monde），或者德国人所谓的"公司（Die sozietät）"，以及拜伦（Byron）《唐璜》（Don Juan）中描述的相同的群体："社会现在是一个光鲜亮丽（polished）的部落，里面有两个紧密联系的部族，一个是令人讨厌的，一个是讨厌别人的。"

我们可以说全球公民社会意味着确实不同于这些旧用法的东西，但它与这些旧用法仍然有谱系上的联系。它表示许多制度化的结构、联合、网络组成的非政府群落。在这个广泛的、无序蔓延的群落中，个人和群体行动者相互联系，在功能上相互依赖。与任何单个行动者或机构相比，与其无数构成部件连接而成的总体相比，由团体（societies）构成的社会（society）更"大"也更"重"。非常荒谬的是，那些构成部件既互不相"识"，也没有机会相互见面。全球公民社会是一个高度复杂的集合，里面有结构化的社会行动形式，这些形式规模不等，相互重叠；就像托尔斯泰的小说，那是一个巨大的剧本，其中成千上万的个人和群体冒险在展开。有时候通过合作和妥协可以相安无事，有时候却冲突不断。关键问题是，通用汽车（General Motors）加上大赦国际加上骚动社会组织（the Ruckus Society）加上新时代妇女不同发展途径组织（Development Alternatives With Women for a New Era，DAWN）并不等于全球公民社会。相比而言，它的社会机制更为错综复杂，更为自动灵活，更为生动有趣。

在严格意义上，和所有社会一样，它有标志性的生活，有它自己的动力和力量。它的制度和规则有确定的耐久力，因为至少它们当中的一些可以而且确实在较长的时间周期中坚持了下来。正如我们将要在下面的篇章中看到的那样，全球公民社会有许多古老的根源。许多非西方文明对此作出了贡献，而且也很容易看到早期现代欧洲的发展对我们时代的影响，比如在第一次世界大战之前半个世纪的破天荒（ground-breaking）的和平主义传统①，还有全球化突飞猛进的发展。今天的全球公民社会中的制度，像其他任何功能性社会的制度一样，与该社会个体成员的生命历程相比，既比其产生得更早，也比其存在得更久。这一全球社会的社会习俗和传统，塑造并伴随着每一位个体成员的一生。通过不同的方式，全球公民社

---

① 作为对于法国战争的回应，世界上首次和平运动出现于18世纪90年代期间。关于这次和平运动的长期效应，一个不错的讨论参见 Martin Ceadl, *The Origins of War Prevention. The British Peace Movement and International Relations, 1730—1854* (Oxford, 1996)。

会既限制其社会行动者，也赋予他们权力。成文或未成文的一些规则的符码羁缚着这些行动者，这些符码既成就了他们在世上的行动，也限制了这些行动；他们知道许多事情是可能的，但是并不是所有的事情都如此——有些事情是令人羡慕的，而有些事情是不可能的，或者是被禁止的。全球公民社会只是社会的一种特殊形式，其中，社会行动者对制度的遵循迫使他们避免一些行动并且服从一些规则，比如那些对于何谓礼貌（civility）的界定。

礼貌指对他人的尊敬，表现为对陌生人的友好与接受，这是这一全球社会的第三个特征。不同的文明接受不同的礼貌观念，正如约翰·鲁斯金（John Ruskin）所说，它们各自塑造着礼貌的人。但是因为我们的世界由许多相互混杂的文明组成，这些文明在任何意义上都不是自给自足或"纯粹的"①。全球公民社会是一个由各种相互重叠的非暴力友好规则所形成的空间，这些规则包括间接含蓄、自我克制和给面子等方面。这个社会是非暴力的复杂的、多维的空间，尽管它并不是一派和平的人间天堂。在那些全球公民社会的外围，在那些全球公民社会的隐秘之处和破裂之处，当然也有卑鄙丑恶的事情发生。它们为强盗、战犯、军火商和恐怖主义者提供了方便的隐匿之地。② 它包括部分的不文明现象，就是与"安全"和高度"文明"的区域令人不安地并存着的地理区域。比如一些危险区域，像诺伊霍夫的斯特拉斯堡地区，那里的建筑分崩离析，墙壁被乱涂一气，街道上满是汽车残骸；又比如洛杉矶的南部中心郊区，许多人认为那是"闲人免进的区域（no go area）"，那里夜晚街上满是黑人、拉美和亚洲黑帮；还比如像古吉拉特邦的阿默达巴德的整个城市，在2002年上半年计划的暴乱、破坏和种族清洗中，有几百人被杀或受伤，当中还有某些警察在帮

---

① Felipe Fernández-Armesto, *Millennium: A History of Our Last Thousand Years* (London, 1995), chapter 1 and *Civilizations* (London, 2000).

② Mark Juergensmeyer, *Terror in the Mind of God. The Global Rise of Religious Violence* (Berkeley, 2000).

忙。全球公民社会中的自由空间也允许个人和群体组成网络，通过犯罪黑帮的形式经营全球范围的产业。男女儿童的买卖和性交易是其中一个例子，这个产业如今既被政府打击（在斯德哥尔摩1996年宣言中，122个国家联合反对任何形式的儿童性剥削），也被社会运动网络所反对，比如国际计划（Plan International）和铲除儿童卖淫、色情出版及为性剥削和贩卖儿童组织（End Child Prostitution, Pornography and Trafficking）的行动，这些社会行动的特殊性体现在对于全球公民社会破碎结构的修补。他们组织起来反对害人匪浅的偏见（比如，认为跟儿童睡觉可以防止甚至治疗艾滋病）。他们迫使政府当局参加法律和治安的改革，以便限制接触掠夺性群体（predator groups），比如漂洋过海的游客、商人和士兵。这些行动也挖掘出了儿童卖淫的根源：遭受贫困的家庭被迫卖掉孩子，战争和艾滋病流行导致儿童成为孤儿。①

在事务的更广泛计划中，这些行动提供了暗示，这将在本书第三章进行分析。该暗示表明全球公民社会有一个很强烈而且重要的特征，就是对于运用暴力或从暴力中取乐的行为，要予以边缘化或者避免之。它的行动者并不格外地喜欢迫击炮、坦克或者核武器。对于枪手点燃火箭的场景、超音速飞机的形象以及坦克毫不留情地冲向人群或建筑的画面，他们有着过敏，有时甚至是恶心的反应。全球公民社会的行动者用他们自己的各种方式礼赞（admire）和平。有些人是因为亲见或身受暴力之后而从事于斯的。有些人相信对于所有人而言，拥有和平的权利是最基本的权利。还有一些人讨厌暴力，是因为他们仍然相信和平而慈爱的上帝，或者试图按照因果报应（Karma）的原则生活。他们所有人或多或少遵循一个原则，即非暴力地尊敬他人超过关于人们的任何考虑，包括国籍、肤色、宗教信仰、性别。谋杀或者针对他人的其他暴力形式皆不可取，应该尽量减少或者严厉禁止。由于有这些

---

① www.ecpat.net/eng/index.asp；以及 Dennis Altman, *Global Sex* (Chicago and London, 2001)。

共享规范,这个社会的参与者都倾向于身体力行地克制自身,倾向于与他人非暴力地融合,包括与"外国人"和"陌生人"融合。规范地说,狩猎和采集秩序中的宰杀仪式、部落暴力或黑手党的暗杀,在这个社会中大概都找不到位置。它那种作为政府之外的制度和行为形式的特征倾向于非暴力,倾向于看重妥协、相互尊重的原则,甚至是在不同生活方式之间分享权力的原则。全球公民社会的含义非常清楚:它并不仅仅是任何旧有生活方式的集合,那些旧有生活方式除了都不认同统治机构之外,没有别的共同之处。坦白地说,这个社会鼓励妥协和相互尊重。(说得更直白和更隐晦一些)在它的高墙内有许多房间,这些房间向信仰上帝的人敞开,同时向在观念中厌恶上帝的宗教人士敞开,也向那些对于神圣之物只是略表尊敬的人们敞开,还向那些除了自己什么都不信的人敞开。于是,对于暴力或者有暴力倾向的机构,这些不同的行动者或多或少地有些敏感,这使得全球公民社会在双重意义上是"公民的或文明的(civilian)":它包括非政府(或"公民的")机构,这些机构倾向于拥有非暴力(或"文明的")影响。

正是因为全球公民社会容纳了许多生活方式,所以对于生活在其结构之中的人们而言,它意味着各种不同的事物。这是其第四个特征:它既带有强烈的多元主义色彩,又有强烈的冲突潜力。正如本书第二章所解释的那样,在它的经济范围内,全球公民社会维持了成百上千人的生计。它是技术创新、资本投资、生产、分配和延伸到远距离的消费的有力源泉,它是各种形式和规模的商业的生息之地——从自己经营的进口商,到西尔斯·罗巴克(Sears Roebuck)之类的零售公司,那些商人进口在地球另一端生产的产品,而西尔斯·罗巴克在100多个国家生产的货物的年销售量则可以和整个孟加拉国100万居民的总年收入相媲美。这些经济活动之所以能够发生,是因为全球公民社会的机构发挥了其他的非经济功能:这个功能像是提供了社会的"生息之地"或"栖身之巢",个人和群体居于其中,形成并再造了他们的认同,相互熟悉且知己知彼,寻找生活的意义,通过跨越边界的活动找到自己的定位。在这里边界被看成桥梁,而并非发动战争或产生麻烦的地方。

跨越国界的联系和活动也帮助人们划清他们自己和政府的界限，比如说，通过敦促或议论（bouncing off）领土国家及其次级单位，还包括敦促或议论地区性的和超国家的政府团体，来划清和政府的界限。（像有些人那样）说"世界秩序"、"一个世界"或"全球社区"极具误导作用：方兴未艾的全球社会，通过两种基本的方式，实际上把世界分成了许多次级单位。首先，其公民机构给政府以限制。通过确保与政府权力的跨边界竞争，他们保证了权力的分享，这变得越来越普遍。各种政府形式尤其是绝对主义的政治规则，使全球公民社会起到了刹车或暗中检察的作用。从地方议会到领土国家，到地区性和超国家机构比如联合国和世界贸易组织，所有政府机构都感受到了这一公民社会的夹逼性（pinching）影响。其次，关于社会经济权力分配的混战和冲突也通常发生在全球公民社会本身的内部。通过媒体报道，这些争夺通常为人所知，而这些报道吸引了地区性和全球范围争端的见证者（witnesses），这些争端主要集中在谁得到了什么，在什么时候得到以及通过什么方式得到。在这个意义上，全球公民社会发挥了监控和信号的平台的作用。就像"蝴蝶效应"对整个天气模式的波动有影响一样，通过这个平台，地区性事件可以获得全球意义上的重要性；通过这个平台，人们也对全球层次上的事件（像核武器、恐怖主义、环境）进行命名、定义并提出问题。作为复杂而又脆弱的整体，"世界"或"人类"的感觉因此得到加强。与共产主义者的诠释相反，全球公民社会并不等于"全球社区"。[1] 毋宁说，对于它的参加者来说，这个社会培养了对于世界的杂交性和复杂性的自我感知的文化。

全球公民社会的异质性与强制性联合（enforced unity）相反。它陷入对于自发同情和自动共识假设的质疑之中。[2] 它怀疑人类全部都是"社会动物"的说法［这一著名说法与塞内加（Seneca）有关］[3]，也怀疑人类坚

---

[1] Amitai Etzioni, Implications of the American Anti-Terrorism Coalition for Global Architectures, *European Journal of Political Theory*, vol. 1, no. 1 (July 2002), pp. 9-30.

[2] Francis Fukuyama, *The Great Disruption. Human Nature and the Reconstitution of Social Order* (London, 1999), chapter 13.

[3] Seneca, *De Beneficiis* (Cambridge, MA and London, 1935), book 7, section 1.

定地站在基本的"人性"之上的说法。社会很复杂，它并不是可供人们自然地接触世界并对其感觉良好的空间。那种情况当然也有。年轻人穿着虔诚的朝圣者的服装，抽出时间来周游世界，做做零工，露宿公园，寻欢作乐，惊异于世界的复杂和美丽，就像植物学家心满意足地观察并沉思于植物生命那不可思议的复杂性一样。其他人在与他人共事中投入心思和感情，由此献身于慈善或志愿工作。他们一边提倡同情，一边将其付诸实践。然而尽管如此，全球公民社会的世界也能够是坚韧的，可以计算的，并且百折不挠。它看起来广阔无涯，令人感到百花齐放，充满横向的推力和拉力，充满纵向的冲突和妥协。让我们信步走过利雅德市的中心地带吧，在古代的社会习俗和极端的现代规则之间，这个城市有着惊人的对比：身穿黑色长袍的妇女在诺曼·福斯特（Norman Foster）大楼内的哈维·尼克斯店（Harvey Nichols）购物，她们的眼睛是完全蒙起来的；街角的麦当劳店因为祈祷的原因一天要关闭五次；人们聚集在清真寺，这些清真寺被包围在巨大的氖光标牌之中，这些标牌上是索尼的广告。如果用心理分析的术语，全球公民社会是饱含冲突的。该事实有助于这个社会的许多参与者明白并理解，全球公民社会既不是自我生产的，也不是自发管理的。他们或多或少会回过头来懂得全球公民社会的偶然性（contingency）。他们感觉到，全球公民社会并没有总是自然而然地事先设定好动力结构、规则以及各种点，即使假定的初级"归属"群体，比如血缘关系也是如此；他们发现自己面临紧张的谈判和修订，这要通过一些复杂的程序，比如平行峰会、封锁、媒体事件等，而通常在事后方能更好地理解这些谈判和修订的结果，这不过是因为事后诸葛亮罢了。这种关于偶然性的共识不符合"人类的天然社会属性"的假定。[1] 全球公民社会也孕育着社会冲突，然而尚能确保全球公民社会不太稳定地处于有序平衡和混乱失序的界线之间。

---

[1] Buzan, "An English School Perspective", p. 3.

对于世界的复杂性，全世界都有一定的自我认识，但是不能夸大这种认识的程度。很难估计这种程度。这个世界以及这个世界的生态系统、机构和人民是紧密联系的。但是，在全世界人口中，可能只有百分之五的人对此有敏锐的认识。或许另外有百分之二十五的人对这种相互依赖大概或略知一二。① 然而其他大多数人还没有思考过这个问题，或者并不在意，或者太过愤世嫉俗或自以为是，不愿意睁开眼睛看看，竖起耳朵听听，具有全球意识的人其总体数量已经大到足以传播一种观念，即全球公民社会确实存在；它是一种需要应付的力量；它运作于权力关系拼织的大棉被之中，它本身就像这样的棉被。全球公民社会确确实实充满着（riddled with）权力关系。② 全球公民社会的社会群体、组织和运动游说政府，同跨国组织讨价还价，对非政府团体施加压力、评头论足，投资于新的生产形式，支持不同的生活方式，参与遥远的地方社区的慈善导向活动——比如通过"能力建设"计划来提供工作、洁净的自来水、体育设施、医院和学校。在联系局部、地区和全球秩序的互动链条中，镶嵌着权力关系，而通过那些不同的方式，全球公民社会的成员帮忙保持或改变这些权力关系。他们跨越边界的联系和网络，有助于界定或重新界定在这个世界上，谁得到什么，在什么时候得到，以及得到的方式。一个重要的事实是，这些跨越边界的模式有力量来唤醒世界居民的意识，使他们明白对于不同生活方式的相互理解在实践中是必要的，明白人们第一次真正地卷入了天翻

---

① 近期世界价值观调查产生的数据显示，"在第二次世界大战后婴儿潮中出生的人里，几乎有五分之一的人视自己为全球的世界主义公民，把自己的大陆或整个世界看成整体。但是，在战争年代成长的群体中，这种情况只占十分之一，在第二次世界大战前一代人中比例更低"；参见 Pippa Norris, "Global Governance and Cosmopolitan Citizens", in Joseph S. Nye and John D. Donahue (eds.), *Governance in a Globalizing World* (Cambridge, MA and Washington, DC, 2000), p. 175. 从全球公民社会的视角来看，"世界主义公民"的概念是不幸的，只是因为，与人们对于自己的"大陆"或"世界"的积极"认同"相比，对于世界相互依赖的认识更为微妙，更为不同。

② 关于权力的概念及其形式的广泛多样性，参见拙作 *Václav Havel: A Political Tragedy in Six Acts* (London and New York, 1999).

地覆（bottom-up）的跨国秩序，卷入了全球公民社会。在这个社会中，成千上万的人逐渐充分地认识到，他们实际上是相互依赖的世界范围的网络的化身。这种相互依赖极其复杂，复杂之中伴随着机会，也伴随着危险。

这样说也就是意味着，全球公民社会是全球性的，这是第五点。这是显而易见的，但是也最为重要。谈到全球公民社会，就是指政治框架和限制之内的社会关系，这些社会关系从中间和底部穿越（stretch across and underneath）国家界限和其他政府形式。这种"宏观社会"或"相互连锁的社团（societies）组成的社会"包括无数社会互动，这些社会互动跨越遥远的地理距离。在人类这一物种的历史上，全球公民社会是最为复杂的社会。它包括许多不同的部分，这些部分又通过许多不同的方式联系在一起。这些不同组成部分之间的互动既持续不断，又并行不悖，它们所产生的效果通常既同时发生，又有条不紊。尽管这些效果通常产生于局部的互动和事件，它们却通常具有一种突生特征，使其变得具有全球意义。准确地说，这里我们并不是指一种"人类社会的辽阔帝国，它已经在整个地球上扩张（Wordsworth）"①，全球公民社会既不是帝国的新形式，也没有涵盖整个地球②，但它无疑是一种至大无外（unbounded）的社会。它有一个特征，就是其各个组成部分之间不停地相互反馈。

暂时利用一下生态学上的相似性，全球公民社会可以被比作一个巨大的、自动的生物圈。它包含的居民和物种之间的相互作用，它们的类别令人眼花缭乱：跨国非政府组织、志愿团体、商业界、公民行动、社会运动、抗议组织、整个国家、种族和语言群落、金字塔和网络。巨大的生物

---

① William Wordsworth's Preface to the *Lyrical Ballads*, *with Other Poems* (2nd edn., London, 1800).
② 对比那种认为存在不断扩展的帝国新形式的主张，即全球资本统治的"控制的全球社会"，Michael Hardt and Antonio Negri, *Empire* (Cambridge, MA and London, 2000), esp. pp. 325-350。

圈遍及地球的每一个角落。类比这种社会和生物圈是想强调两点：一是全球公民社会内部联系的复杂性，二是（像我们将要看到的那样）全球公民社会易于遭受内部和外部的干涉。从高山到深海，几乎地球的每一个部分都孕育着生命，同样，现在在地球表面的每一个地方，实际上都可以找到全球公民社会（的因素）。可以肯定的是，全球公民社会和自然生物圈一样，就像是一张包裹住足球大小的球体的纸，而在它的边缘主要是冰雪和永冻带，基本上不适合居住。在南极内部，只能发现有限的细菌和昆虫种群；即使在其海岸，也只有少许生物居住，这当中有少许开花类植物，还有海豹、鲸、企鹅和其他鸟类。全球公民社会同样也受到地理限制：地球上的一些大片的地区，比如当代的阿富汗、缅甸、车臣和塞拉利昂的一些地区，对于全球公民社会的行动者和机构而言是"闲人免进的地区"。在这些地方，这些行动者和机构要生存下来只能转入地下，在较为宽松的生态位活动，就像成千上万遍及生物圈的小小无脊椎动物那样。①

但是，在那些全球公民社会确实存在的地区，它囊括了许多生物群落，比如一些特殊的动物、植物和气候条件，成为那些地区（比如北美和欧盟，还有伊斯兰世界的一部分）整体性的显著特征。每一个群落反过来又包括大量活的生态系统，这些生态系统由有机体群落组成，这些有机体生活在由岩石、土壤和气候构成的非生物物理环境之中。全球公民社会的这些生态系统，如城市、商业走廊和地区，是相互联系的。社区（比如较小的城市）本身镶嵌在非生物的地理环境之中，同一种类的个人组成的群落生活于这些社区之中，人们的劳动在其间（一如既往地）流动并循环着。通过这种流动和循环，全球公民社会的生态系统实现了自身的平衡，这种平衡或多或少地有些复杂。

在描述全球公民社会跨越边界的轮廓时，生态圈的类比比较有用，但是不能夸大这种用处，只是因为这种社会并不像自发现象那样简单。尽管

---

① Edward O. Wilson, "The Little Things that Run the World", in Edward O. Wilson, *In Search of Nature* (Washington, DC, 1996), pp. 141-145.

全球公民社会镶嵌于陆地生物圈之中,尽管它是第一个全球秩序,(似乎)知道自己是极不稳定的并且是自然嵌入的(naturally embedded),全球公民社会仍然是一种社会性的产物。它那跨越遥远距离的社会联系令人困惑,确实如此难以把握,以至于我们急需新的比喻来帮忙勾画和理解这些联系。(举个例子来说)或许更好的做法是,把这个社会比作成千上万、不计其数的"嵌套系统中嵌套的系统(nested systems within nested systems)",这种系统在复杂性理论(complexity theory)的某些版本中有所描述。① 当然,这种全球社会既有所整合,又缺乏中心。它利用了许多各不相同且实际存在的社团。这些社团也维持了它的存在。社团的成员通常跨越政治边界而相互作用,或感知他人行动的效果。并不只是因为距离接近才有这些效果;即使距离很远,这些效果也能为人感知,感受这些效果的社会行动者之间通常并没有直接的接触,有些相互之间或者干脆注定只能是"陌生人"。

这种联系的复杂性和相互依赖是令人惊奇的,同样令人惊奇的还有它们的综合效应。这些效应将行动者"组成为社会"(socialise,直译为"社会化"。——译者注),其方式是"加厚(thicken)"或增加跨政治边界的社会互动的密度。看看一个例子:全球公民社会中所使用的种类丰富的语言。虽然今天的 6 000 种语言在一个个地快速地消亡,平均每两周就要消亡一种,但是它们中的许多仍然产生了混杂语言(如果交流者的语言相互之间难以沟通,基本语言混杂之后可以对其有所帮助),这些混杂语言有时变异成克里奥尔语(Creoles,演变为共同体首选语言的混杂语言)。同时,还有一些全球性的努力来使濒死的语言复兴,使已死的语言复活,比如日本的阿伊努语(Ainu),还有瑞士的罗曼什语(Romansch)。关于语言消亡的强烈抵制也是显而易见的。事实上,在今天,世界上超过百分之九十五

---

① 广泛的文献包括 David Bohm and F. David Peat, *Science, Order, and Creativity* (London, 2000) and John Briggs and F. David Peat, *Turbulent Mirror* (New York, 1990)。

的人使用现存的20种语言,但是这些语言极富弹性;它们是一些复杂的语言丛,当中包括混合的亚语种,还有方言语群。这些语言都不是"纯粹的",牛津英语辞典中有百分之九十九的词语是外来的。这些语言又分裂为亚语种,这些亚语种一直面临着进一步的杂交。① 或者来看看另外一个例子:近年来,人们的跨国流动快速增加,特别体现在出入于一些富裕国家(比如每年有900万人进入英国)。这股潮流有许多层面:它包括旅游者的流动,劳务移民及其家庭(的迁移),难民和寻求庇护者,所有这些人组成了所谓的"国际"团体(societies),这些团体既鱼龙混杂,又彼此相关(other-regarding)。文化上的少数群体难以被同化,一方面的原因在于移民的速度和规模,另一方面的原因是因为他们在社会意义上的起源不一样,因为他们可以很容易地与其原初社会群体保持联系。结果,许多国家居住着所有类别的人群,有的可以被叫做"居民"[托马斯·哈马尔(Tomas Hammar)]——这些人是外国人,但享有永久合法居民地位;有的可以被称为"边缘人"——这些人是长期的移民,但是没有安全的居留地位:他们包括非法工人、没有权利的家庭新成员(unauthorized family entrants)、寻求庇护者、庇护遭拒但(仍)未离开者,以及实际上长期融入劳动力大军之中的临时工人。②

老习惯

全球公民社会是一个广泛的、相互联系的、多层次的非政府空间,它包括成千上万的自我管理组织,包括产生全球影响的生活方式。在这种定义之下,全球公民社会的理想类型促使我们改进一下思路,来理解这个新兴的全球秩序。它召唤我们更为深入地思考,希望我们能够加强我们集体

---

① John McWhorter, *The Power of Babel. A Natural History of Language* (London, 2002).
② Stephen Castles and Alistair Davidson, *Citizenship and Migration. Globalization and the Politics of Belonging* (Basingstoke, 2000).

的力量，来指引并改变它。这明确地要求我们增强我们的勇气，来面对未知之境，想象不同的未来。① 确确实实，它迫使我们放弃一些老掉牙的想当然，放弃一些早已过时的偏见。让我们沉思片刻，想想这种对于全球公民社会的全新理解将迫使我们放弃什么？

可以说，"全球公民社会"一词就像路标，它把我们的念头附着在蜿蜒小径上，这些小径不仅在我们面前延伸，也在我们身后逶迤。举个例子，说起"全球公民社会"一词，就是与已逝者共进晚餐（sup with）；在早期现代世界中，在欧洲有教养的阶层看来，"世界公民社会"所表达的含义与其本意很不相同，或者说与它今日所应表达的意义大相径庭。只要重温这个古老而又枯竭的关于"世界公民社会"的意义，我们就会发现当今之世是如何的不同。

考察18世纪两位颇有影响的作家的著作：埃梅里希·德·瓦泰勒（Emmerich de Vattel）的《万国法》（*Le droit des gens*，1758）和伊曼努尔·康德（Immanuel Kant）的《世界公民观点之下的普遍历史观念》（*Idee zu einer allgemeinen Geschichte in weltbürgerlicher Absicht*，1784）以及《永久和平论》（*Zum ewigen Frieden*，1795）。② 这些著作处在一个漫长的欧洲思潮的末期，该思潮把公民社会（societas civilis）理解为生活与武装的法律秩序中的条件，而该秩序为国民保证了稳定的和平和良好的环境。"国家或多或少是完美的，根据在于它或多或少适合于达到公民社

---

① 那种在全球公民社会观念指引下的反思有一个引人入胜的例子，参见 Michael Edwards, *Future Positive. International Co-Operation in the 21st Century* (London, 2000).

② Emmerich de Vattel, *Le droit des gens, ou principes de la loi naturelle, appliqués à la conduite et aux affaires des nations et des souverains* (London, 1758); Immanuel Kant, *Idee zu einer allgemeinen Geschichte in weltbürgerlicher Absicht*，首次出版在 *Berlinische Monatsschrift* (Berlin), November 1784, pp. 385-411, 以及 *Zum ewigen Frieden. Ein philosophischer Entwurf* (Königsberg, 1795). 关于公民社会和政府/国家机构之区分的出现，相关考察参见拙文 "Despotism and Democracy: The Origins and Development of the Distinction between State and Civil Society, 1750—1850", in John Keane (ed.), *Civil Society and the State: New European Perspectives* [London and New York, 1988 (reprinted 1998)].

会的结果",瓦泰勒写道。在他那里国家和公民社会的区分在字面上是不可想象的。公民社会是政府的特殊形式,它"包括让居民得到生活的必需品、舒适、生活的快乐,还有他们的幸福;包括保护每个人安全地享有其财产,享有获得正义的确切方式,最后还包括保护整个群体免于外部暴力"①。康德紧随其后,在这种规范意义上明确了公民社会并不一定是现代领土国家及其法律规范(ius civile)的同义语。他们关于公民社会的经典思想的理论强调,世界性的国家联盟超越于国家之上,联盟自身的法律规范为其提供保护,通过将国家和国民纳入该联盟,可以解决国家之间战争贩卖(war-mongering)的问题,解决康德所谓的国民的"非社会的社会性(unsocial sociability)"的问题。瓦泰勒强调国家有义务尊重和保护他所谓的人类物种的普遍社会。"当……人们在公民社会中联合,形成一个单独的政府(state)或国家(nation)……他们对于人类物种的其他部分的责任仍然没有改变。"② 康德走得更远。他设想了一个双层的"世界公民法(ius cosmopoliticum)",这个法律将公民和国家联结成更高的国家的共和联邦。这个联邦并不像一个和平条约(pactum pacis),而是一个和平同盟(foedus pacificum)。公民是新法律管理的政治联盟的公民,而联邦把国民看做公民,这样可以永远终结暴力。他将这个联邦称为"普遍的公民社会(universal civil society)"(einer allgemein das Recht verwaltenden bürgerlichen Gesellschaft)。③

国家和公民社会的区分的发轫,现代殖民帝国随后的诞生,法国大革命后民族主义的兴起,趋于复杂治理的全球系统的潮流,也就是下面将要分析的全球民主(cosmocracy)——所有这些因素确凿无疑地化解了 18 世纪的那些观念,比如双层全球政府,或者世界公民社会。两个世纪之后,"国际社会"的观念常见于菲利普·马歇尔·布朗(Philip Marshall

---

① Vattel, 1785, chapter 1, section 6.
② Ibid., book 1, introduction, section 11.
③ Kant, *Idee zu einer allgemeinen Geschichte in weltbürgerlicher Absicht*, fifth thesis.

Brown）的早期著作中，以及后来一些学者比如赫德利·布尔（Hedley Bull）和马丁·怀特（Martin Wight）的著作中，"国际社会"的概念既想记录这一历史变化，又想保留公民社会的一些旧有含义。托马斯·霍布斯（Thomas Hobbes）描述了没有法律的自然国家，在权力加诸他人之后，饱受致命斗争的折磨。犬牙交互的领土国家的全球体系，据说与霍布斯的这种经典描述并不相同。在布尔等人看来，领土国家更像是通过别的国家的行为而得以社会化。他们卷入"地球上最广泛的社会形式"①，相互承认的非正式习俗和正式规则的全球框架在不断深化，包括外交协议、大使职责（embassy functions）、双边条约，以及管理各种事物的法律，其范围从贸易、商业到战犯以及非干涉的权利。这些由国家执行的习惯和规则通过尊重主权国家而限制了主权国家，它们逐渐被称为国际社会。国际社会是一个奇怪的以国家为中心的术语，布尔认为它是当代世界秩序的一个基本前提。他写道，"一些国家认识到一些共同的利益和价值，于是它们认为自己在相互关系中，为一套共同的规所约束，并且它们分担同一机构的工作。如果在这个意义上，这些国家组成一个社会，那么就存在"国际社会。②

"世界公民社会"或"国际社会"两个术语仍然有其支持者③，但是

---

① Martin Wight, *Power Politics*, eds. Hedley Bull and Carsten Holbraad (Leicester, 1978), p. 106; 参照 Philip Marshall Brown, *International Society. Its Nature and Interests* (New York, 1928)。

② Hedley Bull, *The Anarchical Society. A Study of Order in World Politics*, 2nd edn. [New York, 1995 (1977)], p. 13; 或参见他的 "The Importance of Grotius in the Study of International Relations", in Hedley Bull *et al.* (eds.), *Hugo Grotius and International Relations* (Oxford, 1990), pp. 64-93。

③ 相关例子包括拉尔夫·达伦多夫对于普遍公民社会所进行的令人鼓舞的新康德主义辩护，参见 *The Modern Social Conflict. An Essay on the Politics of Liberty* (London, 1988), p. 189: "走向世界公民社会的下一步是，通过创造一套国际法，重视所有男男女女的普遍权利。"对照对于"世界社会（Weltgesellschaft）"的系统理论性解读，参见 Niklas Luhmann, *Die Gesellschaft der Gesellschaft*, vol. 1 (Frankfurt am Main, 1998), pp. 148-171, 以及一个论点，即认为国家之间"成熟的无政府主义"是强大的"国际社会"的前提，参见 Barry Buzan, *People, States and Fear. An Agenda for International Security Studies in the Post-Gold War Era* (New York and London, 1991), pp. 174-181。

从新的全球公民社会概念的立场来看，它们的"政府至上"或国家中心在今天都很成问题。不管是"公民社会"的古典术语，还是"国际社会"这个国家中心的概念，都不足以名状最近兴起的所谓全球公民社会这一非政府社会领域。这个词汇——"全球公民社会"也许听起来有些旧，但是今天它们拥有全新的含意和政治意义。关于这个主题的持续而深入的思考，还有推翻老的思考习惯的意愿，毫无疑问都是有道理的。本书试图用全新的方式来界定和理解全球公民社会，此间的一些例子尤为一针见血。

层次？

首先需要质疑当前研究者中间的一种习惯，他们把公民社会看成"国家的"现象，于是假设或暗示全球公民社会和国内公民社会是二元对立的。许多人仍然试图用两种不同"层次"的公民社会这种（建筑学）术语，就是"国家的"和"全球的"，好像人类公民（homo civilis）是一种分裂的事物，稀奇古怪地同自己争执。就像克莱斯特（Kleist）散文中的一个人物：该人物同时在两个不同的方向上拉拽，既向着"家"又远离"家"。这种思维方式的一个版本认为，"全球公民社会"是"一种超越国家的领域，在这个领域中，人们在其特定国家之公民的角色之外，再形成关系，培养认同的要素"。它"代表一种领域，该领域超越国家系统，只关注自身的特性，可以服务于真正超越国家的公共利益"[1]。注意这种强烈的假设，从政治上界定的版图保留着公民社会机构最终的地基（foundation），好像"全球"是一种附加之物，是无家可归的领土之外的现象。再注意一下这种全球公民社会的图像如何利用建筑学中上和下、这里和那里

---

[1] Paul Wapner, "The Normative Promise of Nonstate Actors: A Theoretical Account of Global Civil Society", in Paul Wapner and Lester Edwin J. Ruiz (eds.), *Principled World Politics. The Challenge of Normative International Relations* (Lanham, MD, 2000), p. 261.

的隐喻。它们暗示公民社会的世界分裂成了两个层次,其中"国内"公民社会只是"关注自身(self-regarding)",而关注他者的(other-regarding)全球公民社会是"处在国家的、宗教的和地方的社会(societies)之上,或者处于其外",或者"高于国家层次"。① 然而,这两个"层次"究竟如何相互关联,"公民们"如何在这个梯子间爬上爬下,却是语焉不详。

实际上,"国内"和"国外",或者"地方"和"全球"这些话语,以及"之上和之外"的建筑学比喻,都是彻头彻尾误入歧途。相关的例子是以色列,根据全球化指数②,它毫不费力地成为世界上全球化程度最高的国家。全球公民社会内部运作的力量和过程,并没有从"全球"中划分出"国内"的清晰界限;"内部的"或者"外部的",这两种维度之间不断相互交织,彼此共同界定。举一个简单的例子:牛仔服。全世界范围内人们都穿这种服装。也许有人会略带夸张地说,有成千上万的人在公民社会中生活、工作、玩乐,而牛仔服就是他们最看重的制服。作为一种服装,每个人都知道它起源于美国本土;作为一种美国商品,牛仔服颇为流行。在每一块大陆,在 100 多个国家和地区中,它们如今是休闲装(casual dress)中相对便宜和流行的一种形式。然而牛仔服的这种全球化并不意味着有意义的生活方式的同质化。同是穿牛仔服,意义却不一样。在自家牧场的万宝路牛仔(Marlboro Man)是为了和摩托车上的泰国小伙子竞相吸引人们的注意,而黎巴嫩的年轻妇女,不管戴不戴面纱,却是为了在休闲咖啡馆中一起放松放松。这些人都用非标准化的方式穿着牛仔服。所有这些形象(figure)都是世界范围的文化网络的化身,而网格状的(latticed)全球生产网络则制约着文化网络本身。这些生产网络包括原材料和经过加工的材料,比如纳米比亚的铜、贝宁和巴基斯坦的棉花、澳大利亚的锌、北爱尔兰和匈牙利的丝、德国的合成染料、土耳其的浮石、

---

① Helmut Anheier *et al.*, "Introducing Global Civil Society", in Anheier *et al.* (eds.) *Global Civil Society*, pp. 4, 3.

② *Financial Times* (London), 9 January 2002.

法国的聚酯磁带,还有日本制造的铁链。仅仅这个例子就突出了在公民社会的全球化过程之中复杂性的通常模式。它让我们理解了所谓国内和全球这一点,从物理学领域打个比方,国内和全球之间有强烈的相互作用的特征,就像原子核中把质子和中子联系在一起的那种相互作用;或者,换成复杂性理论的语言,循环的和反复循环的回路中有一种复杂且跨越边界的模式,而国内和全球通常就在这种模式中联系在一起。如果要理解全球公民社会的动力机制,在内部和外部之间并没有确定的或决定性的边界。该社会的"微观"、"中观"和"宏观"维度之间既相互联系,又彼此互为决定因素。最小的与最大的运作和事件,牵涉进产生反馈的循环之中,这种反馈包括从系统简化和系统颠覆(或负面)的形式,到更为积极的反馈。因为这种反馈产生的效果与其原因不匹配,从而增加了全球社会系统的整体异质性和活力(dynamism)。

再重复一遍:如何更充分地想象全球公民社会是什么样子,或者会是什么样子?这急切需要发展出理论的想象,而认识到这种理论想象的急切需要乃是我们的基本目的。生态学比喻的运用以及从复杂性理论中引用的主题可能值得商榷,但是这有助于达到我们的基本目的。最有活力的"地方"公民社会,是那些在世界范围内拥有最强联系的社会,这不论在过去还是在现在都是一条不二法则。反馈和前馈的循环支持着(全球公民社会的)开放网络系统。全球公民社会的诸多不同部分的含义,就像这个网络系统上的节点,而这些不同的部分之间相互联系,彼此依赖,组成了复杂的模式。谈论全球公民社会,就是强调这种复杂的模式。至关重要的是要看到,正是在扎根于地方的社会中,较大的社会集合体比如贸易联盟通常会加强(而不是简单地涵盖)较小的社会单位比如家庭的权力和地位。因此,更为地方性的公民社会单位有更远的或全球化的连接者,而它们之间的关系并不是零和的关系。

再撇开单个商品比如牛仔服,考虑整个的国家比如当代的日本:在1960年,日本非营利团体的密度(每100 000人中11.1个团体)只是同期美国（34.6个）的约三分之一。这也不足为怪，因为日本政府部门曾经将公民社会机构看成国家事务的干涉者。到20世纪90年代早期，日本非营利团体的这一密度达到美国的80%还多（日本每100 000人29.2个，而美国是35.2个）。① 许多因素有助于解释这一转变，但主要的原因在于这个国家的国际化（日语本身的说法叫kokusai-ka）。这一进程开始于1979年间公民广泛的公共参与，旨在帮助印度支那难民，后来一些事件大大推进了这一进程，包括20世纪90年代联合国召开的一系列会议，以及一些媒体事件如2002年世界杯足球赛。结果是加强了"国内"和"国际"的相互依赖。在形成国外政策方面，公民社会机构实际上的（de facto）参与运动不断增长，面对此番情况，日本政府官员被迫在政策商议中吸收这些机构的代表[八国峰会在日本举行期间，日本政府甚至任命了一个特别的"公民社会主管大使（shibiru sosaeti tantshibiru）"]，日本政府的国外政策部门中的资助者—委托者关系，转变到和公民社会行动者政治谈判的模式。这一转变过程同样发生在各种国内政策领域。②

欧洲城镇

在公民社会的"国内"和"全球"的维度之间，存在着动态的渗透。当试图理解公民社会的谱系之时，这一点必须考虑进去，比如在欧洲地区。实际上，现代公民社会在欧洲国家和帝国的框架之中发展，这个发展一开

---

① Yutaka Tsujinaka, "Interest Group Structure and Regime Change in Japan", in I. M. Destler (ed.), *Maryland/Tsukubu Papers on US-Japan Relations* (College Park, MD, 1996), p.57.

② Toshihiro Menju and Takaka Aoki, "The Evolution of Japanese NGOs in the Asia Pacific Context", in Tadashi Yamamoto (ed.), *Emerging Civil Society in the Asia Pacific Community: Nongovernmental Underpinnings of the Emerging Asia Pacific Regional Community* (Singapore and Tokyo, 1995), pp. 143-146, and Tadashi Yamamoto, "Emergence of Japan's Civil Society and Its Future Challenges", in Tadashi Yamamoto (ed.), *Deciding the Public Good: Governance and Civil Society in Japan* (Tokyo, 1999), pp. 99-103.

始就包含其自身跨国化和相互渗透的种子。在最为地方性的公民社会中甚至也能看到这股潮流，这些公民社会的根源可以追溯到11世纪欧洲城镇的复兴。这种城镇复兴培育了远距离的贸易，这种贸易连接了地中海、大西洋和波罗的海沿岸的欧洲；不仅如此，它还标志着这块大陆上升到执世界牛耳地位之开端，还有它对于全球公民社会奠基性的贡献。[①] 2 在这些欧洲城镇中，非同寻常的人群参与了许多不同的任务，他们住的房子紧密相连，通常是墙靠着墙。这些欧洲城镇的分布是不均匀的，俄罗斯的城镇化模式程度最低，而荷兰城镇化模式的程度最高。尽管它们的分布不均匀，这些城镇却通常在网络或群岛（archipelago，此处当属比喻用法。——译者注）中彼此相连，这些群岛不断延伸，跨越遥远距离。在这些城镇化的群岛兴旺之处，它们的作用就像磁铁一样。城镇那明确的（well-lit）复杂性，真实的或想象的自由，还有更高的工资，这一切无不吸引着外来者。

布鲁日、热那亚、纽伦堡、伦敦等城市就像电力变压器（electric transformer）。他们不仅为生活的元素增加运动，而且还增加张力，通过这样不断为生命充电。城镇居民似乎永远在动。在建筑（built-up）区域之间，他们颇有规律地来回穿梭，很有规律地只是在那里度过生命中的一部分光阴。比如说，在收获时节，工匠和其他人为了在别处的田地里工作，通常撂下他们的生意和房子。不停行驶的马车，日市或周市，还有数不清的贸易，这一切增加了跨距离运动的感觉：城镇居民遭遇了运水人、磨地板的人、锯木匠、行李搬运工和椅子搬运工、小贩、兔皮商人、假发商、理发师、皮匠以及家庭仆人。所有这些职业反过来和高人一等者（better sort）的成员同心协力：商人（他们当中有些人非常富有）、熟练技工（masters）、雇佣兵、工程师、船长、医生、教授、画家和建筑师——这些人知道跨时空的旅行意味着什么。

城镇蜿蜒曲折的分布增加了其自身地理和社会活力的面貌（appear-

[①] 以下部分运用了下面这本书收集的文献，John H. Mundy and Peter Riesenberg, *The Medieval Town* (Princeton, 1858) 以及 Fernand Braudel, *Civilization and Capitalism. 15th - 18th Century*, vol. 1 (London, 1981), chapter 8。

ance)。只有两个文明把大城市塑造成不规则的街道迷宫,中世纪的欧洲是其中之一,另一个是伊斯兰。中世纪欧洲城镇和现代早期欧洲城镇的不同之处在于它们所享有的自由不同,这种自由来自于新兴领土国家的政治权威。地方商人、从事贸易者、手工行会、制造商以及银行家组成了远距离货币经济的支柱,他们被赋予以支配政府管辖的条款和条件的权力。这样看来,城镇市场像是布谷鸟的蛋,下在了中世纪城镇的小窝中。这些小窝从各种非政府机构中编织而得,而这些机构与市场一道,有助于培育一些全新的东西:无拘无束的社会空间。在这个空间中,专制主义的政府会受到检查,遭到批判,民众通常对其敬而远之(held at arm's length)。

普遍的历史

"强烈联系的国家公民社会存在于许多国家的系统之中,"在这个意义上,公民社会的诞生并不简单地为国家公民社会奠基。[①] 就历史而言,公民社会的机构从来就不仅仅是"国家的",也不仅仅是由与国家政府的关系构成的。迄今为止存在着的公民社会,都由一些共同的线索联系着。(国家)公民社会以领土为基础,并受其限定,但人们认为全球公民社会并不是它们的简单相加,其原因正在于这些共同的线索。全球公民社会确实包括地方的、地区的、国家秩序的(state-ordered)和超越国家的公民社会机构,在一个相互依赖的复杂链条中,这些机构融合在一起。地方公民社会的诞生,预示着所谓普遍历史的到来。这种普遍历史有一个特征,那就是在地方和远距离事件之间持续的互动。[②] 地方和地区公民社会带来一个古老的潮流,(如今)它被命名为全球公民社会,这是一个姗姗来迟的新术语。在现代欧洲的意义上,地球上的许多地方曾经不知道公民社会

[①] M. J. Peterson, "Transnational Activity, International Society and World Politics", *Millennium*, 21:3 (1992), p. 388.

[②] Raymond Aron, "The Dawn of Universal History", in Miriam Conant (ed.), *Politics and History. Selected Essays by Raymond Aron* (New York and London, 1978), pp. 212-233.

的伦理和结构，而这个新术语则把这些地区联系在一起，相互渗透。跨国的非政府活动的网络在快速增长，大大"加厚"，指出这种发展也是该新术语的题中之意。这样理解的普遍历史并不是这种陈词滥调：一大堆西方的观念单向地传播给世界上其他地区，而其他地区的贡献是没有贡献的非历史（non-history of non-contributions），或者像曼姆达尼（Mamdani）所说的"缺位的历史（history of absences）"。① 普遍的历史之所以是普遍的，是从更为复杂和麻烦的意义而言的：通过交织的过去和现在的权力去除（power-ridden）过程，本地和远方循环往复（recursively）地相互联系。因此，比如说，瓦泰勒、康德和其他人支持世界主义，这种世界主义的18世纪版本是地方公民社会的产儿；某些人的生活已经停泊在地方公民社会之中，而世界主义是他们的特权。这并不意味着也不暗示着他们的世界主义想象（vision）是高人一等的。从普遍历史的视角来看，那不过是许多现代性中的一种。他们隐约感觉还有更为宽广和复杂的世界，而自己只是这个世界中的一部分。他们能够把时间和空间看成一种结构，而不是这个世界的基本框架（bare bones）。这些地方公民社会有如此的开放性，这种开放性是关系到他者的，是睁眼向外看的，从而不断诱惑他们投身并改变那个世界。他们拥有社会技能，能够经营商业企业，进行技术革新，享有通信自由（freedom of communication），在独立思想的教堂中自由地学习语言、拯救灵魂——所有这一切品质培育了日益增长的世界性，为随后的全球化奠定了基础。

　　沉思片刻，想想殖民过程的例子。大英帝国引发了殖民过程，在其全盛之日，统治着将近三分之一的世界人口。② 这和西班牙殖民地不同，西

---

① Mahmood Mamdani, *Citizen and Subject: Contemporary Africa and the Legacy of Late Colonialism* (Princeton, 1996).
② 欧洲的扩张通常被分为两个阶段。第一阶段包括欧洲对美洲的征服；这一阶段开始于1492年哥伦布的第一次远航，结束于19世纪30年代期间西班牙军队在南美洲的最后战败。在第二阶段期间，欧洲的权力网络覆盖亚洲、非洲和太平洋；该阶段开始于18世纪30年代，但仅仅在美国革命之后变得明确，这标志着欧洲在大西洋统治的结束；参见 Anthony Pagden, *Lords of All the World. Ideologies of Empire in Spain, Britain and France c. 1500-c. 1800* (New Haven and London, 1995).

班牙殖民地是一种君主专制的产物，君主专制将世界置于传递福音和军事荣耀的旗帜之下，而大英帝国的驱动力量不仅包括海事支撑的（maritime-backed）殖民力量，更有立基于家庭的非政府的动机。这些也是为了利润，就像弗吉尼亚公司和东印度公司，它们把富有大资本家的资本和海盗海上探险的航行技术结合起来，组成合资机构，这样不仅征服了印度，为其统治（Raj）奠定了基础，同时还提供了一种方式，来与东方循环往复地交流人力、商品、动物、植物和思想。大英帝国也孵化了宗教动机驱动的非政府行动，这明显地见于广泛的基督教传教士活动和非国教派的移民活动：清教徒（Puritans）到新英格兰，贵格会会员（Quakers）到宾夕法尼亚，卫理公会派教徒（Methodists）到澳大利亚，还有长老教会员（Presbyterians）到加拿大。对于殖民地而言，这些非政府或公民的行动并不简单地只有单向的影响；他们确实建立了复杂的社会和经济相互依赖的链条，其中包括许多组成部分，这些部分之间同时互动，产生了各种巨大的影响，这些影响很快就开始遍及普天之下四面八方。帝国促进了远距离的独立自主；社会经济生活方面的诸多因素此前还不甚相关，后来却逐渐彼此相连。

概念帝国主义？

在这个帝国的例子中，全球公民社会观念的批评者很可能在这一点上提出异议，认为公民社会的术语有一种西方腔调（accent）。批评者或许会说，远距离社会关系的发展当然会影响某些规则和机构的传播，后来在现代意义上，这些规则和机构被叫做公民社会。[①] 然而匆匆瞥一眼历史记录

---

① 18世纪中期，从古典欧洲对治理良好的政治团体（societas civilis）的用法转到现代意义上的公民社会，后者被看成是非暴力互动的法律保护空间，对其考察参见拙作"Despotism and Democracy: The Origins and Development of the Distinction Between Civil Society and the State 1750—1850", in John Keane (ed.), *Civil Society and the State: New European Perspectives* [London and New York, 1988 (reprinted 1998)], pp. 35-72。

就会发现，公民社会机构和语言的传播在每个地方都遇到抵制，有时（比如在东非大陆，在 19 世纪 40 年代基督教传教期间[1]）甚至是武装对抗，接着是殊死的战斗。因此我们的批评者或许会这样作出结论：显而易见，"公民社会"并不仅仅是拥有虚假普遍主张的特殊地理概念；它如此有所选择地跟"西方"亲密无间，它甚至还在世界上暗中扮演着西方力量和影响的代理者的角色。

全球公民社会的术语难道真的是西方统治的木马？是否真的有很好的理由"把公民社会的概念送回它该待的地方去，而那地方就是欧洲社会哲学的地方主义"？[2] 有人怀疑公民社会的术语混杂着高傲和血统（hubris and blood）的肮脏交易。根据初步的（prima facie）证据，必须认真对待这种怀疑，当然现在对这个术语的任何运用都应该高度谨慎，小心此间在概念上和政治上的风险。至少需要记住，到目前为止在这个讨论中，为了启发的目的，全球公民社会这一术语都被用作一种理想类型。当然此外还有许多有争议的问题，本书后面会讨论到，比如将全球公民社会观念发展为一种全球规范（norm）时，在实践努力上所面临的困难。这意味着[正如马克斯·韦伯（Max Weber）首次提出的那样[3]]，它并不是一开始就为了操纵或统治他者，而是试图指称、描述、阐明并解释这个世界，不管是过去的世界还是现在的世界。换而言之，明智地说，这个概念通过简化这个世界，来帮助我们更好地理解这个世界所有的复杂性。它是否设法完成了这个任务，完成得有多好，这只有通过将其带入经验"现实"才能决定，而经验现实的动力机制正是它力图解释和说明的。在这个阶段，这个概念的西方起源，以及它利用外来价值的可能性，都是不必考虑的问

---

[1] Philip D. Curtin, *The World and the West. The European Challenge and the Overseas Response in the Age of Empire* (Cambridge and New York, 2000), chapter 7.

[2] Partha Chatterjee, "A Response to Taylor's 'Modes of Civil Society'", *Public Culture* 3: 1 (Fall 1990), p. 120.

[3] Max Weber, "'Objectivity' in Social Science and Social Policy", in Edward A. Shils and Henry A. Finch (eds.), *The Methodology of the Social Sciences* (New York, 1949), p. 90.

题。全球公民社会这个概念所解释的研究问题和经验发现，对于这个世界其他地方的人们是否能被证明是受了启发的，受了多大的启发，这才是真正面临风险的问题。

此处的启发假定并要求（这一概念）白璧无瑕（clean hands）。当代公民社会术语大行其道，但其中潜伏着一个不利的事实，即公民社会是欧洲的话语。这一开始就假定并要求世界上其他地方放弃权力，或彻底溃败。今天有人想推广这个术语，想用它来描述整个世界，这些人必须面对这个现实问题。他们必须坦率地面对一些尴尬的历史事实。因此，对这些事实造成的消极后果，他们必须求得他者的谅解。

"文明社会（civilised society）"、"文明化（civilisation）"、"文明性（civility）"这些话语，曾经散发着暴力的恶臭，这是这些事实中最为重要的。公民社会的基础常常浸泡着鲜血。"文明化的"世界性（worldliness）的发展通常伴随着极度"不文明"甚至野蛮的统治形式。没有具有优势的海军力量，世界公民社会在任何地方都不可能发展或存在；根深蒂固的好斗性，以及对于疾病相对的免疫力，促进了早期西方在 1500 年前后的起飞，而这通常是用暴力、粗野的形式完成的。依照今天文明的标准来看，欧洲发展的里程碑显得颇为野蛮，比如在印度洋对阿尔梅达和阿尔伯克基的残忍入侵，对秘鲁和墨西哥美洲印第安文明的毁灭，还有对一些民族的普遍而多样的敌意，其中包括地中海盆地的穆斯林商人，以及澳大利亚和加拿大等国的土著猎人与采集者。①

到了 18 世纪末期，在公民社会的现代术语兴起不久时，不管在国内还是在国外，那些支持其机构和规则的人通常还准备跟敌人用拳头说话。他们设想自己在上帝或天使旁边，准备穿越未知的边境，到达陌生的土地，鼓足风帆，跨上骏马，佩宝剑，携手枪，推大炮，全副武装。他们准

---

① William H. McNeill, *The Rise of the West. A History of the Human Community* (Chicago and London, 1963), chapter 11.

备支持这样一种区分:其中一种人是"无须施以酷刑的(non-torturable)",一种人是"需要施以酷刑的(torturable)"(Graham Greene)。在出发远征埃及之前,拿破仑对自己的将士作出了著名的宣誓,"勇士们",他说道,"你们正在进行的征服,将对文明有着不可估量的贡献",这是文明社会进军中的战斗呼号。有这一传统的,还有英国的殖民者。对于他们想要夺取的土地上的原住民,他们将大量的暴力施诸其身。

另外,大英帝国的外缘地区是一个试验场,其中"文明"的标准在殖民者自己身上得到检验。诺福克岛经常被用来作例子。该岛今天因其宁静淳朴之美闻名遐迩,最初是在 1788 年到 1814 年间被英国殖民者占领。在 1825 年到 1850 年间,英国当局将其变为对男性罪犯处以酷刑的场所,这些男性罪犯在范迪门斯地(Van Diemen's Land)或新南威尔士屡屡作奸犯科。在"文明社会"的名义下,他们被强迫从早干到晚,没有餐具,像动物一样进食。只要有一丁点违抗的征兆,就只给他们面包和水。频繁的鞭打是家常便饭,一次就 500 多下;顽固的罪犯则被关进单人牢房,他们在那里站也站不直,躺也躺不稳;死亡自然是从这个海岛地狱中慈悲的解脱(release),犯人们通常抓阄决定谁杀死谁,并由此决定谁会离开这个海岛去悉尼,在那里接受谋杀指控。[①]

大暴力,小暴力

公民社会的支持者的文明化使命采取了一些形式,在那些形式的范围之内,公民社会现代早期的拥护者对其他人的批评也就不足为怪了,他们批评这些人在建立其机构方面所谓的无能。对于今天那些积极地谈论公民社会的人而言,这是另一个必须把握的历史事实:在现代早期的用法中,

---

① 参见下面书中的各种记录,Suzanne Rickard (ed.), *George Barrington's Voyage to Botany Bay* (Leicester, 2001)。

"公民社会"通常被用来和"亚洲"地区作对比。据其所言,公民社会在亚洲显然没有出现。"在印度,根据亚洲模式",詹姆斯·米尔(James Mill)一边在头脑中想象着印度,一边写道,"除了通常的例外宗教及其教士,政府可以说是君主专制的"。在他们或者其立法者(legislator)的头脑中,只有单个个人的意志,而没有任何规则的系统的观念。① 马克思和恩格斯在其他方面并非现代公民社会(bürgerliche Gesellschaft)的支持者,但他们都同样认为在东方缺乏产生(acquisition)资产阶级的首要基本条件:个人的安全和商人的财产权。② 在同样的思路上,托克维尔(Tocqueville)指出,在美国,基督教精神保证了公民社会和民主制度的成长,而穆斯林的信念和作风却将唯物论和宿命论赋予信徒。对于阿尔及利亚等国,欧洲最初执行的是"征服的大暴力",而伊斯兰教国家的长期衰败说明这种"大暴力"需要辅以"小一点的暴力"。在伊斯兰社会中公民社会难以出现。它们的和解需要双层的政治秩序:统治群体以基督教文明原则为基础,而本地的被统治群体则继续生活在《古兰经》的教条之下。③

全球公民社会的支持者们今天必须鼓足勇气,在这些看法方面提出一些强硬的问题。如果他们对于这些主张有着敏锐的反应,那将是十分明智的。一方面是因为从实践而言(在极端上)它们有着致命的后果。另一方面,在西方殖民化之前存在着伊斯兰世界的现代早期图景。这一图景通常取消了其社会制度的复杂性,而实际上这些制度有着公民社会某种宗

---

① James Mill, *The History of British India* (London, 1817), vol. 1, p. 122.

② Karl Marx and Frederick Engels, "The Foreign Policy of Russian Czarism", in *The Russian Menace in Europe* (London, 1953), p. 40.

③ 参见致戈宾诺(Gobineau)的信,见 Alexis de Tocqueville, *Oeuvres complètes*, ed. J. P. Mayer (Paris, 1951—), vol. 9, p. 69;未出版的致拉摩里希尔(Lamoricière)(1864年4月5日)的信,引自 André Jardin, *Tocqueville: A Biography* (New York, 1988), p. 318;以及 Pierre Michel, "Démocratie et Barbarie", in *Un mythe romantique, les Barbares, 1789—1848* (Lyons, 1981), pp. 267-292。更多内容参见下面的重要文章 Bryan S. Turner, "Orientalism and the Problem of Civil Society in Islam", in Asaf Hussain *et al.* (eds.), *Orientalism, Islam and Islamists* (Brattleboro, VT, 1984), pp. 23-42。

教形式的所有特征，只不过没有相应的名字。① 这里全球公民社会理论遇到了一个语义问题：其名称（koinonia politike；societas civilis；civil society）当然产生于欧洲，但是在欧洲征服（世界）之前，受法律保护的公民团体的实质内容就普遍存在于穆斯林社会的世界。这个观点是由18世纪极少的一些欧洲观察家提出来的，他们目光如炬，心胸开阔。让-雅克·卢梭（Jean-Jacques Rousseau）（他明确支持未分化的小共和政体）甚至抱怨道，穆斯林在神学系统和政治系统之间的区分太过严格了。"穆罕默德的观点非常健全，他将其政治系统很好地联系在一起；并且，只要继承他的哈里发（caliphs）继续统治着他的政府形态，那么政府确实是单一的，并且迄今为止确实是好政府"，他写道，"但是阿拉伯"，他补充道，"已经变得繁荣富庶、文教昌盛、温文尔雅，也变得松弛涣散、苟且懦弱，后来被野蛮人征服；两种权力（神学的和政治的）之区分重新开始；并且，尽管这种区分在伊斯兰教中不如在基督教中那样明显，它仍然是存在的。特别是在阿里教会（the sect of Ali），存在着波斯那样的国家，在那里仍然能够感觉到这种区分"②。

卢梭的论述颠覆了对伊斯兰世界作出的政教合一（Caesaro-papism）的指控。这和更近的观察家不谋而合，它表明东方并不是奴隶制的藏污纳垢之所，并不是君主统治下没有私人财产权的世界，君主也并不是仅仅把臣民看成妇女、儿童和奴隶组成的家族（household）。"东方"是一个偷懒的术语，它表示一片广阔的地理和文化区域，有着深刻的复杂性，但是这个偷懒的术语却对此视而不见。保存下来的证据有些支离破碎，但它们表明这些公民社团很可能反而是合同法领域的先驱。比方说，这些社团在城市中安营扎寨，这些城市发挥着世界性交通节点、货物集散地等作用，

---

① 关于这个主题的文献浩若烟海，可参见 Ira M. Lapidus, *History of Islamic Societies* (Cambridge, 1988) 以及 "Muslim Cities and Islamic Societies", in Ira M. Lapidus (ed.), *Middle Eastern Cities: A Symposium on Ancient Islamic and Contemporary Middle Eastern Urbanism* (Berkeley, 1969), pp. 47-74.

② Jean-Jacques Rousseau, *The Social Contract*, in *The Social Contract and Discourses* (New York, 1913), book 4, chapter 8, p. 109.

还促进了广泛的原世界（proto-world）系统。① 这些社团也有私法和民法，相关的历史记录是最长的，这些法律涵盖了对于贸易和财产权的保护，二者最主要的形式是合伙制（partnership）。② 这些合伙制的基础并不是类似欧洲的雇主和雇员关系（这被广泛认为是奴役制的一种形式）。因此，在财产所有者和非所有者之间，这种合伙制当然不会产生阶级分化；财产、生产和贸易多镶嵌于家庭、邻里或忏悔编组（confessional grouping）之中。在这些群体里面，商业伙伴、女人和男人等等相互视为"所有者"，不管他们对于合伙关系是否贡献了资本或劳动。社会关系通常是多样、流畅而动态的，即"模糊"的，而不像后来许多殖民契约的形式是单一、可计算的且同质的。③ 与其他形式相较，其结果在于阻碍了大型商业和生产公司等类型的出现，该类型发轫于英国、法国和荷兰，同时也阻止了政治规则的专制主义形式的兴起。从这个方面看，欧洲作家所分析并害怕的"东方"专制国家，其实正是外国征服和西方殖民的结果。它们的"大暴力（grande violence）"（托克维尔语）通常取得成功，因为殖民者支配着军队和交通资源，拥有专制主义规则的长期经验。

在大多数情况下，其结果是毁灭或者严重损坏了此前存在的复杂的社会制度和商业合伙制，从而制造了真空，而殖民力量及其买办统治者〔伊朗王、埃米尔（emirs）、国王〕用国家主义（étatiste）机构填补了这一真空。④ 在这一点上，凯末尔主义统治下（Kemalist，1923—1938）的新土耳其是一个

---

① J. Abu-Lughod, *Before European Hegemony: The World System AD 1250—1350* (Cambridge, 1989).

② Mikhail Rostovtzeff, *Caravan Cities* (Oxford, 1932), pp. 8-9; Solomon Goitein, "Commercial and Family Partnerships in the Countries of Medieval Islam", *Islamic Studies 3* (1964), pp. 315-337, 及其 *Studies in Islamic History and Institutions* (Leiden, 1966), pp. 270-278.

③ Sudipta Kaviraj, "The Imaginary Institution of India", in Partha Chatterjee and Gyanendra Pandey (eds.), *Subaltern Studies*, VII (New Delhi, 1992), pp. 20-26.

④ 参见 Hannah Batatu, *The Old Social Classes and the Revolutionary Movements of Iraq* (Princeton, 1978); 有一种主张认为，东方专制的理论作为古典共和主义的障碍而出现，对于这一主张的很好的辩护，参见 Patricia Springborg, *Western Republicanism and the Oriental Prince* (Cambridge, 1992)。

明显的例子：穆斯塔法·凯末尔［Mustafa Kemal，后来尊享阿塔图尔克（Atatürk）的称号，或称为"土耳其国父"］清除了宗教学校的整个体系，代之以教育部领导下的一般学校（mekteps）和宗教学校（medreses）的强制重组。这一时期法律的世俗规范以意大利、瑞士和德国的先例为基础，它们被严格地应用于民法、刑法和商法领域。禁止用阿拉伯语和波斯语印刷材料，公开鼓励将作为正统伊斯兰教经书的《古兰经》翻译成土耳其语，并公开朗诵。废止宗教称号，不准使用，关闭托钵僧旅馆（tekke）和号舍（zaviye）。官方鼓励穿西方服装，宣布以星期天而不是穆斯林的星期五为官方假日。定位地点的旧体系依据该地与公共广场或场所的关系，但取而代之的新规则要求把建筑和房屋纳入数字体系，并且所有街道要根据欧洲风俗来命名。这一时期举办了首届土耳其选美比赛；宣布穆斯林饮酒合法；所有人必须文明结婚；并且，来自上层的军事暴力恐吓支撑着所有这些"世俗"标准。为了抬高这些标准，在公共场所安放着凯末尔帝王般的雕塑和巨幅画像。这样，背离了作为其对立面的古老穆斯林传统，转而对于活生生的事物进行离谱的描绘和神化。[①]

传播

最后一个引导性的思想认为，全球公民社会的描述性用法现在已经传遍地球上的各大洲，这颇有意义却极具讽刺意味。全球公民社会在诞生和成熟的过程中充满了诸多讽刺。稍后我们将看到，可以将其公民机构理解并界定为某种讽刺感的条件，该讽刺感可谓无伤大雅（healthy）且尽人皆知。但此时在这里先说说最为离奇的一个讽刺：这种生活方式起源于欧洲，以文明社会（civil society）的名义，许多欧洲人在这个世界上开始了

[①] 比如说，Stanford J. Shaw and Ezel Kural Shaw, *History of the Ottoman Empire and Modern Turkey*, vol. 2 (Cambridge and London, 1977), esp. chapter 6; Andrew Davison, *Secularism and Revivalism in Turkey* (New Haven and London, 1998)。

残忍的殖民，而这种生活方式有助于奠定其自身普遍主张的基础。这样，就加强了公民对于权力和偏见的殖民形式的抵制，而它们最初恰恰可以追溯到欧洲地区。在18世纪的北美殖民地，在"文明社会（civilised society）"的名义下，殖民地人民发动反抗大英帝国权力的起义，这是一种出乎意料的结果。就此而言，这是破天荒的头一遭。实际上最近还有许多关于这种讽刺的例子，武装国家或帝国权力曾经夸耀自身的"文明传播使命（civilising mission）"，却企图压碎一个潜在的公民社团的意志力（willpower），不过这种企图失败了。这方面的例子不胜枚举，从地方形成的公民社团对于帝国力量或轻微或漫长的抵抗（就像在澳大利亚和新西兰），到对于殖民势力和后殖民势力火山爆发般的抗争。这种抗争背景各异，包括海地、印度、南非以及尼日利亚。

这种出乎意料的发展，有一个显而易见的重要效果：公民社会语言在当代的"迁徙"，从其诞生地欧洲，传遍地球上的五湖四海。[①] 近年来，"公民社会"和"全球公民社会"术语的家族（family）可谓是一帆风顺的旅行者。它们首先在日本露脸，然后在欧洲地区包括其东部的边缘发展得如火如荼，《纽约时报》报道公民社会"近些天几乎是俄罗斯政坛的咒语（mantra）"[②]。公民社会的术语还传播到美国和加拿大，穿越中美洲和南美洲。他们还出现在整个撒哈拉以南的非洲、大洋洲，以及亚洲和伊斯兰世界的所有地区。[③] 公民社会概念的全球化是新兴的全球公民社会的一个

[①] 参见拙作 *Civil Society and the State: Old Images and New Visions*, esp. pp. 32ff.
[②] *New York Times*, June 22, 2000.
[③] 文献浩如烟海，且仍然在增加。最有名的贡献包括 Sudipta Kaviraj and Sunil Khilnani (eds.), *Civil Society: History and Possibilities* (Cambridge and New York, 2001); Richard Augustus Norton (ed.), *Civil Society in the Middle East*, 2 vols. (Leiden, 1995); Chris Hann and Elizabeth Dunn (eds.), *Civil Society: Challenging Western Models* (New York, 1996); Tadashi Yamamoto (ed.) *Emerging Civil Society in the Asia Pacific Community: Nongovernmental Underpinnings of the Emerging Asia Pacific Regional Community* (Singapore and Tokyo, 1995); John L. and Jean Comaroff (eds.), *Civil Society and the Political Imagination in Africa: Critical Perspectives* (Chicago and London, 1999); 以及 John Keane (ed.), *Civil Society and the State; New European Perspectives*.

侧面，因为这表明，公民社会的观念、语言和制度如何冲出发源地，传向新天地。在这些新天地中，它们反过来又在当地语境下被概念化或重新概念化，在修订过程中，公民社会有时会被赋以非常不同的术语，这些修订通常又会反馈给原初的馈赠语境（original donor contexts）。① 公民社会的话语可不仅仅在全世界新闻圈、法律圈和学术圈中为人熟知。非政府组织、商人、专业人士、外交官和持有各种游说说辞的政客也喜欢用同样的话语。这一话语大行其道，肯定会让未来的历史学家追溯这一术语的全球化过程。他们会判断说这一术语的全球扩张是一个前所未有的事情，它标志着共同的社会意义框架漫长形成过程中的第一步，这一过程跨越了距离上的障碍（tyranny of distance）以及国界的限制。明天的历史学家也许会总结道，公民社会话语的扩散并不仅仅关系到话语。他们或许会强调一个事实，即一些新东西诞生在这个世界上，比如非政府组织和公共（组织）前所未有地（如果不平衡地分布着）大幅度增长。于是公民们生活在同一个世界上，而人们对于生活在其国境之外的其他公民负有义务，只是因为他们是公民。

　　印度次大陆的学者和活动家等已经接纳了公民社会的观念和理想，这是支持该潮流的一个证据。近年来，导致这种接纳的因素有几个，包括对于本土文明传统的新兴趣，对于后殖民政治和市场改革的普遍失望，也包括对于公民权利和政治权利的捍卫，这种捍卫是通过反对宗教国家主义和独裁主义政府政策而实现的。公民社会案例中有三种不同版本占据主导地位。传统主义路数谴责政府暴力，号召"仁慈统治"，这种仁慈统治的基础是强烈的本土传统。公民社会立足于求同存异、休戚与共的原则，加强建设这种公民社会的工程必须利用"现存的本土传统，包括四海一家（togetherness）、心系彼此（mutuality）、求大同存小异、化干戈为玉帛

---

① Makoto Iokibe, "Japan's Civil Society: An Historical Overview", in Tadashi Yamamoto (ed.), *Deciding the Public Good: Governance and Civil Society in Japan* (Tokyo, 1999).

(resolution of differences and conflict)"①。其他一些人拒斥这种传统主义的方式，认为这是对于传统的陈年旧梦，这种传统藏污纳垢，制造不平等，束缚个人自由，在现代制度中制造着不稳定因素。这些批评者宁愿沿着潘恩（Paine）和托克维尔最初开创的道路前进，获得对于公民社会的不同理解，将其作为截然不同的现代自愿团体的领域。这些团体一部分起源于殖民过程，而公民社会作为缓冲器位于个人和政府机构之间。印度的宪政民主看来要求一种现代公民社会：大量世俗且包容性（inclusive）的机构，在政府权力之外享有可观的自治。②

有些人在其他方面赞成这种现代主义之路，却怀疑其暗含的目的论：他们指出这种"公民—社会"机构甚为缺乏，它们被限制在富裕阶层。在等级制和宗教关系占统治地位的社会里，缺乏现代公民联合，这是后殖民状况的关键特征。③ 还有其他一些，比如人类学路数质疑这种后殖民主义的解释。他们认为在任何对于公民社会的描述—分析性说明中，都应该把等级制和宗教团体纳入进来。通过指明这种纳入的方式，他们试图消解前殖民和后殖民的二元论。例如，在对假定的传统和现代的划分的标准描述中，等级制和宗教团体被（或曾经被）描述为传统的"血缘有机联结"，而兰德利亚（Randeria）则否认这一点。④ 她雄辩地指出，被殖民之前，

---

① Rajni Kothari, *State Against Democracy*: *In Search of Humane Governance* (Delhi, 1988).

② André Béteille, *Civil Society and Its Institutions*, delivered as the first Fulbright Memorial Lecture (Calcutta, 1996)，及其 *Society and Politics in India* (London, 1991) 以及 "The Conflict of Norms and Values in Contemporary Indian Society", in Peter Berger (ed.), *The Limits of Social Cohesion*: *Conflict and Mediation in Plural Societies* (Boulder, Co. 1998), pp. 265-292。

③ Partha Chatterjee, "On Civil and Political Society in Post-Colonial Democracies", in Sudipta Kaviraj and Sunil Khilnani (eds.), *Civil Society. History and Possibilities* (Cambridge, 2001), pp. 165-178.

④ Shalini Randeria, "Geteilte Geschichte und verwobene Moderne", in Jörn Rüsen et al. (eds), *Zukunftsentwürfe. Ideen für eine Kultur der Veränderung* (Frankfurt am Main, 1999), pp. 87-96, and "From Cohesion to Connectedness: Civil Society, Caste Solidarities and Legal Pluralism in Post-Colonial India", in Keane (ed.), *Civil Society*: *Berlin Perspectives*.

印度的社会分群包括种姓制群体通常都是复杂灵活、富于流动的，而并不是表面上那样僵化又排外。直到最近，摩尔-萨拉姆·伽拉西亚·拉吉普特（Mole-Salam Garasia Rajputs）的古吉拉特（Gujarat）群体中，每个成员都还取一个带有印度和穆斯林色彩的名字，这是动态异质性（dynamic heterogeneity）的一个例子，这明显地逃脱了殖民征服。在1911年的人口普查中，100万印度人中有将近四分之一自称是"穆罕默德的印度人（Mohammedan Hindus）"[1]。

兰德利亚承认，等级制群体受领土限制，后来转换为通过官方界定的分类（enumerated）共同体。在这种转换中，殖民政府难辞其咎，因为它试图绘制（map）并控制印度社会：为了统计分类和计算、殖民政府中的人员雇佣以及代表机构中的席位分配，殖民政府将宗教、种姓（古吉拉特语是samaj，或社会）等身份，扭曲为政治分类。兰德利亚还承认，这些官方分类产生了深刻的政治和社会影响，因此到了20世纪的早期，种姓组织和公共政党动员人们以全印度为基础，认定并保护他们自己的利益。代表了同种姓的大多数印度人利益的主张是国家主义的，并充满政治意义。兰德利亚继续指出，与此相反，尽管许多低等种姓有着从属的性质，却在很大程度上仍然是自治的（self-governing）地方群体，包括所谓的"不可接触的种姓"[印度宪法仍然将其称为设籍种姓（scheduled caste）]。在一定程度上，这些群体对其成员拥有自觉的权限和权力。这种权力通常得到警惕的看护，以防止国家的入侵。种姓远非拥有亘古不变的习俗和规矩的血缘群体。他们的集会[村务委员会（panchayat）]包括本地种姓单位（paraganu）中的所有成年成员，集会是商讨规范、砥砺准则的场所。它对于维持团结和归属的模式而言至关重要，对于抵制国家无事生非的干预而言也至关重要，而国家想干预的事务包括婚姻、结婚和离婚的规则，

---

[1] S. T. Lokhandwala, "Indian Islam: Composite Culture and Integration", *New Quest*, 50 (1985), pp. 87-101.

食物的交换以及对儿童的照料。

兰德利亚指出,在19世纪,公民社会的欧洲话语首先传播到印度。随着殖民政府的建立,公民领域采取了某种社会生活空间的形式,它既不受殖民规则的干扰,又在殖民地人民自身反抗殖民权力的过程中得以建立,当然那时还没有公民领域这个说法。[1] 兰德利亚表明,印度接着发生了关于公民社会的争论,又逐渐与欧洲对于公民社会的不同印象遥相呼应,从而不仅加强了其传播的潜力,还突出了"外国的"或"舶来的"话语同本土语境相互共鸣的方式,同时这种共鸣通常[非同凡响地(heavily)]得到焕然一新的结果。它们随后得以"再次输出",反馈给它们发源的语境,结果公民社会的话语完成了多元化和全球化。两个团体之间曾有一次别开生面的合作,其中一方是拯救纳尔默达运动组织(Narmada Bachao Andolan,成立于1988年),另一方是一些非政府组织比如乐施会(Oxfam)和环境保卫基金(The Environment Defense Fund)。时值印度西部拟修建一个大坝,要求居民迁移,而上述二者则在宣传活动中支持人们安居乐业的权利,这个事情正好说明了兰德利亚的想法。我们不应该忽视其观点深刻的理论含义:公民社会的话语是多样且多维的,是纠缠不清的,这如今有助于界定全球公民社会的世界。和盖尔纳(Gellner)及霍尔(Hall)等人的观点相反,公民社会并不是西方独特的成就。[2] 公民社会的形式出现在各种各样的语境中,甚至在所谓的"黑"非洲大陆,也有殖民之前的制度,比如茨瓦纳(Tswana)的科戈尔塔(kgolta),还有古老的

---

[1] 这里产生了一个困难、有趣却又难以逃避的解释问题:在世界上各个地方,全球公民社会的一些机构性实践可能并不认为自身是该社会的参与者,或者不运用或不理解公民社会的话语。通观本书,这个问题得到了尽量宽松的处理,就像在前言中所概括的那样,只要支持者和机构或多或少地遵守全球公民社会的法则,就能合理地被命名。我们通常区分人们的自我描述和他人描述这两种术语,正因为如此,全球公民社会的空间中包含许多具有其他名目的身份认同,包括一些尽管事实上不叫做玫瑰但闻起来很香甜的特征。

[2] Ernest Gellner, *Conditions of Liberty. Civil Society and Its Rivals* (London, 1994); J. A. Hall (ed.), *Civil Society: Theory, History and Comparison* (Cambridge, 1995).

"无形治理（invisible governance）"的传统，这表现在个人和群体的风格、愿望和秘密为本地社会分享。① 不仅如此：在最为简单的意义上，公民社会的西方定义也不是普遍适用的。曾经，公民社会是一个普遍适用的话语。在那时看来，它是世界历史发展的方向，其他社会秩序不过是"剩余"概念，公民社会的话语将秉承天命（teleologically）让这些"剩余"概念哑口无言、灰飞烟灭，它如此地自鸣得意（smugly），如此地耀武扬威（triumphantly）；如今，随着公民社会在现代欧洲的含义逐渐扑朔迷离（messier），逐渐支离破碎（divided），现代西方对于公民社会的诸般理解不过被看成是一种特殊的路数罢了。

---

① David Hecht and Maliqalim Simone, *Invisible Governance: The Art of African Micropolitics* (New York, 1994); Ali A. Mazrui, "Globalisation and the Future of Islamic Civilisation" (Centre for the Study of Democracy, London, June 2000); and John L. and Jean Comaroff, "Postcolonial Politics and Discourses of Democracy in Southern Africa: An Anthropological Reflection on African Political Modernities", *Journal of Anthropological Research*, 53: 2 (1997), pp. 123-146.

第二章　催化剂

传统：真主的召唤

全球公民社会的观念和具体机制（dynamics）有其历史起源，只有认识到这种历史起源，才能对它们有更好的理解。全球公民社会的观念在理念上有支持者，在实践上也有拥护者，但这些人有一个坏习惯，那就是他们以为全球公民社会的机制是近来产生的。传统是逝者对生者的馈赠，而全球公民社会的狂热支持者无视传统，所以不能洞察这种全球化（globalising）公民社会的深刻根源。这些根源不断走向深入（run deep），具有缠绕和分叉的特征，如同地下的根状茎一样。上述传统维持着当今的全球公民社会，要认清与这种传统关系密切的社会联系，可以考察两个相互独立却彼此交织的例子，它们分别取自伊斯兰世界和欧罗巴世界。选择它们是任意的，但它们都阐明了至关重要的两点：先前社会结构的范围拓展（horizon-stretching）效应，形成了全球公民社会；这种对世界予以界定的效应，使得"无远弗届的作用和反作用"效应成为可能，后者是全球公民社会的内在特征。

宗教文明无疑拓展了世界观，发展了遍及世界的机构（world-girdling institutions），二者培育了今天全球性社会生活的潮流。考察一下伊斯兰教，这是一种新的世界性宗教，在公元 7 世纪早期，它诞生于阿拉伯沙漠地区，该地区覆盖着新月形的沙丘，点缀着边缘呈手掌状的绿洲，还有丰饶的市镇，市镇上住着阿拉伯异教徒的游牧部族、犹太人、信奉基督教的商人和旅行者。先知死后不到一个世纪（公元 632 年），从宣礼塔上传来宣礼员（muezzin）的召唤，"除了真主之外，没有别的神，而穆罕默德是真主的使者"。远在西班牙、中国等地，皆有人响应该召唤。① 从直布罗陀海峡周围到北非，再往东延伸至中东和波斯，有一大片地区。穆斯林的学者和传教士通常认为，这片地区是人类世界的重心（gravitational centre）。在公元 1154 年穆罕默德·伊德里西（Muhammed al-Idrisi）准备的世界地图中，这种观念表现得尤为明显。穆罕默德·伊德里西是西西里罗杰国王朝廷的阿拉伯地图绘制师。在他的这幅地图中，南方被置于地图的顶部，阿拉伯半岛被放在顶部中心，而右边的欧洲小得出奇。

伊斯兰教社会尤其能接受并运用技术创新，比如纸，像巴格达等城市以其质量精良的纸而闻名遐迩。这促进了阿拉伯数字符号和地图绘制的发展，促进了令人赞叹的《古兰经》手抄本的发展。穆斯林这种接受和运用技术创新的能力，培育了穆斯林以自身为世界支点的观念。当然实际上，这种观念内部曾经（现在也仍然是）分歧众多，包含许多不同的视角和走向。有一种伦理构想驱动着早期的伊斯兰教，在两种相互联系的意义上，这种构想是普遍化的。《古兰经》拒绝上帝选民的观念。相反，它强调一

---

① Richard M. Eaton, *Essays on Islam and Indian History* (Oxford, 2001).

种人类共同命运的强烈观念。将安拉作为造物主的一神论观念暗含着普遍主义。《古兰经》要求用超越部族标准的准则来衡量人类生活，而部族标准包括个人和群体的自豪感，包括血族复仇的荣誉；就《古兰经》而言，向善的要求暗含着要践行真主给定的准则，该准则将世界看成整体。通过去除迷信和偶像崇拜使世界"醒悟"，这是伊斯兰教普遍主义自然而然所暗含的要求。奉安拉为造物主的观念也强调道德纯洁和个人责任。《古兰经》并不试图放弃综合的道德体系，它也不打算成为无所不知的意识形态。尽管如此，《古兰经》却强调道德纯洁和责任，这暗含着对正义的社会行为的要求。暗含着对正义的政治系统的要求。这种政治系统要能够制止强者的放纵，能够倡导对弱者的扶助。

穆斯林认为，伊斯兰教是对此前两种截然不同的宗教更高一筹的综合，这两种宗教就是犹太教和基督教。从长远来看，这种观念是对包容差异这一珍贵政治原则的重要贡献，而差异潜藏着冲突的生活方式。伊斯兰教坚定地忠于一神教，不赞同怀疑主义或彻底的无信仰，并且（根据一些神学隐喻）伊斯兰教认为犹太教和基督教已经被取代。尽管如此，伊斯兰教无疑是世界性多元主义的支持力量。穆斯林并不无缘无故地固执己见，并不认为犹太教和基督教的信仰体系是"非理性的"，或者干脆是"错误的"。相反，他们论证道，穆罕默德的诞生，以及《古兰经》的启示，都完善了此前包含在犹太教和基督教中的一些启示。在他们看来，真主早先曾派遣一些先知，而穆罕默德使这些先知的言行得以生效。依此类推，《古兰经》是真主最终的启示，也是最完善的启示。因此，我们可以事后诸葛亮般地说，在世界上诸多伟大的宗教文明之中，伊斯兰教第一个将自身看成许多宗教中的一种。还有证据表明，正是伊斯兰教产生了宗教观念和术语本身，这不同于犹太教、基督教或许多此前的古代异教教派。"听我说，噢，异教徒！(O Unbelievers!)"——一条训诫（command）如此开始。其接下来的内容是："我不会礼拜你所礼拜。你不礼拜我所礼拜。对于你所礼拜的，我并不是一个礼拜者。对于我所礼拜的，你并不是礼拜者。你有你的宗教，我有我的宗教。"①

就另一个层面的地缘政治意义而言，伊斯兰教普遍化所取得的成就是引人注目的。在先知（Prophet）诞生后一个半世纪之中，穆斯林的信徒和军队往西开进北非，然后直指西班牙和法兰西，向东打进拜占庭，跨越伊朗，进入印度和中国。这些穆斯林们自认为是世界的信使，他们在理念上对人作出区分，一种是已经接受真主召唤的人，另一种是仍然等候（或被拒绝）召唤的人。这种区分采取了多种形式。一些法理学家（jurist）和学者在以下二者间进行了对比，一种是实际存在的信徒团体（ummat ad-da'wah），一种是潜在的普遍人类群体（ummat al-istijabah）。有些人引证了《古兰经》中的双重诉求："你们这些信徒啊（O you Believers, ya ayyuha allatheena aamanu）"以及"人类啊（O Mankind, ya ayyuha'n-naasu）"。有一些人区分了伊斯兰之境（Dār al-Islām）和异教徒之境（Dār al-Kufr）。还有一些后来皈依的（proselytising）穆斯林认为世界被进一步区分为两个部分，一部分是伊斯兰之境，就是那些伊斯兰教法律占优势的地区；世界的其余部分被称为战争之境（Dār al-Harb）。后一种分法在《古兰经》中并没有根据，人们并不认为它会一直是静态的。所以穆斯林的学者和法理学家认为，不论是通过自愿的接受，还是通过精神的热忱，或者（在面临暴力抵制时）通过征服，伊斯兰教都将盛行于世界各民族之中。请注意，在每个例子当中，法理学家和学者都一致认为，包括异教徒在内，全人类都将接受伊斯兰教，或者（自愿地）服从伊斯兰教。另外请注意，欧洲人最初将世界划分为民族和国家，但伊斯兰教对这种方案缺乏兴趣。相反，伊斯兰教的学者认为，因为只有唯一的真主，所以地上只能有唯一的法，只能有唯一的宗教义务，即通过努力或奋斗，尽力服侍真主。

---

① Sū-rat 109. On the path-breaking conception of religion in Islam, see W. Cantwell Smith, *The Meaning and End of Religion* (New York, 1964), pp. 58ff. and 75ff.

实际上，事情变得有些不同。伊斯兰教的普遍主义受到重重阻碍，留给许多穆斯林放眼向前的记忆，这种记忆即使到今天也颇为强烈：对伊斯兰教辉煌历史成就的生动认知，伴随着对当今世界的拒绝，人们认为这是一种强加的（imposed）负担。为什么伊斯兰教的普遍化构想并没有完全成熟？这有诸多原因，在最核心的问题上（at its highpoint），有一个基本的事实，那就是伊斯兰教并没有"发现"世界上的一些地方，更不用说通过征服开拓乌玛（Umma，指穆斯林社团。——译者注）。比如说，直到19世纪，穆斯林对于澳洲大陆（terra australis）及其周围岛屿也所知甚少。欧洲在阿拉伯语中称作 Urūba，伊斯兰教在那里受到军事驱逐，而伊斯兰教对欧洲确实缺乏了解；南美洲被西班牙、葡萄牙和英国等国所征服，对伊斯兰教而言这完全是禁入之地。更有甚者，当伊斯兰教开始和异教徒之境打交道的时候，它表现出包容其对手的愿望，这些对手中包括基督教，而基督教接下来阻止了伊斯兰教前进的步伐。圣战的原则要求承担为真主奋斗的责任，并反对真主的怀疑者和敌对者，这种责任很少是无条件的。因为要最终确保对于异教徒世界的胜利，所以其他一些事情受到鼓励，包括与异端的贸易和交往。一些人物，比如伊本·马加（Ibn Maaja）、米奇里兹（al-Miqreezi）和赛义德·安达卢西（Saa'id al-Andalussi）在游方传道（travel）方面出类拔萃。实际上，许多穆斯林认为游方传教士（traveller, rahhaalah）和商人（trader, tujjaar）本身是在参与某种形式的礼拜。关键在于通过各种方式改变世界，包括扩展个人的认知范围。于是所有人都会逐渐把伊斯兰教当做普遍性的宗教，包括年轻人和老年人、富人和穷人、黑人和白人、男人和女人、基督教徒和犹太教徒，等等。

实际上，这些规则获得了形形色色的成功（mixed success），特别是从十字军东征的时候开始。在11世纪到15世纪之间，伊斯兰教被迫从一些领地上撤军，如意大利、葡萄牙和西班牙。对于这些地区的再次征服，实际上从现世时代推迟到救世时代（from earthly to messianic time）。它对于世界联合的构想，也碎裂为许多较小的宗教或国家单位。与异教徒跨越边界签订的休战与和平协议逐渐延长。异教徒在拜访或途经穆斯林土地之时，享有安全通行（safe conduct）的权利（amān）。该权利甚至扩展到整个团体（communities）（比如说，扩展到商人和使者），他们可以在那里不定期地居住，这种扩展权利的实践相当普遍。一些法理学家甚至转变观念，认识到所谓的休战之境（Dār al-Sulh）或盟约之境（Dār al'Ahd）。人们认为这是一种包括非穆斯林政治单位的过渡地带，穆斯林允许它们保留和享有准独立的地位，允许它们参加政治和商业交易，其代价是为穆斯林宗主交纳财政贡赋，并在契约上承认穆斯林的宗主权。

通往 1914 年之路

基督教世界和伊斯兰教世界之间有着辩证的相互作用，包括二者之间的相互钦羡和交流，也包括相互怀疑与军事对抗。面对这种相互作用的复杂历史，我们不宜就此打住。① 基督教在欧洲中心地带崛起，这阻碍了伊斯兰教对世界霸权的追寻。只有看到这一点才是至关重要的。西方拥有极强的海军力量，有根深蒂固的好斗习性，还有对于疾病相当的免疫力，这一切都促成西方在 1500 年前后开始登上世界舞台。费尔南德·布罗代尔（Fernand Braudel）对此有个有名的说法，即"世界历史（histoire globale）"。西方征服世界的力量通常用非文明的暴力手段获得胜利。尽管如此，通过这种力量，西方类型的公民社会机制却第一次传遍世界各个角落。② 西方并不等于航海大发现，并不等于资本主义和领土国家的兴起。

---

① 比较可靠的相关研究有 Ira M. Lapidus, *A History of Islamic Societies* (Cambridge and New York, 1988), esp. part 3。

② 比如，可以参见以下研究，Kenneth Pomeranz and Steven Topik, *The World That Trade Created. Society, Culture, and the World Economy, 1400 to the Present* (London, 2002), 以及 R. J. Barendse, *The Arabian Seas. The Indian Ocean World of the Seventeenth Century* (London, 2002)。

西方还发生了一系列现代的斗争，这些斗争包括争取新闻自由、成文宪法、宗教宽容，包括提倡"文明"方式新准则（通常与体育相联系）、非暴力权力分享，还包括关于民主和人权的讨论，与之相关的"风气（ethos）"渐渐促进了公民社会机制的成长。

到了19世纪，生机勃勃的全球公民社会的轮廓已经明显可见了。第一次世界大战爆发前发生了一些事件。在这些事件发生的半个世纪期间，全球公民社会经历了突飞猛进的发展。格雷厄姆·沃拉斯（Graham Wallas）总结了这种走向"伟大社会（The Great Society）"的潮流。"在最后的100年里"，他在1914年写道，"……社会规模的普遍变化，已经转变了文明生活的外在条件。人们发现自己的工作、思考和感知处于前所未有的环境之中。在世界历史上，就其在世界范围的延伸上而言，这种环境是前所未有的；就其与人类生存各个方面的内在联系而言，这种环境也是前所未有的。"① 在这些年里，世界性（worldliness）的基础显著地加强了。当今的全球公民社会建立在一些基础之上，包括世界性的远距离贸易和商业的传统、旅行和自我组织。如今，这些都是世界遗产的一部分。如果在现代话语宝库中拣个合适的比喻，那么全球公民社会就像生长于古老的土壤之中，要是没有上面那些基础，它将像过完夏天的昆虫，寿终正寝。就这一方面而言，新式词语"全球公民社会"颇有魅力。这些最近虚构（invention）的词语也许能糊弄那些缺乏经验的人，使他们相信全球公民社会是一种最新的发明。然而，最为简单的事实是，当今全球公民社会的许多特征，其实起源于1914年之前的半个世纪，当时，通过流动中的人、资本、商品和观念，人们感到世界开始更为紧密地联系在一起。②

---

① Graham Wallas, *The Great Society* (London, 1914), p. 3.
② 关于这一时期有创见的论述参见 Eric Hobsbawm, *The Age of Empire 1875—1914* (New York, 1989); 又参见 Roland Robertson, "Mapping the Global Condition: Globalization as the Central Concept", in Mike Featherstone (ed.), *Global Culture* (London, 1993), pp. 15-30.

许多事例涌入脑海。这一时期，在人类历史上，人们第一次准确地绘制出了全球地图，这得益于用枪支武装的地图绘制师和远洋航行。就像美国的皮里和挪威的阿姆德森之间的远航竞赛，前者在1909年第一个到达北极，后者在1911年第一个到达南极。① 同一时期，交通和通信技术的性质与范围发生了根本性的变革，比如电报、电话以及无线通信的发明与扩散。1866年，人类铺设了第一条跨越大西洋的电缆。在同一时期，蒸汽船载着人群和货物，将世界各大洋的海岸连接起来。从1875年到1914年期间，世界的铁路系统扩展了5倍（从20万千米增加到100万千米以上）。在同一时期，商业轮船的排水量翻了一番。坐火车或轮船旅游成为人们的家常便饭。还有，1904年，跨越西伯利亚的铁路完工，这使得旅客们从巴黎到海参崴弗拉迪沃斯托克的旅程只需要两星期。诸如此类的进程，使得大陆之间和横贯大陆旅程的时间，从数月减少到数周。难怪在这一时期，全世界七分之一的人口进行了跨国迁徙。单从1871年到1915年，就有3 600万人离开欧洲。② 同时，在19世纪80年代，戴姆勒（Daimler）和本茨（Benz）使机动车（motorised car）投入实际使用。甚至有一些标志表明，征服空间和时间的新通信工具将变得尤为普及。从1815年到1880年，英国成年居民年均邮寄信件的数量从两封增加到42封。海底和陆上电缆使电报信息传遍世界，这在此前是绝无可能的。电话的普及也非常迅速，因此到1910年，在美国和英国等国家里，许多家庭自豪地拥有并使用电话，这主要用来与远方的家人和朋友交流。

---

① 一个有意思的例子是圭亚那地图的绘制，相关分析参见 D. Graham Burnett, *Masters of All They Surveyed. Exploration, Geography, and a British El Dorado* (Chicago, 2000). 注意马克斯·韦伯相关的当代的评论，参见 *Archiv für Sozialwissenschaft und Sozialpolitik*, 12: 1 (1906), pp. 347-348: "there is no new continent at our disposal".

② Dudley Baines, *Emigration from Europe* (Cambridge and New York, 1995), p. 1; W. Arthur Lewis, *Growth and Fluctuations*, 1870—1914 (London, 1978), p. 181; 以及 Aron Segal and Linda Marston, "World Voluntary Migration", *Migration World*, 17: 1 (1989), pp. 36-41.

在这一时期,还有一项令人惊异的进展,那就是有史以来第一次形成单一的全球经济体系。它从故乡欧洲,延伸到地球上每一座偏远的岛屿,每一片荒凉的高原,每一个丛林密布的盆地。① 如果用国民生产总值来算,当时资本的输入与输出程度远远高于今天。在更为"发达"的国家之间,远距离商业贸易网络变得尤为紧密;有45%的货物进出口和国外投资的输入输出都在发达国家集团内部流动。② 不过,与亚洲、大洋洲和欧洲的贸易量仍然有一定程度的增长;相互依赖的网络覆盖了世界其余大部分地区,将其变成殖民地或半殖民地。一些货物通过远距离贸易进入欧洲市场,结果人们感到整个世界开始变得更小了。新兴汽车和电力工业如饥似渴地需要铜,而这些铜则来自赞比亚、扎伊尔、秘鲁和智利。猪肉来自乌拉圭,小麦来自澳大利亚,硝酸盐来自智利,还有刚果和亚马逊盆地的橡胶、巴西的咖啡、古巴的雪茄和蔗糖。整个世界都穿上便宜而卫生的棉纺品,而它的原产地则在曼彻斯特。

　　跨越国界的非政府、非营利组织突飞猛进地成长,这从侧面促进了远距离贸易的显著扩展。历史学家有时会忽略了这些组织的重要性。③ 要不,他们就声称这些组织的影响只局限于基督教的传教活动;或者,新兴的全球公民社会的这一部分,开始只有极其微小的社会和政治影响。只是到第二次世界大战之后,这种影响才显著起来。④

　　因为一些原因,这三种方法都具有误导性。与一些世俗主义者对于

---

① Eric Hobsawm, *The Age of Capital* 1848—1875 (London, 1988), chapter 3.

② P. Bairoch, "Geographical Structure and Trade Balance of European Foreign Trade from 1800 to 1970", *Journal of European Economic History*, 3 (1974), pp. 557-608.

③ Eric Hobsawm 在这一时期的经典论述中就持该观点,见 *The Age of Empire*. 比较 Harold K. Jacobson, *Networks of Interdependence. International Organizations and the Global Political System* (New York, 1984), esp. pp. 32-58 和 John Boli and George M. Thomas (eds.), *Constructing World Culture* (Stanford, 1999)。

④ Hobsawm, *The Age of Empire*;此外又如,David Armstrong *et al.*, *From Versailles to Maastricht: International Organisation in the Twentieth Century* (Basingstoke, 1996), pp. 5, 55, 85, 250。

1914 年之前时期的论断正相反，基督教传教活动达到了创纪录的比例。 47
在一些团体（bodies）的支持下，许多不同的语种和方言都拥有了《圣
经》的译本，这些语种和方言的数量在此期间飙升到 120 种。而那些团
体通常拥有吓人的名字，比如说转变与教化印第安人协会（the Society
for Converting and Civilizing the Indians）、方济各主母传教修女会（Franciscan Missionaries of the Divine Motherhood）、海外福音传道会（the Society for the Propagation of the Gospel in Foreign Parts），等等；特别是在非
洲，新的教团的数量也在不断增加。① 传教士的冒险通常依靠帝国的工
业、军事与海军力量，在刀剑的庇护下去拯救灵魂。尽管如此，传教
士仍然与一些殖民地的原有权威（authorities）发生摩擦，比如在乌干
达、尼亚萨兰（马拉维）、罗得西亚（津巴布韦与赞比亚）。传教士们
并不是"文明化（civilising）"行动的唯一楷模。在这期间，有些团体
后来变成了所谓的非政府组织，它们将社会问题与冤屈公开化，促进
政府之间新的合作形式，从而发挥着显著的作用。正是那些数不胜数
的公民（civic）行动，而不仅仅是一般观念所说的宗教努力，保障了
这些作用的形成。

  关于这一时期，有许多被忽视的历史，也有一些原始描述。在这些篇
章中，自然显露出许多相关的例子。通过打破常规的（path-breaking）谈
判，非营利性"私人"团体获得了合法地位（国际法人），这些组织具有
国际目标，并接受来自不同国家的会员。② 这一时期，在非政府组织之
间，还第一次出现了新的集体自我意识，它们认识到自身在跨国环境中所
具有的道德影响和潜在力量。1910 年，在布鲁塞尔举行了国际协会世界

---

  ① James Sibree, *A Register of Missionaries...from 1796 to 1923* (London, 1923); *Encyclopedia of Missions*, 2nd edn. (New York and London, 1904), appendix iv, pp. 838-839.

  ② *The 23 Annuaire de L'Institut de Droit International* (Brussels, 1910), p. 551 以及 Peter H. Rohn, *Relations Between the Council of Europe and International Non-Governmental Organizations* [Union of International Associations, 6 (Brussels, 1957)], pp. 17-19.

会议（World Congress of International Associations），132个国际性协会和13国政府参加了此次会议。会上决定成立国际协会联盟，这是上述非政府组织间出现自我反思的重要标志。① 同时，在许多政策领域，公民行动和运动向政治力量施压，并开始在施压方法上积累经验（started lessons）。他们发现可以把他们的影响深入政府内部（dig their fingers into the flesh of governments），并且寻求妥协，要么在形式上通过政府间协议在政策问题上进行合作，要么运用新的社会政策手段。

1914年之前，许多政府实际上支持了一系列重要的社会改革，比如在知识产权、麻醉药品运输、劳动条件和性服务等领域都进行了改革。所有这些改革都不是政府的主动行为，而是社会积极行动直接或间接施加影响的结果。这种社会行动是自愿的，也是社会自我组织的。② 政府官员和公民团体成员一同参加国际性会议，这种事情变得司空见惯。我们甚至可以大胆地说，在现代世界，第一次出现了跨国境公民行动的传统。这些行动当中，有些行动的目标是建立标准化的全球法定基础结构（standardised global legal infrastructure）。比如说，统计学家和科学家协会网络迫切需要建立国际度量衡机构（International Bureau of Weights and Measures）。1875年，该机构最终在国际公制大会（International Metric Conference）上成立，各个成员国都有科学家代表出席这次会议。③ 知识产权领域也制定了相关的标准。在1878年万国博览会上，一些作家、艺

---

① See *1 Congrès Mondial des Associations Internationales 1910* (Brussels, 1911) and the Publication of the Union of International Associations, *Union of International Associations 1910—1970* (Brussels, 1970), pp. 26-27.

② Raymond Leslie Buell, *International Relations* (London, 1926), p. 271, n. 2, 以及 Jacobson, *Networks of Interdependence*, pp. 50-51："到19世纪中期，在数量上，跨国非政府组织是国际性政府组织的三倍；到1940年，跨国非政府组织成立的速度远远快于国际性政府组织。到第二次世界大战前夕，跨国非政府组织的数量是国际性政府组织的13倍。"

③ John A. Johnson, "Scientific Organizations and the Development of International Law", *Proceedings of the American Society of International Law* (April 1960), pp. 206-207.

术家和法理学家召开了文艺大会（Literary Congress），由维克多·雨果（Victor Hugo）主持。会议同意组成一个机构，该机构后来（1886年）改称国际文艺保护会（International Union for the Protection of Literary and Artistic Works）。① 同样的趋势在交通运输领域也非常明显。在19世纪80年代，一些公民社会团体说服英国和美国政府召开国际海事公会（International Maritime Conference）。这些团体包括商业团体，还有救生服务组（Life Saving Service）的成员，以及来自海运商业和其他领域的专家。大会审议了关于加强在公海领域对生命财产进行援助和救护的议案。另外，各大铁路公司和各国政府成立了国际铁路协会联合会（International Railway Congress Association），该联合会在1890年被改组为纯粹的政府间机构——国际铁路运输中心事务所（International Railway Transport）。②

1914年之前，世界上还出现了大量各种形式的公共行动，这些行动致力于监督政府机构，揭露社会不公以及其他非文明的方面。这一时期处在第一次世界大战前夕，当时的公民社团和今天一样，既能放眼外部世界，又能从政府那里获得更好的政治庇护与服务，甚至可以面向更为宽广的天地，搭建民间桥梁。比如，在1899年召开的第一届海牙和平大会（Hague Peace Conference）上，许多"和平团体"赶来游说官方的大会代表。来自18个国家的几百万妇女联名签字的请愿书被呈交给大会；来自未立国民族（stateless nations）（芬兰、马其顿、波兰、亚美尼亚）的代表团和各国代表同堂议事；一家非官方的报纸报道了该次大会，并对大会的保密规则提出异议。这样的公众活动具有与大会"并行"的非政府组织论坛的所有特征。它们以政府之间的会议为平台，揭露社会不公，游说政

---

① Stephen P. Ladas, *The International Protection of Literary and Artistic Property* (New York, 1938), vol. 1, p. 73.

② Steve Charnovitz, "Two Centuries of Participation: NGOs and International Governance", *Michigan Journal of International Law*, 18: 183 (Winter, 1997), p. 202.

府制定不同的政策。① 类似的做法还出现在海牙禁烟会议（the Hague Opium Convention，1912年举行）的先导事件中，也体现于改革协会（reform societies）、戒酒团体（temperance groups）和传教士们为在国际上禁酒所作的斗争。②

同时，在实际存在的公民社团内部，合作式工人运动的兴起，象征着对于这种市场的深刻挑战。它正确地指出了市场主导社会的核心组织机制：商品生产与交换。这种运动通过对立性的机构来对抗私人资本的力量，这些机构包括合作社和工会组织。它们支持新的公共政策，包括禁止使用童工，不准妇女在夜间工作，缩短工作时间，改善用工条件，这其中又包括减少疾病的威胁。这些要求有时候刺激了跨国组织的成长，其最初成果包括国际烟草工作者联合会（International Federation of Tobacco Workers）和国际遵守星期日联合会（International Federation for the Observation of Sunday），二者都成立于1876年。"全世界无产者联合起来！"这并不只是马克思和恩格斯笔下的口号。"社会主义"是一个新生的血染的（bloodred）词语，这个词语至少指反对"工资奴隶制"，支持社会和政治生活的去商品化，通过这种国际化的"社会主义"观念和成立新的政党机构，工人运动被组织起来跨越国界反对特定的雇主，反对整个产业。并且（在普遍罢工的时候）反对整个国家内部的资本主义经济。这种运动的

---

① Barbara W. Tuchman, *The Proud Tower: A Portrait of the World Before the War, 1890—1914* (London, 1975), p. 257；更为一般性的研究见 Peter J. Spiro, "New Global Communities: Nongovernmental Organizations in International Decision-Making Institutions", *Washington Quarterly*, 18 (Winter, 1995), pp. 45, 49; George Frederick W. Holls, *The Peace Conference at the Hague* (New York, 1900), p. 329 以及 James Brown Scott, *The Hague Peace Conferences of 1899 and 1907* (Baltimore, 1909), pp. 172-173。

② 关于盎格鲁—东方禁止鸦片贸易协会（Anglo-Oriental Society for the Suppression of the Opium Trade，成立于1874年）等团体所作的努力，参见 Peter D. Lowes, *The Genesis of International Narcotics Control* (Geneva, 1966) 以及 Virginia Berridge and Griffith Edwards, *Opium and the People* (London, 1981); 关于反酒精运动，参见 F. S. L. Lyons, *Internationalism in Europe 1815—1914* (Leyden, 1963), pp. 266-267 以及 Ernest Gordon, *The Anti-Alcohol Movement in Europe* (New York, 1913)。

支持力量主要来自欧洲，来自白人及其后裔。这些运动还攻击政府：有时候试图推翻政府，但大多数时候是为了保护他们的改革。扩展公民权的要求，例如敦促政府制定新的社会政策（比如事业保险），或者召开官方与民间的会议等，已是司空见惯。后者导致了一些机构的成立，比如国际工人联合会（International Working Men's Association，即第一国际。——译者注），国际劳工立法协会（International Association for Labor Legislation），还有国际劳工组织（International Labour Organisation，ILO）。

暴力的世纪

在古老欧洲的内部，全球公民社会的萌芽是如何发展起来的呢？这可以通过各种公民社会行动来阐述，此处论述公民社会行动的作用也仅在于此。在这种情况下，去判断这种公民社会行动的有效性其实是无足轻重的。人们感到（而且确实如此）世界空前紧密地联系在一起。自然，公民社会的萌芽会引发关于世界的合理治理结构的问题。19世纪中期，有一种自由贸易和自由竞争的潮流。这种潮流的一个象征就是精彩的国际博览会（International Expositions）的举办①，与该潮流相伴随的还有两种在政府治理阵线（governance front）方面突飞猛进的发展。在1914年之间的那段时期，政府权力的基本结构得以奠定，这是第一种潮流。马克斯·韦伯是权力关系方面富有见地的研究者，他（在1897年）指出，所有资产阶级控制的文明国家，都致力于贸易扩展，这将导致世界的改变，使得世界资源的总体分配中，"只有权力，赤裸裸的权力"来决定每个国家总计得到的份额。②他说得没错。这一时期，帝国主义国家集团还对全世界

---

① Hobsbawm, *The Age of Capital*, chapter 2.
② Max Weber, *Badische Landeszeitung* (16 December 1897), p.1, 转引自 Wolfgang J. Mommsen, *Max Weber and German Politics 1890—1920* (Chicago and London, 1984), p.77。

的陆地和海洋进行了前所未有的瓜分,这些国家包括法国、意大利、德国、葡萄牙、比利时、荷兰、日本、美国,还有世界上最强大的政治实体——大英帝国。结果通常是正式的吞并。在1914年之前的40年当中,这些国家为了寻求新的市场和政治霸权,把地球上四分之一的土地正式变成殖民地或二次殖民地。①

在19世纪90年代,全球帝国主义这一词语成为新闻界和政界的口头禅(vernacular)。但是,全球帝国主义的潮流受到种族主义者和一些公共庆典的限制〔比如英国在1902年开始的"帝国日(Empire Day)",其主要目的是笼络那些狂热爱国的青少年观众〕。民族主义者呼吁并要求贸易保护。1887年英国通过商品标签法案,要求产品贴上其原产地国家的标签。同时,德国对英国的贸易嫉妒(Handelsneid)也是怨声载道。这些都标志着政治和军事竞争的开始。这一时期,政府主办的会议在快速增长,新调整的格局受到各种形式的支持。但这种企图不逢其时,注定要失败,而所有这些都不足为怪。② 维也纳会议确立了大陆秩序,这种秩序曾受到拿破仑的军事威胁。在维也纳会议之后将近100年中,欧洲的政治精英们试图通过举行面对面的会议来维护和平,改善政府之间的联系。从1850年到1913年,总共召开了100多个类似的会议。③ 这些会议的举办者大多是那些具有世界胸怀的统治者。像皮埃尔·德·顾拜旦(Pierre de

---

① 比较 Hobsbawm, *The Age of Empire*, p.59:"英国将其领土增加了大约400万平方英里,法国增加了大约350万平方英里(1平方英里≈2.59平方千米),德国获得的土地超过100万平方英里,比利时和意大利各自也将近100万平方英里。美国主要从西班牙手中获得了大约10万平方英里,日本从中国、俄罗斯和朝鲜那里获得了和美国所获面积差不多的土地。葡萄牙在非洲那些古老的殖民地扩展到30万平方英里;西班牙尽管遭到净损失(给了美国),但仍然设法在摩洛哥和西撒哈拉弄到了一些砂石遍野的地盘(stony territory)。"

② Michael Wallace and J. David Singer, "Intergovernmental Organization in the Global System, 1815—1964", *International Organization*, 24 (Spring 1970), pp 239-287.

③ 参见重要会议目录,载于 Craig N. Murphy, *International Organization and Industrial Change. Global Governance since 1850* (Oxford, 1994), pp.57-59;另参见 Norman L. Hill, *The Public International Conference: Its Functions, Organization and Procedure* (Stanford, 1929)。

Coubertin)这样的人物,他是现代奥林匹克运动的缔造者,他让首脑们骑上心爱的赛马,并满足他们那种贵族阶级的责任感。他热衷于通过这样的方式来进行政治行动。这些会议设计的问题广泛,从海底电缆、渔区到鸦片贸易、失业与"东方问题"。作为对这些会议的补充,还有第一批由国家资助的展览会和交易会,比如1851年艾伯特王子(Prince Albert)在伦敦举办的大展览,当时大英帝国正处在最为自信的时期。[1] 企业家托马斯·库克(Thomas Cook)组织了铁路旅游来为该展览服务。展览本身在极其现代的玻璃宫殿中举办,它强调政治上的自豪,还有大英帝国的制造工业,以及帝国的新奇玩意。该展览甚至有专门的展厅来展出最新技术的小玩意,比如有一种床,在早上可以自动把人弹起来(显然,维多利亚女王对该设计兴致盎然)。还有一种美国的发明,可以同时弹奏钢琴和小提琴。

在同一时期,一些新的管理机构成立了,比如国际感化委员会(International Penitentiary Commission)、国际海上反奴隶贸易机构(International Maritime Bureau against the Slave Trade)、常设仲裁法院(Permanent Court of Arbitration)、国际信息机构(International Bureau for Information)、外国人救济问讯处(Enquiries regarding Relief to Foreigners)。这些机构声称其更高的目标是为世界带来法律和谐(legal harmony)、和平以及良性政府,但相对来说怀此宏愿的机构少之又少。大多数机构的目标是促进通信和商业的扩展。墨西哥和美国成立了国际中美洲办事处(International Central American Office),目的是从政治上拉拢尼加拉瓜、萨尔瓦多和洪都拉斯。这样的机构被精心设定为地区性机构,其授权有着严格的限制。其他机构有宽广的、最终的普遍权限。它们的成员呈指数增长。1865年,国际电报联盟(International Telegraph Union,ITU)和丹

---

[1] Michael Leapman, *The World For a Shilling. How the Great Exhibition of 1851 shaped a Nation* (London, 2001).

吉尔斯巴德尔角灯塔国际委员会（International Commission for the Cape Spartel Light in Tangier）相继成立，它们是第一批跨政府的组织。几乎所有这些组织都是身不由己；成员国政府对其控制严密，将它们的角色限制为政府间交换信息和协调政策的论坛。

1917 年之后，出现了当代关于全球治理结构和"天下之爱（planetary patriotism）"（Alfred Zimmern）的提议，其背景之复杂出人意料。这种"新式国际主义"[正如特伦特曼（Trentman）所言[1]] 受到试验性的跨政府机构所作出的成功努力的鼓舞。像联合海运执行委员会（Allied Maritime Transport Executive, AMTE），其成立的目的是消除瓶颈，管理全球海运的流动。这些管理组织激发了一些大胆的政治构想。事后看来，这些构想确实很幼稚。它们没有认识到一些严峻的事实，包括杂乱无章的金融市场（由于投机买卖和"流行欺诈"所导致[2]）、实力雄厚的军队、外交上的敌对，还有一些国家满世界转嫁负担，普遍而强烈地抵制世界主义的价值观。这种情况有一个先兆，就是在 19 世纪 90 年代，像澳大利亚和美国等国家发生了反对移民的大规模抗议活动。可是，从全球公民社会理论的立场来看，在这一时期有一种积极的结果，就是西方文化和世界其余地区文化的快速融合。有时，结果是民主，在那里它们播下了积极的、世界性认识的种子，播下了所有文化"相互杂交"的种子。尊敬的约翰·菲利浦（John Philip）牧师是在南非的伦敦传教团（London Missionary Society）的负责人。19 世纪的人道主义者们，踏着菲利浦们所开创的道路，形

---

[1] Frank Trentmann, "The Local and the Global: New Internationalism and the Reconfiguration of National and Transnational Citizenship During and After World War One", unpublished paper (Toronto, November 2001). 阿尔弗雷德·齐默恩是日内瓦国际研究学院（School of International Studies）的创始人，特伦特曼引用了他的一段富有先见之明的精彩演讲，齐默恩在将近一个世纪之前预见到了全球公民社会的远景，他说道："如果我们想要拥有真正高效的国际政府，我们必须通过国际自愿团体来建立这样的国际政府，在每一个阶段，自愿团体在它们自己处理的事务范围内，都可以监督政府的工作。"（Trentmann, 2001, p. 7）

[2] Lionel Robbins, *The Great Depression* (London, 1934), p. 63.

成了他们的使命，他们用普遍的文明话语，表明了殖民地人民应当拥有公民自由，享有法律保护。圣雄甘地（1869—1948）是一个戴着眼镜、缠着腰布的圣人，面对社会不公正和政治不自由，他践行着非暴力不合作的道路（satyagraha，坚信真理），这是该潮流另一种永远的符号。甘地来自于商人和高利贷者的中间种姓，西方化的印度精英帮助管理英国的殖民地，但那时甘地还不是精英成员。他那时候还在英国学习法律。众所周知，他回国从事法律职业的时间很短；他移居到南非，那里白人歧视印度少数民族，这使甘地试着对政治对手采取非暴力的策略，这后来成为他的主要角色，即作为印度反对帝国的先锋。他决心过一种宇宙之人（vishvamānav）的生活，也就是做一个以宇宙为归宿的人。他（在 1925 年）被选为印度国民大会的主席，这让他卷入了一个旷日持久的公民抗议运动中，包括（在 1932 年）为抗议政府的"不可接触"待遇而进行的"死亡绝食（fast unto death）"。他继续坚持自己的信条："我不愿住宅四周高墙万仞，我不愿大门紧闭窗户紧锁；我唯愿万国文化宛若轻风，自由自在吹拂我屋；然而，我拒绝任何狂风卷走我双足。"[1] 让他痛苦的是，他多次被捕，身陷囹圄，遭到公开羞辱，通常被冠以恶名；在印度自治谈判后不久（1948年元月月末），他又遭到印度激进主义者暗杀。

谋杀表明甘地所代表的文明精神受到损害；这也是过去的美好年代（belle époque）及其全球化公民社会的墓志铭。有一种信念［诺曼·安吉尔（Norman Angell）等作家使这种信念大为流行[2]］认为，融合的动力是不会停止的，高度发达的工业化国家间不可能发生战争。在 20 世纪早期，人们开始发现这种信念不过是黄粱美梦。比炮舰外交更严峻的事情初露端

---

[1] 引自 Bhikhu Parekh, *Gandhi. A Very Short Introduction* (Oxford, 2001), p. 42。

[2] 诺曼·安吉尔的 The Great Illusion: *A Study of the Relation of Military Power in Nations to their Economic and Social Advantage* (London, 1910) 揭示了在这一时期全球文艺文化的开端。该书被翻译为 18 种文字，并迅速在 14 个国家发行。

倪，隐而未发：人类第一次全球性的战争爆发，接下来是充满暴力的特殊的 30 年。第一次世界大战对公民社会及其世界理念而言是极大挫折。人和钢铁（men and steel）的冲突所制造的大屠杀最终在 1918 年停止，屠杀中有 800 万人死亡，2 100 万人受伤。① 一开始，和平似乎拥抱着新的开始。因为整个帝国系统和诸多君主国轰然坍塌，捷克斯洛伐克首任总统托马斯·马萨里克（Thomas Masaryk）把第一次世界大战后的世界称为"巨大坟地上的实验室"。伍德罗·威尔逊（Woodrow Wilson）毫无疑问地认为，这个实验有许多事情要做，以便使世界保障公民自由和政治民主的安全。实际上，到处都泛滥着社会混乱和失望，泛滥着对于公民社会的政治抵制。面对农民激进者、失业工人、煽动民族主义的政客、法西斯准军国主义、强盗和布尔什维克的压力，新兴的公民社会的链条和网络猛然被折断，好像历史本身变得令人作呕。公民社会的大多数失败，都和政府结构的崩溃有着千丝万缕的联系，这种崩溃通常经历了三个连续的阶段：政府权力的丧失，接下来是权力的真空，这很快激发了非文明和反民主的力量对权力的占有。这种模式不限于欧洲，并且几乎贯穿整个 20 世纪。因此，从 1900 年到 1985 年，在领土国家的层次上，有大约 52 起发生在领土国家的文明、民主的权利分享尝试以失败告终，由三种政体中的一种所取代：民族主义的军事独裁，在 19 世纪西班牙和拉丁美洲的节制权（poder moderador）模式中可以找到其根源；帝王式独裁，像卡罗尔国王（King Carol）统治下的罗马尼亚和处于战争中的南斯拉夫；还有极权政体，由有领袖气质的人物所领导。

从全球公民社会的角度看，这些都是具有高度破坏性的新情况。第一次世界大战之后，跨边界的社会行动无疑延续下来了。和平团体确实兴盛一时。对于许多全球化行动而言，新成立的国联扮演了催化剂的角色，这

---

① Michael Howard, *The First World War* (Oxford, 2002).

些行动中的许多是断断续续的,而且刚刚起步。① 诸如国际商会(International Chamber of Commerce)(成立于 1920 年)之类的机构定期召开会议,当时人们将其视为"商业的世界议会"。② 国际劳工组织(ILO)涵盖了政府所认定的雇主和雇员代表,它召开会议,起草劳工权利和标准管理规则,在妇女就业和残疾工人等诸多领域发挥着重要的作用。世界范围内对于解放的渴望推动了妇女运动,通过诸如国际妇女争取和平与自由联盟(Women's International League for Peace and Freedom,WILPF)之类的组织,妇女运动广为人知。③ 围绕普里莫·德·里维拉(Primo de Rivera)独裁倒台和西班牙内战爆发之类的事件,发生了团结运动。

从 20 世纪的发展规模来看,这些发展不过是例外。特别是在 1930 年之后的那些岁月里,在那些新的经历的阴影下,世界脱离控制,快速滑向政治分化的好战形式,滑向社会动乱的爆发。那些经历包括全面的战争、空中轰炸、集中营、种族灭绝和原子弹灭绝人类的威胁。托马斯·霍布斯提出了著名的"庇护与臣服的相互关系",但这种残暴的趋势直接违背了这种关系。④ 根据霍布斯哲学"庇护与臣服(protego ergo obligo)"的公理,只有当一种政治秩序的形式能够获得国民的庇护与臣服时,它才能够存在。曾经一度,在大西洋沿岸的许多核心国家,确实形成了这种政治契约,契约的一方是政府的当局和官员,另一方则是那些国家领土上的常住公民。契约这样写道:国家应该运用统治权力拒绝入侵者,通过军队、武

---

① 例子包括国外政策联盟(Foreign Policy Association),益格鲁—东方禁止鸦片贸易协会(Anglo-Oriental Society for the Suppression of the Opium Trade),国际争取人权和公民权联盟(International League for the Rights of Man and Citizenship)以及国际传教士理事会(International Missionary Council)。Salvador de Madariaga,*The World's Design*(London, 1938)指出"国际社团的总体已经涌现,或者已经集结;联盟——和平主义者,女性主义者,司法的"(p. 275);关于联盟的相似的观点将其看做"国际专业性代表",参见 Georges Scelle,*Une crise de la societé des nations*(Paris, 1927),p. 142。

② Lyman Cromwell White, *International Non-Governmental Organizations* (Philadelphia, 1951), p. 20.

③ Catherine Foster, *Women for All Seasons: The Story of the Women's International League for Peace and Freedom* (Athens, GA and London, 1989).

④ Thomas Hobbes, *Leviathan* (London, 1651), p. 396.

器、护照、身份证和监督系统,来确定"谁属于这个国家,谁不属于这个国家,谁可以入境出国,谁不可以入境出国"①。国家这艘航船还应该维持秩序,保证那些作为乘客的公民(passenger citizens)的经济福利和文化认同。只有在这样的条件下,对于国家这艘航船的强制性远航功能和政策,公民们才会同意接受其普遍性与合法性。作为回报,国家航船的船长们批准并寻求提升公民的一些权利,包括在公民社会内部,享有公民的和政治的自由来组织和行动,从而和平地与他人合作或对抗。

在美国、法国和其他实际存在议会民主制的国家,这种政治契约得到充分的利用;在其他地方,特别是第一次世界大战之后的一些国家比如波兰、德国和南斯拉夫,对于许多新改造的政府及其将来的公民而言,这种契约不过是政治乌托邦之类的东西。他们的梦想注定遭受重重障碍。对于成千上万的人们而言,不成文的霍布斯契约原来是毫无价值的。这特别体现在第二次世界大战期间,第二次世界大战无疑是当代公民社会历史的最低点。在那些战胜国,比如英国、美国和加拿大,世界大战当然加强了这种政治契约。另外,世界大战还刺激了后殖民的"解放"斗争。这样,现代领土国家系统扩展到世界上其他地区。② 但是,这种血腥的全球冲突也引发了完全相反的潮流:领土国家对这个契约的背离,就是旷日持久地去除政府统治权力的合法性与普遍性,因为不论是战胜国还是战败国,都从总体上利用和牺牲了不计其数的民众。(在纽伦堡审判和东京审判上)这些国家第一次受到指控,人们认为它们不仅犯下了战争的罪行,而且充满"战争的罪恶"。③

---

① John Torpey, *The Invention of the Passport. Surveillance, Citizenship and the State* (Cambridge, 2000), p. 13.

② Bertrand Badie, *L'état importé: L'occidentalisation de l'ordre politique* (Paris, 1992).

③ Jürgen Habermas, "Kant's Idea of Perpetual Peace, with the Benefit of Two Hundred Year's Hindsight", in James Bohman and Matthias Lutz-Bachmann (eds.), *Perpetual Peace. Essays on Kant's Cosmopolitan Ideal* (Cambridge, MA and London, 1997), p. 126;也参见他的 "Bestialität und Humanität: Ein Krieg in der Grenze zwischen Recht und Moral', Die Zeit, 29 April 1999, 以及下面的重要研究, Gary Jonathan Bass, *Stay the Hand of Vengeance. The Politics of War Crimes Tribunals* (Princeton and Oxford, 2000) 以及 Geoffrey Robertson, *Crimes Against Humanity* (London, 2000)。

针对平民的大规模暴力，无疑使平民对政治权力更加不信任，特别是在那些彻底取消军人和非军人之间差别的地区。因此，全球公民社会的观念直到 20 世纪末才产生也就不足为怪了，这原来是有史以来最艰难的事情。丧钟为大约 1.87 亿灵魂而鸣响，这比 1913 年世界总人口的十分之一还要多。① 在这个世纪，帝国和革命走向破产，粗暴地模糊了国家间暴力和国家内部暴力冲突（"内战"）的界限。在这个世纪，战争的负担也更为沉重地压在平民身上，平民们就像残暴棋盘上无助的棋子，越来越成为军事计划的目标。在 1914—1918 年的战争期间，平民仅仅占战争受害人的二十分之一；在 1939—1945 年的战争期间，该比例上升到三分之二；而近年来，可能有十分之九的战争受害者都是平民。

对于公民社会的支持者而言，在核武器时代，情况变得更糟。这个时代开始于广岛和长崎的毁灭。由于有核国家的存在已成为让人心惊胆战的事实，世界紧密地联系在一起，但不过是让世界遭受相互扬言毁灭对方许多次的永久威胁。核武器将世界末日的善恶决战从虚构变成可能的现实。用暴力毁灭所有国家和公民团体（它们所存在的地方），现在看来是可以想见的。结果，世界上许多公民开始觉得缺乏保护。世界上的一些核心政治实体，像美国、苏联、英国和法国，把世界上每一个居民强拉进这样一个事实：任何国家和公民间的政治契约都难以保障他们的人身安全了。广岛和长崎遭到原子弹轰炸，奥韦尔（Orwell）评价了这一事件的政治意义，准确地概括了这种失望和恐惧的情绪。"民主和国家自我决策的伟大时代，是步枪和来复枪的时代"，他写道。原子时代是截然不同的时代，更令人失望。"如果原子弹变得便宜，更容易制造，就跟自行车或闹钟差不多"，他继续写道，"它可能会让我们回到野蛮状态，但是另一方面，这也意味着国家统治的终结，意味着高度集中的警察国家的终结。"人类现在处于危险

---

① Eric Hobsbawm, "War and Peace in the 20th Century", *London Review of Books*, 21 February 2002, pp. 16-18.

之中，要么用自己的武器毁灭自己，要么用新的奴役形式毁掉民主，这种奴役形式包裹着和平的外套，然而根本就不是真正的和平。"把世界作为一个整体"，奥韦尔继续写道，"几个世纪的趋势并不是走向无政府状态，而是重新回到奴隶制……一种马上变得难以战胜的状态，并且永远处于'冷战'状态之中。"①

公民社会纯粹主义

因此，在几乎是全面恐惧和暴力的情况下，全球范围内的公民社会如何能够重生呢？今天，哪些因素推动着公民社会的全球化？许多当今的活动家及其知识上的支持者，都对正确的答案毫无异议：全球公民社会。他们认为，全球公民社会证明了自治的道德选择和道德行动的力量。他们指的是民意测验。这些测验显示出，相对于政府、大企业和媒体而言，人们对于非政府组织的支持更为强烈，比如世界自然基金会（World-Wide Fund For Nature）和大赦国际。②他们所指的还有一些开创性的行动，比如，在20世纪80年代中期，国际绿色和平组织（Greenpeace International）和彩虹勇士号（Rainbow Warrior）迫使塔希提岛的法国当局允许绿色和平组织的船停靠该地码头；又比如在20世纪90年代，地球之友（Friend of the Earth）等团体在全球范围内组织了对雨林木材的联合抵制。这些活动家及其同情者还找到支持他们所信奉的全球公民社会的"模范"组织的其他证据：跨国倡导（trans-national advocacy）的非政府组织（TANGOs），比如世界自然基金会（470万会员，在31个国家运作，包括12个南方国家）、地球之友（100万会员，分布在56个国家，南方国家有23个），以及作为最早的这类组织之一的大赦国际。大赦国际在20世纪60

---

① George Orwell, "You and the Atom Bomb", *Tribune*, 19 October 1945, reprinted in *Selections from Essays and Journalism: 1931—1949* (London, 1981), p. 715.

② *Financial Times* (London), 12 December 2000.

年代由一名年轻的英国律师创立的，他叫彼得·班尼森（Peter Benenson）。他设计了大赦国际的基本目标，临时制定了它的最初策略，开始是在报纸上呼吁关注"被人遗忘的犯人"。大赦国际在全球范围内工作，不管人们是在地球上的哪个国家或地区遭受到不幸，大赦国际都公布针对个人和群体的严刑拷打和政治压迫的案件，从而在这方面发挥着先锋作用。大赦国际一开始的理念就认为，通过公开可以将以强凌弱者、独裁者和施暴者（torturers）弄得声名狼藉，而公开的手段有名人出场（celebrity appearance）和投书运动（letter-writing campaign）。耐心而持久的行动，可使水滴石穿。这些运动揭示出一个坚定的信念：基于专家的不偏不倚的态度至关重要，相信发掘事实的力量，保持超越政府和党派的独立性。运动还认为，对于良好法律的尊重，可以带来文明化的效应，可行的全球法律体系似乎已经存在，可以据此而行动。另外，可以通过（与联合国之类的机构合作）不声不响地促生新的法律体系，创造人权标准。这样可以渐渐积累全球的行为标准，驯化妄自尊大的政府权力。这些行动取得了明显的成效，因为大赦国际已经成为世界范围内高度网络化的运动，拥有超过110万的会员、捐赠者和固定捐献者，在150多个国家和地区运作，还在80多个国家和地区设立了几千个地方分会，遍及非洲、美洲、中东、欧洲和亚太地区。[1]

全球公民社会观念的捍卫者们通常举出一些例子来支持他们的主张，认为这种社会是想象和魄力的结果。一些人看到或感到了非营利、非政府的行动具有改变世界的潜力，而全球公民社会就是这些人创造的。这些活动家及其支持者们自认为是通过人类脸上的声音、笑容、希冀和泪水，来消释"全球化的冷若冰霜（space-like coldness of globalisation）"（Peter Schneider）。大规模的游行示威和大胆的公民行动在20世纪90年代成为

---

[1] Ann Marie Clark, *Diplomacy of Conscience*: *Amnesty International and Changing Human Rights Norms*（Princeton，2001）；www. amnesty. org.

家常便饭，他们从中得到鼓舞。对许多这样的活动家而言（也对国家监督机构而言[1]），1999年12月围绕世界贸易组织西雅图会议的抗议活动具有重要的意义。超过5 000名示威者聚集起来，封锁街头，公开谴责跨国公司的"公司审查"[2]，谴责全球消费主义。之后，示威迫使会议暂停，尊严扫地。然而情况不仅如此，示威还引起了人们对更细致的全球问题的关注，比如热带雨林的保护、失业、更为便宜的艾滋病药物的需求、禁止转基因食品（GM food），以及以海龟因落入商用捕捞网而死亡为标志的生物多样性的破坏。许多活动家认为，西雅图抗议的最终成就是更大事件的标志：它标志着"反全球化运动"的诞生。

"为西雅图而斗争"的抗议所具有的新颖性和历史意义可能有些夸大。但不容置疑的是，这种支持全球公民社会的街头巷战有其重要之处：这种抗议是公民行动重生的征兆，这种行动逐渐成为全球范围的社会运动。[3]不过不应该把这些运动看成（结合成）一个大的世界运动。实际上，这些运动存在很大的多样性，当中的活动家在宣扬他们的经验时各有侧重，他们针对不同的具体政策领域，各有专攻地运用运动技巧，其领域包括性别政治、贸易规则、宗教信仰、公司权力、战后重建、清洁水、教育和人权。同样，这些运动的目标也不一致：它们所针对的对手和潜在联盟包括各个层次，从具有全球影响的地方机构，到具有地方影响的全球机构。这

---

[1] 比如说，the report (♯2000/08) by the Canadian Security Intelligence Service, "Anti-Globalization—A Spreading Phenomenon", www.csis-scrs.gc.ca/eng/miscdocs/200008e.html。

[2] Naomi Klein, *No Logo* (London, 2000).

[3] 对于这种全球层次上发生的社会运动，早期的分析包括Alberto Melucci, *Nomads of the Present: Social Movements and Individual Needs in Contemporary Society*, eds. Paul Mier and John Keane (London and Philadelphia, 1989), 及其 *Challenging Codes: Collective Action in the Information Age* (Cambridge, 1996). 另参见 Margaret E. Keck and Kathryn Sikkink, *Activists Beyond Borders: Advocacy Networks in International Politics* (Ithaca and London, 1998); Jackie Smith, "Characteristics of the Modern Transnational Social Movement Sector", in Jackie Smith *et al.* (eds.), *Transnational Social Movements and Global Politics* (Syracuse, 1997), pp. 42-58; 以及 Dieter Rucht, "Social Movements Challenging Neo-liberal Globalization", in John Keane (ed.), *Civil Society: Berlin Perspectives* (London, 2004), forthcoming.

些运动在政治上所拥有的忠实支持者范围也很广泛,从坚定的绿色生态主义者,到基督教的和平主义者、社会民主党人、穆斯林活动家、佛教冥想者和无政府工联主义者。和一些普遍的印象相反,这些运动的参加者并不都是北方国家富有的中产阶级人士。来自南部世界或"第三世界"的活动家实际上占了大多数。不过,"第三世界"是一个虽生犹死(living-dead)的恶毒词语,充满意识形态色彩,在描述上也毫无用处,应该从全球公民社会的话语中消除。这些运动的内部结构也很复杂,具有可变的构造特征。它们大多数的支持者和同情者都是兼职的。在这些运动中,全职的活动家和专业工作人员确实只占少数,这些运动没有全球认可的代言人、领袖或秘书,因此,它们并不用同一种声音说话,并不持有一致的看法。

确实,在有组织的公共抗议期间,人为的联合短暂地出现了。例如,这种人为的联合出现在1988年柏林的一次80 000人公共集会上,在这次引领潮流的聚会中,世界银行和国际货币基金组织的代表聚集在一起;① 出现在99洲际大篷车运动(Intercontinental Caravan 99)中,那是一次穿越北美和欧洲的旅行,有将近400个成员参加,他们分别来自尼泊尔、印度、墨西哥、孟加拉国和巴西,运动代表渔民和农民的利益,这些人遭到农药、转基因种子和新自由政策的掠夺性营销的威胁;还出现在乌干达债务网络(Uganda Debt Network)与纪念2000年债务赦免运动(Jubilee 2000 debt relief campaign)的一次成功的联合之中;② 还出现在一次自我约束的和平集会上。时值2002年春季,正当欧盟峰会在巴塞罗那召开之际,有500 000多名抗议者参加了该次集会。这种联合是少见的,并且经

---

① Jurgen Gerhards, *Neue Kofliktlinien in der Mobilisierung offentlicher Meinung. Eine Fall analyse* (Opladen, 1993).

② Carole J. L. Collins *et al.*, "Jubilee 2000: Citizen Action Across the North-South Divide", in Michael Edwards and John Gaventa (eds.), *Global Citizen Action* (Boulder, 2001), pp. 135-148.

过动员,它通常需要长年累月的艰苦筹划、准备会议、研讨会议和教导。并且,在每个案例中,这种联合都要利用一些运动,这种运动是高度分散的,总是在演变,而且在结构上五花八门。[1] 全球公民社会运动包括一些杂乱的交叉形式:面对面的交流、蜘蛛网状的网络、金字塔形的组织、轮辐般的(hub-and-spoke)结构、纽带和组织链条、魅力型的人格。行动发生在诸多层面,从微观——地区性到宏观——全球性。有些时候,为了交流和同步的目的,运动组织产生垂直的联合。这些运动中有一种声名远播的节点组织,比如全球行动项目(Global Action Project),地球观察(Earthwatch),世界经济、生态和发展组织(World Economy, Ecology and Development,WEED),纪念2000年(Jubilee 2000)。这种组织非常清楚需要在一般事务和特殊事务之间寻求平衡,而方法是多种多样的,包括去中心化、非等级制,而且要协调行动。在争取人权的全球运动中,墨西哥的萨帕塔依靠互联网实现了联合。通过运用这种高级的交流方式,在水平和扩展(spreadeagled)的基础上,这些节点组织通常和许多其他的行动与群体保持联系,而这些行动和群体本身又与其他行动、群体和个人保持联系。有些时候,比如在反对地雷的全球运动中,有意识地努力建立"网络的网络",被证明是运动成功的关键条件。[2] 因为全球公民社会的社会行动群龙无首,具有高度复杂的特征,所以一些组织集中强调一项任务,就是要加强运动对于网络化的协调性多元主义(networked coordinated pluralism)的自觉义务。参与式研究、复杂的政策分析以及连续的组织学习都有相应的技巧,通过鼓励其他人接受这些技巧,这些运动的专长在于使媒体得到扩散(spreading the medium),而不仅仅是传播信息。1998年2

---

[1] 对这些特征的恰当总结参见 John Gaventa, "Global Citizen Action: Lessons and Challenges", in Michael Edwards and John Gaventa (eds.), *Global Citizen Action* (Boulder, 2001), pp. 275-287。

[2] Matthew J. O. Scott, "Danger-Landmines! NGO-Government Collaboration in the Ottawa Process", in Michael Edwards and John Gaventa (eds.), *Global Citizen Action* (Boulder, 2001), pp. 135-148.

月，人民全球行动（Peoples Global Action）在日内瓦成立，它试图作为"在世界范围内抵制全球市场斗争的协调者，作为新的斗争和相互支持的联盟"①；它将自己当成社会催化剂，来团结各种各样的群体，比如尼日利亚的欧格尼（Ogoni）人，墨西哥的萨帕塔阵线（the Frente Zapatista）以及巴西的失地农民组织（Sem Terra）。课征金融交易税以协助公民组织（Association for the Taxation of Financial Transactions for the Aid of Citizens，ATTAC）同样把自身理解为多元主义的（pluralism）一个全球平台，以便支持对股票交易征税。② 并且，在行动的第一线，一些网络化的准专业组织还开放设施，来训练群体和个人学习非暴力直接行动和文明反抗的方式，比如英国建立实际自由斗争白色工装反资本主义运动（the Wombles）和"骚动社会"组织（the Ruckus Society）。③

这些各式各样的自我组织努力并没有（也不能）超越运动的异质性。尽管如此，这些运动在多变结构之外，还具有更多的共同之处，看到这一点是非常重要的。这些运动有一个特征，就是跨越国界的心态。将其称为"反全球化运动"是具有高度的误导性的，因为它们都采取了非政府的团结和主张的形式，而这种形式跨越广阔的空间，延伸到地球上的四面八方。它们的参加者大部分都不是全职的活动家，而是兼职的支持者，这些人并不将自己所关注的问题严格局限于社区或地区的界限之内。他们相信，有毒化学物质、人权、债务减免以及对受辱者予以关心，这些都没有什么界限。对他们而言，世界是一个整体。因此，在"跨越地方性（translocalities）"④ 的前提下，他们形成自己的身份，宣传自己关注的问题，好像他们是全球公民似的。他们自认为是在通过不同的方式，在各种

---

① www.tao.ca/fire/gatheer/0049.html.

② www.attac.org/indexen.htm，以及 Susan George，"Another World is Possible"，www.dissentmagazine.org/archive/wiol/geroge.shtml.

③ www.ruckus.org.

④ Arjun Appadurai，"The Production of Locality"，in Richard Fardon (ed.)，*Counterworks: Managing the Diversity of Knowledge* (London，1995)，pp. 204-225.

各样的潜在支持者之间建立跨国的合作，这些合作具有各种各样的共享目标，包括（在反核武器抗议和债务减免中）努力实施紧急刹车（emergency brake），也包括促成人们的生活朝好的方面进行社会变化，不管他们生活在地球上的什么地方。这些运动的活力和眼光有一个永久的标志，那就是 1995 年在北京召开的第四届世界妇女大会，将近 35 000 个非政府组织参加了此次大会。在包容性（inclusive）全球化形式的名义下，运动的活动家利用全球通信网络，分享技术和战略信息，协调了相似的活动，计划联合行动。这些通常是在媒体宣传的卤素灯下，通过向政府机构和公司人员施压而实现的，然而这当中也面临着催泪弹、警棍、子弹和犯罪诉讼的风险。

在这些全球运动之中，包括它们所造成的媒体事件中，活动家们通常把经验声明、规范图景和战略问题混在一起；甚至，在"自给自足（self-sufficiency）"、主权主义（souverainisme）或退回"地方"的（注意表述上的矛盾）名义下，"全球化"受到攻击。即便如此，人们也认为现存的全球公民社会很是不错。有人认为，在世界媒体的耳目面前，它需要受到军事保护，这种保护可以通过在全球机构控制下实行的行动等方式而实现。这些运动者在策略上有时候暗中利用对于公民社会的学术定义。一开始，关于公民社会，它们描绘出强烈的自愿主义的图景，好像是建立在共同道义之上的"公共伦理政治共同体"。或者，它们把公民社会理解为"国家和家庭之间的中间结合（associational）领域，其中的组织相对政府而言享有一定的自治，由社会上的成员自愿形成，来维护他们的利益和价值观"[1]。人们认为全球公民社会是一种自治的社会空间，其中个人、群体和运动可以在全球层次上实现有效的组织与运作，来松动或改变现存的

---

[1] Jean Cohen and Andrew Arato, *Civil Society and Political Theory* (Cambridge, MA, 1992), p. 84; Gordon White, *Civil Society, Democratisation and Development* (Institute of Development Studies, Brighton, 1994), p. 6 (emphasis mine).

权力关系，特别是大企业（business）的权力关系。人们认为这种社会是"某种普遍化共同体"，其特征是"公共观点"、文化符号和叙述，而这些观点、符号和叙述"处于民主用语中"，"处于诸如礼貌、平等、批评和尊重之类的互动实践中"①。

一些对公民社会理论持纯粹主义态度的活动家踩着葛兰西（Gramsci）的足迹，却通常对此浑然不知。他们对公民社会的定义更为狭窄，将其视为社会互动的非经济空间，"该空间处于家庭、国家和市场之间，在国家社团、政治组织和经济的限制之外运行"②。在学术上对于这类定义的提倡变得更为谨慎。这些学者急于补充道，因为这种定义具有规范内涵，任何对其进行"操作化"的努力都有风险，特别是因为这个术语本身"充满争议（too contested）"。③ 他们给出一种印象（impression），认为全球公民社会是一张编织得松松垮垮的渔网，可以用来捕各种各样的鱼，只要捕捞的范围局限在非政府、非营利的池塘里。这样说有一些笨拙，因为人们认为正是这种定义具有显而易见的规范性偏见。它不动声色地支持下面的观点：狭义上的公民社会是一块自由自在的乐土，各种各样的"公民"团

---

① Jeffrey C. Alexander, "Introduction" to Jeffrey C. Alexander, *Real Civil Societies: Dilemmas of Institutionalization* (London, 1998), p. 7.

② 参见编者为下面一本书作的导论，Helmut Anheier *et al.*, *Global Civil Society 2001* (Oxford, 2001), p. 17. 近来一些文献对于葛兰西的依赖是显而易见的，比如 Paul Harvey, *Rehabilitation in Complex Political Emergencies: Is Rebuilding Civil Society the Answer?* IDS Working Paper, 60 (Brighton, 2000), p. 10, 该书中呼吁"葛兰西主义色彩更浓的公民社会理论，该理论承认权力问题，将公民社会视为充满竞争的理论，承认政府渗透和控制公民社会的企图"。这是对于已经死掉的葛兰西精神的呼吁，其无知程度令人震惊［参见我为下面这本书作的导论，*Civil Society and the State: New European Perspectives* (London, 1998), esp. pp. 24-25］。新葛兰西主义者们和杂七杂八的葛兰西理论同伙推销员们并没有认识到，他们（相当早期）的祖师爷对于公民社会的描述，充满着各种各样的假设：党领导的无产阶级有能力摧毁"资产阶级国家"，创造新的社会秩序（"被管制的社会"），在这个社会中，"公民社会"将仅仅成为来自过去的资产阶级的词语。葛兰西对于公民社会的兴趣完全是机会主义的。这种用公民社会废除公民社会的幻想，认为中心性的阶级矛盾割裂了现代社会，现代社会存在着可以实现历史终极目的的特权国民。这些说法并不属于公民社会及其全球化潜力之内的复杂民主理论。

③ Helmut Anheier *et al.* (eds.), *Global Civil Society 2001* (Oxford, 2001), pp. 221-227.

体、社会运动和个人在这块乐土上生生不息,"它们相互对话、争论、对抗并谈判,它们也和各种各样的政府机构对话、争论、对抗并谈判,包括国际的、国家的和地方的政府,它们还和商业世界对话、争论、对抗并谈判"①。

其他一些学者,特别是那些受过专门训练,用两眼紧盯该概念政治潜能的学者,对于全球公民社会的说法更为开放。他们指出公民社会模糊的自我印象以及其中的含混不清,把公民社会看成一个跨国界关系和活动的动态领域,这个领域和政府以及市场保持着一定的距离。全球公民社会是一种"来自下层的全球化"力量,它潜在地支持"流传甚广的世界秩序价值观:暴力的最小化、经济福利的最大化、实现社会和政治公正并且提升环境质量"②。在支持全球公民社会的政治潜力时,其他一些激进的支持者更为过分。这些公民社会的纯粹主义者颇为浪漫,他们把全球公民社会当成实际的或潜在的自由王国(realm),当成一个"第三部门"。他们认为这个部门可以反抗政府的非个人权力,反抗市场的奸诈与贪婪(通常,在这一点上,家庭从分析中消失了)。奈多(Naidoo)和坦登(Tandon)写道,"公民社会同政府及市场机构一起参与,而不是取代它们"。全球公民社会"是自治团体的网络,在这个网络中,享有一定权利并承担一定义务的公民自愿创造条件,以便处理共同的问题,发展共享的兴趣,提升集体的期望"③。另一位学者重复了大致相同的观点:"全球公民社会和国内公民社会一样,是一个人们可以自愿联合起来表达自己的领域;自愿联合起来追求各种共同的非经济目标的领域,正是在这类联合的

---

① Helmut Anheier et al. (eds.), *Global Civil Society 2001* (Oxford, 2001), p. 4.
② Richard Falk, *Predatory Globalization: A Critique* (Cambridge, 1999), p. 130.
③ Kumi Naidoo and Rajesh Tandon, "The Promise of Civil Society", in the Civicus publication *Civil Society at the Millennium* (West Hartford, CT, 1999), pp. 6-7. 库米(Kumi Naidoo)更近的宣传作品(campaign writings)对于全球公民社会印象的浪漫成分减少了,而复杂性有所增加。但是他仍然把它理解为处于全球市场力量和各种政府形式之间的空间,例如参见他的"The New Civic Globalism", *The Nation*, 8 May, 2000, pp. 34-36。

实践之中，人们可以寻找进步的政治活动。"①

有时，人们提出宏大的历史主张，来捍卫这种所谓的"非经济"部门。近年来，甚至有人提出"事实将会证明，全球社团革命对于 20 世纪后期的历史具有重大意义，这种意义不亚于民族国家的兴起对于 19 世纪后期的历史所产生的影响"②。并且有时候，公民社会的纯粹主义走到极端，去号召反对资本主义统治的革命，比如像知识新共产主义（intellectual neo-communism）那样，这种主义见于哈特（Hardt）和内格里（Negri）所著的《帝国》（Empire）一书。③ 在马克思、福柯（Foucault）和一些巧妙的（quick-fingered）理论的启发下，这本书揣测道，在今天的全球抗议和以往的一些事件之间具有深刻的连续性，这些事件包括 1917 年和 1949 年的共产主义革命，也包括 20 世纪 30 年代和 20 世纪 40 年代的反法西斯斗争，还包括从 20 世纪 60 年代到 1989 年所有的解放斗争。今天，一种新的政治主体、一种革命的巨无霸正在蠢蠢欲动，它们有各种各样的名称，比如"起义的大多数"、"全球人民"，或者叫"新无产阶级"。这动摇了世界秩序的基础，这个基础是一种新的"帝国"，单一的商品生产和交换的逻辑统治着这个帝国，生物性社会领域的（主体性的生产）操控性政府也统治着这个帝国，而这种政府采取了全球化的形式。或者正如他们所宣称的那样，今天的世界帝国有效地破坏了公民社会。"在全球经济的后现代化过程中，财富的创造甚至更加倾向于我们所谓的生物政治（biopolitical）生产。这是社会生活本身的生产，其中经济、政治和文化越来

---

① Paul Wapner, "The Normative Promise of Nonstate Actors: A Theoretical Account of Global Civil Society", in Paul Wapner and Lester Edwin J. Ruiz (eds.), *Principled World Politics. The Challenge of Normative International Relations* (Lanham, MD, 2000), pp. 261-262.

② 参见以下经典文章，Lester Salamon, "The Rise of the Nonprofit Sector: A Global Associational Revolution", *Foreign Affairs*, 73: 4 (1994).

③ Michael Hardt and Antonio Negri, *Empire* (Cambridge, MA and London, 2000), esp. pp. xiii-xv, 25, 312-313, 326-329, 406-413; and Michael Hardt, "The Withering of Civil Society", *Social Text*, 45 (1995), pp. 27-44.

越彼此重叠，相互支持。"然而，政府和社会的边界、国内和全球的边界都趋向于融合，这样现代形式的公民社会趋于消失。于是对于帝国机器产生了普遍的抵制。哈特和内格里将其称为全球公民社会。"从前公民社会内部协调并仲裁了一些要素，现在公民社会被纳入国家之中，结果这些要素就爆发出来了。反抗不再是边缘性的，而是作用于社会的中心，社会的中心在网络中是开放的；在上千个高原（plateau）中，单个点成为单数。"这种全球公民社会无疑是一种力量，"这种力量可以自主地建立反帝国的、全球流动与交换的替代性组织"。但是，根据哈特和内格里的说法，全球公民社会并不会自然地寿终正寝（end-in-itself），它不过是昙花一现的现象。在将来的社会秩序中，政府和社会之间没有分别。那时候，在全球层次的社会秩序中，成为共产主义者的那种"不可抗拒的光辉和喜悦"将会取胜。这种光辉和喜悦，就是在诸如爱、合作、单纯、清白的革命价值观之下，努力地生活着。

涡轮资本主义

这种纯粹主义的印象，将实际存在的公民社会贬低为运动策略，这种运动策略利用了规范的公民观念在全球层次上的自治性。那样反过来（在某些方面）造成一种不幸的印象，认为全球公民社会是一种（潜在的）统一主体，是"第三种力量"①，仿佛是平民中的无产阶级，是普遍的目标。这些主体可以折断身上的链条，把"世界公民参与联盟"② 从理想变成现实，从而以这种手段将世界上的错误变为正确。尽管可以说出许多东西来支持或反对这些概念，这里有必要注意他们的葛兰西主义偏见。这在政府

---

① 在下面这本书的导论中，这样认识全球公民社会的诱惑非常明显，Ann M. Florini (ed.), *The Third Force. The Rise of Transnational Civil Society* (Tokyo and Washington, DC, 2000), pp. 1-15。

② Rajesh Tandon, "Civil Society Moves Ahead", *Civicus. 1999 Annual Report* (Washington, DC, 1999), p. 5.

支持的（坏）商业（business）和那些（好的）自愿联合之间划了很深的界线。"我们是人，不是市场，我们的世界不是拿来卖的"，纯粹主义者说道，这使他们低估了全球公民社会过分被决定的（overdetermined）特征。"跟他人的命运和福利休戚与共，能够感同身受，包括对那些遥远的陌生人也一样，具有自我责任感，依靠自己的意志去做正确的事情；具有无私奉献与分享的动力；拒绝不公、暴力和压迫"[1]，这些无疑都至关重要。在公民社会全球化的过程中，甚至是不可缺少的动机。但是，人们的行动受到其他全球力量的限制或促进，如果单方面强调人们的自由公民（civic）选择，则会掩盖这些力量。

全球公民社会的主要兴奋剂（energizers）是市场力量，或者这里所说的"涡轮资本主义"[2]。为了理解造成这种情况的过程和原因，也为了弄明白"涡轮资本主义"一词的含义，我们需要简单地回顾一下凯恩斯式福利国家资本主义体系。（正如其名称）这种体系从第二次世界大战末期之后，在西方世界占据主导地位。从那以后大约30年里，市场资本主义经济转向政府调控资本主义的方向，这当中包括美国、瑞典、日本、联邦德国和英国。根据商品和服务的生产的方式，公司、工厂和整个工业成为十足的国家性现象；在国际原料和粮食贸易的推动下，生产主要在领土所限定的国家经济范围内或其局部进行组织。市场嵌在政府网络之中。[3]

---

[1] Miguel Darcey de Oliveira and Rajesh Tandon, "An Emerging Global Civil Society", in their *Citizens: Strengthening Global Civil Society* (Washington, DC, 1994), pp. 2-3. 下面的书捍卫了与之相似的观点 David Korten, *Getting to the 21st Century: Voluntary Action and the Global Agenda* (West Hartford, CT, 1990), 以及 Jürgen Habermas, "Civil Society and the Political Public Sphere", in *Between Facts and Norms* (Cambridge, MA, 1996), chapter 8. 对于（新）葛兰西主义方法主要理论局限的分析，参见 John Keane, *Civil Society: Old Images, New Visions* (Oxford and Stanford, 1998), pp. 15-19。

[2] "涡轮资本主义"这一术语引自 Edward Luttwak, *Turbo-Capitalism. Winners and Losers in the Global Economy* (New York, 1999)。可以发现，该作者对于这一过程影响的描述，与勒特韦克（Luttwak）的论述明显不同。

[3] Robert Boyer and J. Rogers Hollingsworth (eds.), *Contemporary Capitalism: The Embeddedness of Institutions* (Cambridge, 1997), and Eric Hobsbawm, "The Development of the World Economy", *Cambridge Journal of Economics*, 3 (1979), p. 313.

因此，比如说，在凯恩斯式福利国家资本主义时期，私人投资受到政府的各种限制。全部投资领域都被认为对于整体经济具有"战略"意义，通过国有化或烦琐的规则和管制，像航空、铁路以及钢铁都得到有效的保护，使其远离市场力量。这些规则和管制包括津贴、减税或对等（matching）基金。医院、学校、福利供应以及其他社会政策形式，通常也作为去除商品化的机制而进行运作。从地缘政治的角度而言，凯恩斯式福利国家资本主义也受到两种政治限制。地球上有整块地理区域有效地阻止了私人资本主义的进入，这个区域主要是苏联式体制所统治的社会主义阵营。同时，在西方阵营内部，国际贸易与投资还遭受到过多的政府强制规则的约束，以及政府之间的管制。[1] 特别是从布雷顿森林协议（Bretton Woods agreement）开始（1944），三大主要机构帮忙确保了国际财政和贸易围绕美国经济及其货币运转（美国经济在世界大战中未受伤害，从此兴起）。国际货币基金组织（International Monetary Fund，IMF）制定货币规则和世界支付规则，发挥着鼓励国家间进行国际货币合作的作用。国际建设和发展银行（The International Bank for Reconstruction and Development，IBRD，后来成为世界银行）着眼于增进资本投资，这一开始是在欧洲，后来是在欠发达的经济实体中。并且，关贸总协定（the General Agreement on Tariffs and Trade，GATT）通过正在进行的多边谈判之类的策略来促进自由贸易，比如20世纪60年代的肯尼迪回合，以及20世纪70年代的东京回合。通过促进自由贸易，关贸总协定致力于克服此前"以邻为壑（beggar-thy-neighbour）"的贸易保护主义。

相反，在涡轮资本主义的时代，公民社会内部会产生压力，来促使领土国家操控的管制体系得到彻底改变。利用数码通信的一系列（galaxy）

---

[1] 根据一种计算方法，在1945年总计有大约80个国际性政府组织。其中28个成立于从1950年到1954年的5年之中。30个成立于1959年之前的5年中，接下来5年成立了33个。到1980年，估计有621个国际性政府组织。参见Jacobson, *Networks of Interdependence*, p.38。

新手段，市场机构和市场行动者对于干预性（meddling）的政府管制产生了过敏反应，这种反应尤其针对被认为具有限制性（cramping）和平等主义社会影响的管制。市场倾向于变得脱嵌（embedded）：它们绕开社会义务，自由地打破基于领土的政府控制。在涡轮资本主义经济占据上风的地方，它的繁荣建立在对于资本流动更为宽松的管制以及在劳动市场解除管制并削减福利的基础之上。追逐利润的资本的自由流动，受到社会习俗、领土国家干预、税收束缚、强硬的贸易联盟以及其他所有的外在限制，而从这些限制中解放出来的渴望，驱动着作为私人事业的涡轮资本主义。涡轮资本主义反抗所谓的扩张公共部门"法则"［该法则由 19 世纪的经济学家阿道夫·瓦格纳（Adolph Wagner）提出①］。涡轮资本主义的支持者奋力争取新式全球管理体制，那就是取消管制，或者是在全球层次上建立更宽松、灵活的管制。②

最近几十年以来，世界开始改弦更张（dance to such tunes）。商业不再仅仅是"简单朴素的（homespun）"（用凯恩斯著名的术语来讲）。引领世界潮流的有 300 多个公司，它们遍及各个行业，比如银行、会计、汽车、航空、通信和武器等，它们的资产加起来占世界生产资产的四分之一。③ 这些公司的跨国运作，不再作为服务于国内总部的生产和运输业务。突破时间和空间、语言和习俗的限制，它们转而发挥着复杂的全球流动的作用，或者成为人员、资金、信息、原材料、构件和产品的综合网络。在较小的公司，同样的趋势也显而易见。20 世纪 70 年代末有一项全球纪录，收录了 9 000 多家在自己国家之外拥有业务的公司；这些公司总共还有 34 000 多家附属公司，遍布于世界各地。到 1997 年，世界范围内

---

① Adolph Wagner, *Die Ordnung des österreichischen Staatshaushalts* (Vienna, 1863).
② Miles Kahler, *International Institutions and the Political Economy of Integration* (Washington, DC, 1995), esp. chapter 2.
③ Richard J. Barnet and John Cavanagh, *Global Dreams. Imperial Corporations and the New World Order* (New York and London, 1995), p. 15.

有大约 53 000 家跨国公司在运营，它们拥有大约 450 000 个国外附属公司。几乎在每一个部门，它们都跨越了世界上主要的经济区域，从财政、原材料和农业到制造业和服务业，包括像"电话销售"之类的领域（仅仅在欧洲，该行业就雇用了 150 万名电话员工，通过电话与外部世界联系起来）。这些跨国公司所销售的产品和服务达到大约 9.5 万亿美元的价值，大约占世界贸易额的 70%，占世界生产总值的 20%。①

不可否认，不应该夸大涡轮资本主义公司全球运作的程度，就像不应夸大打破边界的主宰力量（border-busting juggernauts）。涡轮资本主义不仅对于全球层次上的重新管制（re-regulation）制造强大压力；它也具有显著的地理倾向（bias）。它的大本营（home）位于经济合作与发展组织（OECD）国家之内，并且它所引起的资本、技术和贸易流动逐渐趋向集中，目前主要是在欧洲、亚太和北美自由贸易协定（North American Free Trade Agreement，NAFTA）/拉丁美洲地区之内（而不是在它们之间）。②然而，在涡轮资本主义经济占据上风的地方，它具有确定的全球化影响。涡轮资本主义导致追逐利润的联合投资和合作生产的迅速增长，也增加了地方性、区域性和全球性公司之间的特许协议及分包合同（sub-contracting）协议。20 世纪八九十年代，在全球和区域层次上开始了贸易谈判。这是此种新的资本主义形式广布四海的一个征兆，这是一种更富于进取的、真正打破国界的资本主义形式。区域性的措施继续努力去除全球层次上投资的障碍，其中包括北美自由贸易协定，它主要通过世界贸易组织中"与贸易有关的投资措施协议（Trade-Related Investment Measures，TRIMs）"的部分，以及被提议的且具有高度争议的多边投资协定（Mul-

---

① 相关的一些数据在下书中得到很有裨益的总结，the United Nations Commission on Transnational Corporations, *Transnational Corporations in World Development: A Re-Examination* (New York, 1978), p. 211, 以及 David Held and Anthony McGrew (eds.), *The Global Transformations Reader* (Oxford, 2000), p. 25。

② Paul Hirst and Graeme Thompson, *Globalization in Question* (Oxford, 1999)。

tilateral Agreement on Investments，MAI）安排，来有效地去除投资方面所有的现存限制。

那么，关于这种涡轮资本主义的系统有什么新的地方（如果有新的地方的话）？（如果有的话）它如何促进当下全球公民社会突飞猛进地发展？需要注意的最明显的事实是，现代资本主义的公司破天荒地拥有了无限放牧（grazing）的权利。得益于贸易和投资的自由化，得益于运输和通信技术的彻底变革，它们可以在世界上的任何地方做生意。一些例外证明了这个规律，比如苏丹南部、缅甸，特别是自从苏联解体之后，以及中国启动国家推动的市场改革尝试之后的情况，更证明了这个规律。一种理论认为，社会主义是紧接资本主义的历史阶段，那时资本主义的需求将得到修正。事实证明，苏联体制的社会主义，是一个短暂的间隔阶段，介于国家组织的资本主义和当今的全球资本主义之间。对于上一次全球化突飞猛进的发展，它不过是一种变动。这包含了一种残忍的真实：涡轮资本主义促进了时间和空间的压缩，并且建立在时空压缩之上，直到世界开始像一个巨大的市场。在这个市场里，所有的东西都可以潜在地当做商品来买卖，包括自然、人、人们的工具和产品，甚至他们的品位和性欲，而且这种买卖是在全球层次上进行的。根据全球商品链条的历史发展，一些经济学家描述了这种趋势：在地理上分散开，却通过交易联系起来的函数序列（sequence of functions）的每个相位（phase）上，市场价值都加入了生产商品和服务的世界范围的总体过程中。①

商品生产和交换的链条在当今遍布世界，这种链条当然只是一些趋势，然而却是一些根深蒂固的趋势。重要的是，要知道这些趋势是非常复杂的，发展并不平衡。与跟现在的不同相比，这一趋势同过去的对比更为

---

① 最显著的是 Gary Gereffi, "Global Commodity Chains: New Forms of Coordination and Control among Nations and Firms in International Industries", *Competition and Change*, 1 (1996), pp. 427-439, and Gary Gereffi and Miguel Korzeniewicz (eds.), *Commodity Chains and Global Capitalism* (Westport, CT, 1994), esp. chapter 5。

清晰。亚当·斯密（Adam Smith）在大西洋地区刚刚出现的公民社会中研究了"劳动分工"，指出了工人在生产过程的不同部分中的专门化。当他进行这个著名的研究时，他所指的专门化并没有特定的地理含义。由于地理距离的变幻无常（vagaries），他可以假设所有种类的工业和服务享有来自国外保护中的"自然保护"。在第一次世界大战之前，全球经济的融合出现朝气蓬勃、突飞猛进的发展，甚至在这期间这个假设仍然貌似可信，直到20世纪70年代依然如此，那时，浅层融合（shallow integration）成为准则，就是在相互依赖的公司之间，通过国际资本运作，进行一定距离内的原料、商品和服务贸易。① 对于19世纪中期资本主义的世界性推进（thrust），作为全球化最先的重要批评者，马克思和恩格斯进行了激动人心的总结。在这个总结中，他们头脑里无疑已经有了浅层融合的想法。他们认为，不断膨胀的市场对产品的需求在整个地球表面追逐着资产阶级。它必须四处安营、八方扎寨，无所不在地建立联系，资本的所有者已经成为世界主义的代理人。通过对世界市场的剥削（exploitation），资产阶级已经将世界主义的特性，赋予了各个国家的生产和消费。让反动派们大为沮丧的是，在工业步伐（feet）之下，它已经获得了它所立足的国家基础。所有以前建立的国家工业已经遭到破坏，或者每天都在遭到破坏。它们被新的工业所取代，对于文明国家而言，这些新工业的引入成为一个生死攸关的问题。这些工业不再利用本土的原材料，而是利用来自最遥远地区的原材料；不仅国内消费这些工业的产品，而且地球上的各个角落也消费这些工业的产品。国家的生产曾经满足旧的需求，而今，在那些出现旧需求的地方，我们找到新的需求。满足这些需求需要遥远土地的产品。那些古老的地方和国度曾经相互隔离，自给自足，而今我们在各个方面都有了交流，国家之间普遍相互依赖。②

---

① 在"浅层融合"和"深层融合"之间作出的有用区分引自 Peter Dicken, *Global Shift. Transforming the World Economy*, 3rd edn. (London, 2000), p. 5.

② Marx and Engels, 1888, 引自 http://csf.Colorado.EDU/psn/marx/Archive/1848-CM/。

与马克思和恩格斯所描述的画面相比,涡轮资本主义有所不同,特别是它让每个人和每个事物都紧随其后(within its wake),将它们拽进深层融合(deep integration)的进程中。这种融合从可见的和不可见的贸易,直到跨国公司组织的服务和商品的生产,这种生产是通过拥有全球性联系的商品链条来完成的。再重复一遍,这些深层融合的过程是极其复杂和不均匀的。与其把它们看成已经完成的结果,不如将其描绘为相互联系的过程之集合(constellation)更为妥当,这些过程在时间和空间上的分布上极不均匀。涡轮资本主义已经释放了全球化力量,但尚未带来完全全球化的世界经济。在那种完全全球化的世界经济中,每个人的生活和生计,还有地球上的每一个地带(patch),都联系在一起,在功能上相互融合。涡轮资本主义并不会带来"全球市场",遑论"地球村"。它具有各种不同的影响,从非常脆弱或不存在的融合形式,到高度强烈或充分的融合。

在这个序列的末端,是涡轮资本主义机制通常忽略的成片人群和地区。根据一项估计,在 1913 年,人均收入排最后 15 位的国家接受了全世界大约 25% 的外国资本储备,和世界上最富有的 15 个国家的同类指标相当。到 1997 年,最贫穷的 15 个国家的份额下降到不足 5%。与之形成对照的是,最富有的 15 个国家占了 36%。① 当今,资本投资主要成为富裕国家和富裕国家之间的事情,比如撒哈拉以南的大部分非洲就落到这步田地(category)。在 20 世纪 90 年代,尽管有方兴未艾的全球化潮流,但该地区的外国直接投资(foreign direct investment, FDI)实际上却减少了,今天大约只占世界总投资的 1.4%。② 这些地区是资本主义的一种"法定种族隔离"[秘鲁经济学家埃尔南多·德·索托(Hernando de Soto)

---

① Matthew Bishop, "Capitalism and its Troubles", *The Economist* (London), 18 May 2002, p. 25.
② *Trade and Human Rights: A Free Press, Development and Globalisation*, document prepared by the International Federation of Journalists (Brussels, 2000), p. 1.

提出的术语[①]的牺牲品。它们遭受到"资本死亡（dead capital）"的后果，这种后果又因为涡轮资本主义投资者有组织的忽视而加重。在这个世界上，与加入涡轮资本主义全球体系相比，只有一件事情更为糟糕，那就是被涡轮资本主义体系扫地出门。对此，成千上万的人心知肚明（know in their bellies）。因此，不管为了更好还是更坏，人们逃出自给自足的或被暴力瓦解的社会巢穴，通过依赖于更大的市场来努力提高自己的生活水平。这大部分是在城市中四处蔓延的非法世界，比如土耳其的 gekecondus，海地的 bidonvilles，菲律宾的 barong-barongs，还有巴西的 favelas（以上单词大体为相应语言中的"贫民窟"、"棚户区"的意思。——译者注）。

在这个序列的一端，一些地方则直接跨越遥远的距离进行交易，这种交易在富裕的核心区和更穷的边缘区之间展开，且成为一种规则。比如，赞比亚蕴藏的花岗岩出口到西欧的厨房和浴室之中。然后，在这个序列的另一端，涡轮资本主义引入高度复杂如万花筒般的市场融合形式，从而突破了领土和时间的障碍。这些市场融合形式发生在全球层次上，它们包括生产过程的分裂、在地理上重新定位以及功能上的再次融合。然后，最终，在一部分经济生活中，整个地球在字面上成为涡轮资本主义的舞台，比如在纽约、伦敦和东京等城市进行的 24 小时全天候金融投机。在 20 世纪 60 年代一部轰动一时的影片中，一位名叫菲利亚·福克（Phileas Fogg）的沉稳英国绅士试图赢得和人打的赌，要在 80 天内环游地球。与之形成对照的是，今天在世界经济最为全球化的部分，货币环绕地球一周只要 80 秒钟，或者更少的时间。信息技术方面革命性的进步，以及去除投资障碍的政策，使得私人资本的跨国流动非常迅速，这在各行各业都让政府管理者和决策者们颇为头疼。在这种完全的

---

① Hernando de Soto，*The Mystery of Capital：Why Capitalism Triumphs in the West and Fails Everywhere Else*（London，2000），p. 237.

涡轮资本主义的部分中，每天国际外汇交换交易总额从 1989 年的 5 000 亿美元，增加到 1997 年的 1.5 万多亿美元。这个数字后来还在持续增长，而且幅度不小，因为几乎它所有的部分（大约 98%）是用来投机或短期投资，而不是直接参与真正的贸易或外商直接投资。① 在这种投机资本的大规模国际转移中，不稳定性自然是固有的特征。短期资本光速般地抽离（flight），比如 1994 年年末从墨西哥抽离，1997 年年末从泰国、马来西亚、印尼和韩国抽离，1998 年从俄罗斯和巴西抽离，2000 年 11 月从土耳其抽离，2002 年从阿根廷抽离，这些事件并不仅仅是巧合。它们确实揭示出，全球金融领域就像一个金融赌场，在这个赌场中，紧张兮兮的投资者撤回投资，或者将其转移到世界上其他地方，这一切只需要在电脑上敲一个键。

公司还运用其自由在成本最低、投资安全的地方建立办事处、分部和子公司，这种新的出现方式同样引人注目。他们这样做根据的是所谓的"低成本和安全原则（Low Cost and Safety Principle）"。在 20 世纪 70 年代早期，这个原则的纲要就已经在实行。当时劳动密集的加工业开始转移到亚洲、加勒比海和墨美边境一些地区，比如服装和电子产品组装；劳动力主要是工资微薄的女工，她们的工作实际上是组装进口的输入产品，再将其出口到生产这些材料的国家。当时一些经济学家将其称为新的国际劳动分工，它预示着涡轮资本主义时代的到来，也预示着涡轮资本主义的全球化影响。在公司的内在生产运作之中，通过压缩时间和空间，涡轮资本主义在一个主要的方面明显有别于老式资本主义的做法，这就是从遥远的原料国榨取原材料。黑格尔指出，那种做法对于 19 世纪早期的公民社会而言已经十分常见，但实际上它的根源要更深入一些。在"漫长的 16 世纪"（1450—1640）期间，世界经济的开端已经显而易见了。此前，在中世纪

---

① Martin Khor, *The Economic Crisis in East Asia：Causes, Effect, Lessons*（Third World Network, 1998）, p. 2.

商业城镇内部以及相互之间，存在基本商品方面的短距离地区性贸易。从那时起，这种贸易开始被稀有物品和奢侈商品的长距离贸易所取代。这些商品来自世界上其他遥远的地方，其中包括精良的衣物和美味的作料，它们主要为了满足地方精英的消费。①

涡轮资本主义无疑持续了这种更古老的生产国际化（internationalisation），只是形式更为发达。但是，独一无二的是它包括的事情不仅如此（it does more than this）：通过彻底打破时间和空间方面的障碍，它实现了生产的全球化，而那些障碍曾阻碍了劳动力和管理技术的流动、原材料和生产技术的流动以及部件和制成品的流动。近年来，为了克服时间障碍和距离樊篱，低成本和安全原则得到更为深入的应用，这样，全球性公司把复杂的有先进技术水平的生产方法转移到工资极低的国家。现在，像墨西哥和印度这些更穷的国家，因此拥有了接纳（housing）任何服务和工业生产的基本方法，不管是飞机票和节假日电话销售，还是计算机和手机之类资本密集型高技术商品的生产。有时，这些高技术生产的产品被当地消费。可口可乐是涡轮资本主义企业的主要象征。1979年，它在中国没有一家装瓶厂（bottling plants）；不到20年后，它已在中国建立了18家工厂，（在1996年）为中国的国内市场生产了大约30亿罐可乐。其他一些跨国公司在全球范围内既进行原料循环又进行成品循环，像多伦多的卡特彼勒工厂（Caterpillar），它把分散在世界各地的其他卡特彼勒工厂生产的配件集中起来。这些配件中，传动装置来自美国，轮轴来自比利时，绞盘来自巴西，发动机来自日本。然后，它将这些配件组装起来再作为成品出口到许多国家，包括最初生产这些部件的国家。

在全球公民社会内，低成本和安全原则从根本上改变了贸易和投资的形态。从此之后，交易不再只是局限于领土国家内部或者相互之间。而且

---

① 参见下面的重要研究，Immanuel Wallerstein, *The Capitalist World Economy* (Cambridge, 1979) 以及 Fernand Braudel, *Civilization and Capitalism, 15th—18th Centuries*, 3 vols. (London, 1984)。

不仅如此，全球商品链条成为通则。公司内部的贸易和投资成为家常便饭。据估计，现在世界贸易之中，大约有三分之一发生在全球性公司的一部分和公司内其他附属部分之间，而且这种比例还在增长。实际上，这种"自我交易（self-trading）"是打破边界的经济全球化的一种极端形式。在通用电气公司（General Electric）的运作中，这种形式尤为明显。像其他许多公司一样，通用电气公司跨越墨美边界，用轮船把机器配件送到它自己在新拉雷多（Nuevo Laredo）的下属工厂。这种公司内部贸易的动力是所谓的"交易价格"。利用这种做法，在税收高的国家，通过设定价格避免税收，可以使公司的账面损失（registered losses）达到最小；相反，在税收低的国家，或者根本不需要交税的国家（像在被称作"税收天堂"的国家），可以使账面收益达到最大。

在全球公民社会的轮廓上，面向国家的公司避税无疑是一个新的线条。全球劳动力储备（global labour pool）的形成也是这样。在一些地区，工人工资很低，工人权利也很少得到保护，或者根本不存在。当商业发展出在全球相互联系的投资网络时，德国、法国之类更富有国家的资源、成品和服务业工人，实际上不得不和中国、新加坡、韩国这些地方的工人进行竞争。关于这种新趋势的数字颇有说服力：在1975年，前12位商品出口国几乎清一色是富裕资本主义国家，它们的工资差别相对较小。平均时薪最高的是瑞典（7.18美元）；最低的是日本（3美元），只有不到2.5倍的差别。到1996年，在涡轮资本主义力量的驱动下，全球劳动力储备形成了，其中相应的工资差别尤为让人触目惊心。平均时薪最高的在德国（31.87美元），最低的在中国（0.31美元），这是超过一百倍的报酬差别。①

---

① Sarah Anderson and John Cavanagh, *Field Guide to the Global Economy* (New York, 2000), p.30. 这种触目惊心的差别当然还包括，在全球经济的低工资地区工作时间更长（有时候达到每周80小时），以及缺乏保护的工作条件。

市场与公民社会

在全球公民社会内部，市场机制造成了令人触目惊心的社会差异，这种情况引起了一些研究者的思考，比如义一阪本（Yoshikazu Sakamoto）[1]。他问道，具有这种毁灭性后果的市场力量是否适合归入全球公民社会的范畴？他的问题很重要，有必要加以强调，因为在当今关于全球公民社会的学术著作中，这个问题代表了一种很强烈的趋势，即强调当初葛兰西在公民社会和市场之间所作的区分［他认为公民社会是非营利、非政府的组织领域，在公民社会中人类被当成自我目的之存在（ends-in-themselves），而市场是制造并攫取利润的商品生产和交换的领域，在市场中人类仅仅被当成手段］。

在回应义一阪本时，一开始就需要仔细区分公民社会概念可能存在的不同用法，就像本书在前面所做的那样[2]。那些不同的用法包括经验性阐释、策略性考虑和规范性判断，这一点非常重要。义一阪本的观点颇为有力，然而他明显严重地混淆了这些差别。在实际存在的公民社会内部，市场力量具有负面的（破坏性的，甚至干脆是毁灭性的）社会影响。义一阪本对于这种负面影响的强烈厌恶可以理解，但这却使他把市场也排除在全球公民社会的概念之外。为了反对市场，捍卫公民社会，这个推理暗中强调"已然（is）"和"应然（ought）"之间的区别。从全球公民社会的术语

---

[1] Yoshikazu Sakamoto, "An Alternative to Global Marketization", in Jan Nederveen Pieterse (ed.), *Global Futures: Shaping Globalization* (London and New York, 2000), pp. 98-116.

[2] 也可参见 Keane, *Civil Society: Old Images, New Vision*, pp. 36ff. 以及 John Keane (ed.), *Civil Society and the State: New European Perspectives* ［London and New York 1988 (reprinted 1998)］, introduction。关于（新葛兰西主义）对市场和公民社会进行划分的不当之处在作者下面的著作中有所讨论 *Democracy and Civil Society* ［London 1998 (1988)］, esp. chapters 3 and 4。也可参见 John O'Neill, *The Market: Ethics, Knowledge and Politics* (New York, 1998).

中清除了市场的垃圾。这个概念于是变成规范性的乌托邦。从规范性的角度讲,它变成一个"纯粹"的概念,和"公正、平等和公共福利"成了同义词,是未被玷污的"好东西"。就像一颗闪闪发光的钻石,令人垂涎,所有人都想得到它。如果把它放在好词佳句编织的、软绵绵的天鹅绒衬垫上,就更撩人心扉了。义一阪本的规范性推理颇为诱人,除了那些强辩之士、意识形态主义者以及招摇撞骗之徒,有谁能从他的角度在伦理上来反对公民社会?但是,应该拒绝他的观点,原因有三方面。

从规范的角度来讲,这暗示着将来的全球公民社会可以脱离货币或货币交易而存在。就像19世纪和20世纪早期某些主义天真地设想的那样。他们认为,通过爱、努力工作和相互关系之类的属性,在将来的社会里人们可以结合在一起。二者都犯了一个错误,它们假设通过非市场看不见的手,可以用复杂的方式为复杂的社会提供商品和服务,而这在实际上反而变成无组织、饥饿和混乱的控制之手(whip hand)。全球公民社会的支持者必须面对这一种观点。他们必须看到,尽管市场具有许多众所周知的缺点,它却是所有持久的公民社团不可缺少的组织原则。不管是在过去还是在现在都是如此。而且,假设全球公民社会在将来还能享有继续存在的命运,那种规则也当然会继续得到运用。这种"没有市场,就没有公民社会"的规则之所以发挥作用,是因为商品生产和交换所驱动的经济具有两大优点:诸多不同的偏好和价值观非常复杂,中央计划难以对其进行筹划来实现资源配置,而市场经济减少了集体损失。根据目前的效率标准,有一些生产要素不能完成任务,市场力量可以确保持续不断且非常迅速地将其清除,然后找到替代性的或更多的生产性用途。在资源配置方面,市场力量可以确保"非竞争性"生产要素注定失败。亚伯拉罕·林肯说,若有人需要一只手帮助,他只应该看看长在自己右臂上的那只手,市场正是根据林肯的这句名言而运作的。从这个角度而言,市场让那些竞争的牺牲者反躬自省,并通过适应新的效率标准而继续生存。

从策略方面而言，后资本主义的全球公民社会的纯粹概念是再糟糕不过了。如果目标在于通过清除市场力量来加强全球公民社会，那么从定义上来讲，在获得那种文明化目标的斗争中，任何与市场有关的东西都不能起作用，包括货币、工作、工人、贸易联盟。对于全球公民社会的捍卫，等于是捍卫比例关系的物理特性（physics of proportionate relationships）。资本主义对世界造成损害，而这种捍卫是修复这些损害的斗争，并且最终是一场"推回"所有资本主义事物的斗争，或许甚至要撕开资本主义的世界。否则，所选择的方式，就是对社会关系的商品化，可能腐蚀并暗中压制所设想的目的：社会关系的人性化。因此（非常不切实际地）人们只有让自己表现得像正人君子和公民，而不是市场行动者，从而推翻货币国王（King Money）。此时，似乎全球公民社会才有可能实现。在扩展和加深组成全球公民社会的跨国社会网络的斗争中，贸易联盟、合作慈善事业、小商业以及地方和跨国公司所提供的发达技术等因素（按照设想）都不能够或不应该发挥作用。

最后，义一阪本所采用的方法类型在强有力的经验的异议面前一败涂地。我们已经看到，这种对于全球公民社会的描述性诠释试图描述并解释它的轮廓，这种诠释不应当和规范性判断与策略性筹划混为一谈。描述性诠释开始于现实本身开始的地方。这个观点是很基础的，然而也很重要，不管我们是否喜欢，市场和公民社会之间的区分都不存在；义一阪本所扛起的二元论是一个幻影，是一种糟糕的抽象。如马克思强调的那样，生产总是在社会的决定形式之中，并通过这种决定形式实现对自然（nature）的占有。

在市场环境下，那些从事商业和工作的人慢慢利用社会交际的内生性资源。他们的活动通常嵌入公民社会的互动之中，这种互动通过一些规则来调节（lubricated），像守时、守信、诚实、可靠、群体义务和非暴力。① 在全球公民社会最具生产性的部分，急需活跃、灵活的公民社会机构，公众也意识到了这一点。商品的生产和分配变得更为复杂，更为计算机化（computerised）。在这种情况下，基于规范的交换变得更为重要，非正式的分散性"丰满（fat）"型社会经济组织也变得更为重要，而这是一种网络化的公民社会。当代市场和其他公民社会机构的相互依赖性不断加强，这证实了一个古老的法则：市场无时无处不在，它由人类创造，嵌于社会和政治关系之中。

今天，我们很容易忽略这一点。我们倾向于把市场看成是理所当然的，将其视为自然而然产生的。就像蘑菇一样，从"社会"、"竞争"或人类"天然"自私性的土壤中突然冒出。这种看法并不总是理所当然的。曾经，市场被看成人类精巧的创造，被看成权力的蓄意举动的发明，这种权力是社会和政治行动者所施加的。考虑一个简单而基本的事实，即跨国的自由贸易。尽管在今天，自由贸易的原则被看成商品生产和交换方面至关重要且必不可少的规则，但是曾经，社会行动者不得不为跨国市场机制的扩展而进行斗争。看看19世纪欧洲争取自由贸易的斗争。这场斗争全面

---

① 对于公民社会可以做系统—理论性的理解，杰弗里·C·亚历山大指出这种理解内部具有张力［参见 Jeffrey C. Alexander (ed), *Real Civil Societies. Dilemmas of Institutionalization* 一书的导论，London, 1998］，该看法在这一点上具有启发性。该看法主张，有必要掌握以下二者的差异，其一是当代公民社会的次级系统（该系统通过公共舆论、民主和文明来组织），其二是"资本主义市场生活中制度化的那种工具性的、自我定位的个人主义"(Alexander, "Introduction", p. 8)。编入这种方法的空间隐喻得出的结论认为，分析公民社会和市场的关系，有一个最好的角度，那就是"促进输入、破坏性的入侵以及文明修复"(Alexander, "Introduction", p. 8)。几行之后，他强调马克思关于生产方面的生产社会化的论题，这个论题假设市场是现代公民社会的中心组织原则。这样，亚历山大实际上放弃了这种方法。他承认资本主义市场生活可以"为公民空间提供一些便利，比如独立、自我控制、理性、平等、自我实现、合作和信任"(p. 8)。现实主义是亚历山大举出自己的例子的基础，正是在"现实主义"的基础上，这种分析在逻辑上要求放弃"公民社会/市场经济"的两分法。"现实主义"也要求修改他关于公民社会的那种浓重的规范性图景，就像本书长篇累牍地解释的那样。关于亚历山大公民社会想象的纯粹主义，还有一些类似的质疑，参见 Victor Pérez-Diaz, "The Public Sphere and a European Civil Society", in Pérez-Diaz, *The Return of Civil Society: The Emergence of Democratic Spain* (Cambridge, MA and London, 1993), pp. 211-238。

开始于 1838 年到 1846 年之间。当时，反谷物法联盟（Anti-Corn Law League）发动了反对英国谷物关税的运动。联盟的努力很快扩散到海峡对岸。1846 年，比利时商业自由联盟成立（Belgian Association for Commercial Liberty），法国成立了自由贸易联盟（Free Trade Association）；1856 年国际关税改革联盟成立（International Association for Customs reform），该联盟旨在创立一个国际协会，为了商业的利益公布当时的关税时间表；并且，在 19 世纪 60 年代，为了支持自由贸易，所谓的"科布登俱乐部（Cobden clubs）"涌现于整个欧洲。①

在现代市场历史上的这些插曲暗示了另外一个规则：在实践中"取消（disembed）"市场的企图注定要失败。在涡轮资本主义的空想家眼里，要将市场从公民社会的所有社会机制中抽象并隔绝开来，这种努力是多么诱人的幻想。这意味着要去除市场的团结、话语、欢笑、友谊、自由表达、家庭生活以及社会交往。这样，市场可以严格服从会计师和保险商的标准，就是要让风险降到最小，并冷静地计算收益和损失。实际上，这种情况既不正常，也难以维持下去。卡尔·波兰尼（Karl Polanyi）在《我们时代的起源》（*Origins of Our Time*，1945）一书中，有一个非常有名的论断，认为每一个已知的市场都是以社会为中介的特殊互动形式，这种互动的中心是货币、生产、交换和消费。紧接这个观点的有三个不同却相关的结论：在实际存在的全球公民社会中，市场是社会关系的固有经验（empirical）特征，是在功能上相互交织的先决条件；如果没有涡轮资本主义所释放的市场力量，我们所了解并正身处其中的全球公民社会就不能继续存在下去；如果没有公民社会其他的一些形式，像家庭、慈善团体、共同体联盟（community associations），以及在语言上共享的社会准则，比如友谊、信任和合作，涡轮资本主义的市场力量本身连一天都存

---

① 关于这些进展的历史，可以在下面的书中找到，Norman Maccord, *The Anti-Corn Law League*, 1838—1846（London, 1958）。

在不下去。

　　涡轮资本主义市场对于其他公民社会机构有牢不可破的依赖，这突出了劳动作为"虚构（fictitious）"商品的情形。在涡轮资本主义经济的市场中，劳动被组织起来作为商品。尽管如此，劳动的生产并不是为了销售。① 劳动实际上是一种社会活动的别名，这种活动与另外六种类型的公民社会机构密不可分，这六种（相互重合的）机构有着各种各样的联系，它们是：家庭内部非市场形式的生产，自愿的慈善组织以及其他"同经济并驾齐驱"的活动；娱乐形式，在这种形式中，人们至少将他们的一些业余（disposal）时间用于体育活动、旅游、观光、兴趣爱好，以及（通常是重合的）艺术和娱乐组织中，包括画廊、电影、音乐和舞蹈俱乐部，剧院、酒馆、饭店和咖啡馆；公民社会机构也包括对亲密关系的培育，这需要通过友谊和家庭合作空间、性经历、生儿育女以及对婴儿和成人的社会看护实现；非政府的传播媒体，比如报纸、杂志、书店、网吧、电视和社区广播站。最后还有对神圣事物进行解释和培育信仰的机构，包括公墓、宗教礼拜场所、纪念碑以及历史大事遗址。非市场的社会组织有这些不同的类型，很容易看出，不论是全球公民社会还是更为地方性或区域性的公民社会，都可以有不同的社会生态。它的多元性可多可少，它的宗教色彩或浓或淡，市场对它的控制也可强可弱。但是，只要社会没有遭到毁灭或突然崩溃，这种全球社会就永远不可能变成一个巨大的资本主义市场，也永远不可能变成在地球上无远弗届的大型购物中心。

---

　　① Karl Polanyi, *Origins of Our Time* (London, 1945), pp. 78-79："如果允许市场机制成为人类命运及其自然环境的唯一指导者，实际上就算是购买力总量和运用的唯一指导者，那么，这将导致社会的毁灭。因为，有人正好成为所谓'劳动力'商品的承担者，如果对这种'商品'呼来唤去，如果对其不加区分地使用，或者根本不加以使用，那么必将对这些承担者造成影响。在处理人的劳动力的时候，系统应该顺便处理那个标签之下所谓身体的、心理的和道德的'人'。如果脱去文化制度的保护外衣，人类将在社会暴露的影响下走向末路；他们将作为急剧的社会混乱的牺牲品而死去，这些混乱是由于邪恶、堕落、罪恶和饥饿而造成的。"

"没有公民社会，就没有市场"的规则可以体现在地区、区域和全球的层次上，可以举出相关的例子以便让这个基本观点更为明晰。抽一天晚上，到雅典普拉卡区（Pláka）的一家地方酒馆去坐坐。那里的房子年代久远，街道狭窄不堪，蜿蜒在雅典卫城的山坡上。在这些房子和街道之间，酒馆既是一种商业行为，也是一种社会实验，它温暖着黑夜中的心灵。最为确定的是，这里认钱不认人（it is people before money）。顾客当然要付钱，或者用信用卡支付。否则，恶言将如匕首飞来，还会有人叫来警察解决问题。只有老板的好朋友和本地遭到不幸的人可以有免费进餐的资格。然而，在酒馆的经历不仅仅是简单的商业行为。酒馆的老板和顾客并不知道市场和公民社会之间的区别。在昏暗的灯光下，新加坡的风扇在头顶旋转，许多双眼睛聚集在一起，眼神飘忽不定（look without looking）。人们谈话的声音嗡嗡作响，谈话时手势不断。服务生跑前跑后，烤肉、大蒜和热面包的味道交织在一起。在一个角落里，老板抽着香烟，满脸疲惫，摸着自己的鼻梁，喝着咖啡，咖啡里的泡泡闪闪发光。不远处，一个鬼机灵（savvy）的女招待在和收银员聊天。收银员坐在闪烁的显示器后，记录着成本和收益。客人们或说说笑笑，或你争我吵，或茫然四顾，或眉来眼去，或吞云吐雾，或举杯同饮，或收拾倦容，或因曼陀林琴声轻快而拍手叫好。桌子刚被擦干净，马上又摆满，随即又弄脏；这种循环似乎无休无止。有时突然一片安静，随即笑声四起，接着是杯盘碗碟的碰撞之声，还有人在谈论欧洲的希腊（talk of Greece in Europe），谈论古希腊银币的终结（the end of drachma）。临近午夜，疲惫的厨师戴着白色的帽子和围裙出来了，满脸的胜利喜悦。准备好了之后，客人们从容地付钱。然后，根据金钱隐藏在社会习俗中（money is buried in social custom）的规则，酒馆对客人道谢，并祝他们晚安。

有一个不同的例子嵌入区域层次的市场交易之中。经济学家和地理学家指出，从地理角度来说，商业公司倾向于聚集在城镇和城市中，这些城镇和城市形成了更大一部分区域。它们形成了"非贸易的相互依赖"，这种相互依赖具有地区性的结构，嵌入社会之中。① 这些欣欣向荣的地区的例子有汉城—仁川、南加州、新加坡、M4走廊，以及斯图加特、东京、巴黎南郊和米兰的卫星城市圈。中国最近设立的经济特区、沿海开放城市以及优先发展地区也可以算做突出的例子。就像蜜蜂聚集在蜂房，公司聚集在这些地方周围，并不简单地因为这些地方能带来利润（由于交易成本的减少），而是因为如果要获利，它们就得要求培育结构密集的社会文化关系（"非贸易的相互依赖"），而聚集可以带来这些社会文化关系。商业规定了社会关系和社会创新。获利性要求公司置身于地区公民社会的社会文化关系之中；这样一来，它们当然增加了这种关系的结构密度。这样一来，地区性公民社会成为商业活动的蜂房和蜂胶。公司发现，与顾客、消费者和竞争者面对面的交流更为容易。公司还发现，它们所选择的区域（patch）包括社会空间，社会空间聚集了商业信息，监督并维持了信任模式，建立了商业行为的共同规则，并且可同他人交往——在一些诸如俱乐部、酒吧、电影院、剧院、体育场馆和饭店的地方。地区公民社会还发挥着"科技中心（technopole）"或"科技园区（technology district）"的作用。② 它使公司提高了技术创新能力，使它们可以更好地开发、检验、模仿和追踪创新，在市场中发现新的漏洞，对需求模式的变化作出更快的反应。

乍一看，要在全球层次上找到嵌入社会的市场活动的例子，似乎最为

---

① 参见 M. Storper, *The Regional World*: *Territorial Development in a Global Economy* (New York, 1997); 以及下面这本书参考的各种内容, A. Amin and N. Thrift (eds.), *Globalization, Institutions and Regional Development in Europe* (Oxford, 1994); Meric S. Gertler and David A. Wolfe, "Local Social Knowledge Management", unpublished paper (Brussels, 2002); Gernot Grabher, "Rediscovering the Social in the Economics of Interfirm Relations", in Gernot Grabher (ed.), *The Embedded Firm* (London and New York, 1993), pp. 1-31; 以及 Philip Cooke and Kevin Morgan, *The Associational Economy. Firms, Regions and Innovation* (Oxford, 1998)。

② 相对而言，该术语发端于 Manuel Castells and P. Hall, *Technopoles of the World*: *The Making of 21st Century Industrial Complexes* (London, 1994) 以及 M. Storper, "The Limits to Globalization: Technology Districts and International Trade", *Economic Geography*, 68 (1992), pp. 60-93。

困难。许多观察者警告说,"全球资本"缺乏社会根基。它经常表现为盲目渴求货币,肆无忌惮地打破政治界限,打碎社会制约的樊篱,而这种樊篱嵌在地方社区和其他机构之中。勒特韦克(Luttwak)写道,"冷血的,真正的保持距离,因此是纯粹的合同关系,这些代表了涡轮资本主义的全部精神"①。在相似的思路(vein)下,索洛斯(Soros)描述了全球资本主义体系,将其看做"巨大的循环系统,把资本吸到中心,然后再将资本扩散到四周"。美国前总统罗纳德·里根(Ronald Reagan)喜欢谈论"市场的魔法(the magic of the marketplace)"。像这些市场的主角们对于利用市场机制生产利润拥有过度的信心,并由此遭受损失。他们那种教条式的"市场正统主义"认为市场的主要价值是"追逐货币",这实际上根本没什么价值可言。全球资本主义之所以和此前的资本主义区分开来,是因为"获利动机的强化,此前许多领域中,其他的关怀占据主导,而今获利动机深入这些领域。可以毫不夸张地说,货币前所未有地控制了人们的生活"②。

这些对于全球商业的描述提醒我们注意其新鲜的地方。这些描述正确地抓住了全球商业的一些趋势,包括虚张声势、巧取豪夺、征服时空,以及在某些方面的放任自流,包括过于变幻莫测、毫无理性的物阜民丰以及投机性的崩溃。有些人回到马克思的语言。"积累,积累!"哈特和内格里写道,"没有什么东西,没有'赤裸裸的生活(naked life)',没有表面的观点……除了金钱,其他一无是处。生产和再生产披着金钱的外衣。"③这些关于涡轮资本主义的描述也提出了一个规范性问题:它们确认需要从

---

① Luttwak, *Turbo-Capitalism*, p. 43.

② George Soros, *The Crisis of Global Capitalism* (London, 1998), pp. 126, 114, 102, 115-116 and 112-113: "在全球资本主义系统中,有一种统一的原则……这个原则就是货币。谈论其他市场原则会让问题混乱,因为可以通过其他方式聚集,不仅仅是通过竞争。毫无疑问的是,最终,它浓缩为用货币衡量的利润和财富。"也可参见他的 *On Globalization* (New York, 2002)。

③ Robert J. Shiller, *Irrational Exuberance* (Princeton, 2000); Hardt and Negri, *Empire*, p. 32.

政治上处理商品生产和交换的长期趋势，从而撬开公民社会之锁，以便在公民社会的房屋中自由徜徉，就像黑夜中的小偷。在生产方面，涡轮资本主义极为出色；然而在分配方面，却一败涂地。"只要资本主义还继续凯歌高奏"，索洛斯写道，"对货币的追逐就会压倒其他所有的社会关怀……全球经济的发展和全球社会的发展并不匹配。"[1] 诸如此类的观点颇有裨益，但可以看出，它们夸大了涡轮资本主义脱离新兴全球公民社会的程度，包括脱离地方公民社会居民的程度，以致认为二者完全决裂。我们再一次回到中心观点：如果不能自由地利用并培育公民社会的非市场环境，所有商业包括全球商业都不能恰到好处地发挥商业的作用。商业或多或少地植根于或者试图植根于公民社会之中。

在全球商业链条的层次上，许多例子涌入脑海。这些例子都强调两个相互联系的观点：在"市场"和"全球公民社会"之间进行的人为区分是毫无道理的，因为涡轮资本主义在全球公民社会中运作，它既培育了全球公民社会结构，又扰乱了全球公民社会结构。理解这些积极的和消极的机制是至关重要的，在义一阪本和其他人所捍卫的静态二元论立场中，这一点当然是很难把握的。

在积极的方面，涡轮资本主义公司和地方性的以及地区性的小公司做生意，并得到后者的帮助。涡轮资本主义公司植根于全球公民社会中，对全球公民社会肯定具有文明化影响。在这一点上，它们的公司谈判是很明显的例子。如果试图在国外的背景下做生意，公司的高级执行官从经验上很清楚自己不能"独立行动"，也不能像公海上的海盗那样行动。[2] 比如说，如果他们要认真地与韩国公司建立商业联系，那么他们知道自己需要

---

[1] Soros, *The Crisis of Global Capitalism*, p. 102.

[2] 参见谢尔盖·弗兰克（Sergey Frank）在下文中的评论，"Think Confucian while Bargaining", *Financial Times* (London), 30 October 2001. 他是克伦博国际顾问股份有限公司（Kienbaum Consultants International GmbH）的高级合伙人，这是一家在全世界拥有业务的德国人力资源咨询团体。

遵循诸多社会规则。一开始建立恰当的关系非常重要，比如说得到大使或者商会主席出于礼貌的帮助，这一点非常重要。同样重要的还有双语名片以及口译员。直接打无约电话（cold-calling）进行商务接洽是极不明智的。同样不明智的还有急躁。要避免草率估计和一意孤行。黄金规则是：同潜在合作伙伴建立良好的社会关系。在商务时间之前和之后进行的非正式交往是一种基本功夫，并非只是锦上添花。人们更看重的是面对面的交流，还有对于协议的遵守。交易的基础通常是群体。团队成员通过年龄和性别形成垂直的等级体系，必须尽快了解这个体系。必须试图去理解一起工作的人们对于历史和地方传统的自豪感。从心理上准备好艰苦卓绝的谈判，准备好最后那令人疲惫的重新谈判，或者撤出谈判（pull-outs）。千万不要在公共场合责备他人。要明白，争执和烦恼可能藏在谦恭的笑容下面。在用礼貌或不明朗的语言交流时，在转换了谈判的主题时，或者在遇到低层次的谈判者时，要做好接受坏消息的心理准备。遵守另一个黄金法则：没有人愿意丢脸。

一些商业公司在全球公民社会内部运作，它们通过其他方式保留或培育了后者的社会规则（social codes）。比如，通过公司捐赠的老办法，他们表达出一些加强自身社会联系的信号。在20世纪90年代，这种捐赠几乎翻了一番（达到3 850亿美元）。① 比尔·盖茨和梅琳达·盖茨（Melinda Gates）设立了全球儿童疫苗基金（Global Fund for Children's Vaccines）。该基金会提到，有必要在全球恢复让公司担当道义的原则，这可以通过"公开扶助（public-ising）"私人部门来达到。总部在美国的法萨夫思奇（Varsavsky）基金捐资在阿根廷创建国家教育网络的入口端，该基金支持"风险慈善事业（venture philanthropy）"。其座右铭旧瓶装新酒地套用了一句老话："如果你教邻居如何捕鱼，你帮了他一个小忙；如果

---

① Francie Ostrower, *Why the Wealthy Give. The Culture of Elite Philanthropy* (Princeton, 1995); and Frances Pinter, "Funding Global Civil Society Organizations", in Anheier et al. (eds.), *Global Civil Society 2001*, pp. 195-217.

你教他如何开办渔场，你帮了他一个大忙。"① 大众汽车公司的高级执行官也充满自信地谈到他们的社会责任。"公民社会（Zivilgesellschaft）并不是一个嫌贫爱富的（fair-weather）词语"，他们谈道，"对大众而言，公民社会的活动与公司社会责任密不可分。员工的责任不仅仅是利他或慈善……特别是在全球化的条件下，公民社会有权了解并判断员工的贡献，这些贡献包括创造财富、保证流动（guarantees of mobility）、技术进步和工作创造。"② 谢尔（Shell）在尼日利亚的表现引来了国际上的大声疾呼，如今他在"三条底线"的旗帜下继续前进，这些底线分别是：经济优先、环境公正以及社会责任。

分析公司的社会责任时，当然必须小心谨慎，因为全球公司现在带着公共形象广告或"公益（pro-social）"广告走进我们的屋子。许多公司用雄心勃勃、薪水优厚的"正派职员（ethic officer）"来装点门面，给世界留下它们信奉"我们也是世界公民"的印象，竭力转移对他们的（潜在的）批评。此类批评指责这些公司在血汗工厂中雇用八岁的儿童，还在厚颜无耻地糟蹋环境。一些全球公司的执行官甚至准备撸起袖子，混入其反对者当中。2002 年在纽约召开的世界经济论坛上，这种情况尤为明显。在那里，据传普华永道（PricewaterhouseCoopers）的市场研究人员在饭店的大厅里转悠，寻找"对话"的机会；在那里，通常自称为特洛伊木马的商业人员，其言谈有时候也和非政府组织活动家差不多；在那里，在盎格鲁美国公司、西门子、可口可乐和麦当劳等全球公司的首席执行官和董事会董事签署"公司公民身份（corporate citizenship）"宣言之前，爱尔兰的摇滚巨星波诺（Bono）还和微软的比尔·盖茨谈天

---

① Martin Varsavsky, "How to Build a Dream", in the special Davos edition of *Newsweek* (December 2000—February 2001), p. 86.
② 来自于大众汽车公司总经理向德国联邦议会提交的评论，Reinhold Kopp, "Die Bedeutung des bürgerschaftlichen Engagements für eine Europäische Zivilgesellschaft-Impulse, Blockaden, Herausforderungen" (Berlin, 30 October 2001).

说地。① 有时，在保持社会距离时，全球公司反而试图通过直接雇用公关公司来增加他们的坊间信誉（street credibility）。这些公关公司里包括世界上最大的博雅公关公司（Burson-Marsteller），它的客户包括：三里岛核工厂（Three Mile Island nuclear plant），该厂核反应炉在 1979 年发生局部熔毁；博帕尔（Bhopal）毒气泄漏之后的联合碳化公司（Union Carbide），该次毒气泄漏在印度造成 15 000 多人的死亡；1967 年托利峡谷号（Torrey Canyon）油轮沉船事故之后的英国石油公司（British Petroleum）；博雅公关公司现在的客户还囊括了大烟草公司和欧洲生物科技行业。②

涡轮资本主义通常掩饰了世界范围内的社会关系，但是毫无疑问，它们在其他方面为这种关系的培养作出了贡献。除了前面讨论的"非商业相互依赖"，（对一些人而言）它们也产生了收入、商品、服务以及工作（世界制造业提供的工作的 50% 现在处于经济合作与发展组织的地区之外，这一比例在 40 年中增加了 12 倍③）。并且，通过培训地方员工掌握一些技能，这些公司生产了一定程度的"社会资本"，这些技能包括自我组织、准时以及富有远见的行动。南非的一些公司利用"行业"戏剧小组（theatre group）来培训和激励员工，这可以当做在这一点上的非常规说明：一些很赚钱的采矿公司，像哈莫尼黄金公司（Harmony Goldmines）（世界第六大黄金生产公司）和盎格鲁黄金公司（AngloGold）已经和一些富有创意的戏剧公司签订了合同，比如蓝月亮和跳动尘埃公司（Bluemoon and Jumping Dust）（该名字来自于南非荷兰语的"炸药"一词），由此把现场表演作为交流的动态工具。④ 运用巴西导演奥古斯特·博奥（Augusto

---

① 参见下列报道，*Financial Times*（London），4 February 2002，and Naomi Klein，"Masochistic Capitalists"，*Guardian*（London），15 February 2002。

② *Guardian*（London），8 January 2001，p. 6. 博雅公关公司的客户也包括政府：尼日利亚政府雇用它来质疑关于比夫拉战争中的种族屠杀的报告；在 35 000 名公民失踪后，阿根廷军人集团也找到了该公司；在东帝汶屠杀后，印度尼西亚政府也雇用了该公司；还有一些统治者为了改善形象而雇用该公司，比如沙特阿拉伯的君主，以及罗马尼亚已故总统尼古拉·齐奥塞斯库。

③ United Nations Development Programme，*Globalization and Liberalization*（New York，1998）。

④ www.bluemoon.co.za and www.learningtheatre.co.za。

Boal）倡导的技术，行业剧院公司已开始研究公司的问题，这是通过花时间同工人、监督人员和管理人员举行会议来完成的。然后他们写出剧本，由演员在雇员面前排练并修改。这样，通过介入并假定成为所正在排练的角色，鼓励员工成为"观演者（spect-actors）"（像他们被称为的那样）。教给员工的内容包括更好地与他人交流、理顺问题、打造团队的方法，还有对公司内部事务可能出现的不同情况进行预演，以及面对变故泰然处之的方法。所有这些内容都是在多语言的背景下进行的。在这种背景中，人们识字水平一直不高，但是却有强烈地参与艺术的传统，以及通过讲故事、唱歌跳舞进行教学的传统。

涡轮资本主义公司也经常通过消费来培植社会意义。这里我们遇到一个为难的问题，就是如何理解交换价值和声望价值之间的关系，如何理解涡轮资本主义公司和消费者广告之间的关系。还有就是这种广告是否（以及在哪种意义上）促进了"全球化"的消费模式。通过海报、宣传板、商业广播和电视，公司参与当地文化，其目的在于建立一个或多或少地共享符号、观念和价值的值得信赖的圈子。这一点非常明显，特别是在零售消费领域。关于市场如何嵌入公民社会机构，如果要找出在政治上有争议的例子，那么跨国联合企业对消费者的零售是再也合适不过的了。新葛兰西主义在下面二者间作出了区分，其一是在"公民社会"领域，为争取有意义的真实性而进行的斗争（比如在食物、衣着、语言、音乐和舞蹈的用语方面），其二是在"经济方面"，在财富和收入上以金钱为中心的冲突。这种区分是一种陈词滥调。在全球化的广告和消费领域，这些区分并不起作用。全球性的广告塑造了全球公民社会，就这个方面而言，声望价值和交换价值之间的确会兵戎相见：在"经济"方面，关于财富和收入生产的冲突，同时也变成关于象征意义的争论。①

---

① Aihwa Ong, *Flexible Citizenship: The Cultural Logics of Transnationality* (Durham, 1999).

这方面的一个例子，是那些支持或反对涡轮资本主义的夸夸其谈的主张。根据预防冲突的金色拱门理论（Golden Arches Theory of Conflict Prevention），两个相邻的国家如果都有麦当劳，就永远不会发生战争。根据相反的世界美国化的理论，全世界范围的广告和市场策略必然造就一种冷漠、琐碎、同质的美式购物中心的消费文化，这是一种帝国主义的文化。这些理论都是不太可信的。毫无疑问，通过品味的链条（taste chains），世界联系在一起，但是（就像人们在口袋和味觉方面所期待的那样）这些品味的链条通过高度复杂的方式运作。一些品位的链条证明了，在涡轮资本主义体系中相对缺乏力量的地方经济所具有的力量，就像澳大利亚和新西兰的葡萄酒能在全球销售。① 其他品位的链条遵循着曾经的主导性经济的轨迹：足球和男性时尚，虽然二者最初发端于英国，今天却具有全球性影响。尽管不论在时尚方面还是在足球方面，英国都不再是领头羊。当今，让品位全球化的努力很多时候事与愿违。在一些地区，可口可乐、百事可乐等饮食产品和美国电视节目的零售业务在全球公民社会之内带来了一些麻烦，比如在东南亚、中美洲的乡村，在悉尼、约翰内斯堡、开罗等城市。如果有什么区别的话，这些零售策略的效果在于，在全球公民社会内部突出了地方文化的差异性。一方面是因为，涡轮资本主义零售商是追逐利润的，他们明白需要让产品适应各地的条件和品味。另一方面则在于［就像马歇尔·萨林斯（Marshall Sahlins）别具慧眼地指出的那样②］，地方消费

---

① Kym Anderson, *The Globalization (and Regionalization) of Wine*, Centre for International Economic Studies Discussion Paper, 0125 (University of Adelaide, June 2001).

② Marshall Sahlins, *Waiting for Foucault and Other Aphorisms* (Charlottesville and Cambridge, 1999), p.34: "桑德斯上校（Colonel Sanders, 此处代指肯德基。——译者注）在北京开业了，为什么那些好心的西方人如此关注这个问题，以至于认为这意味着中国文化的终结，认为这是致命性的美国化？但是在美国，在一个多世纪的时间里，我们一直有中国餐馆，这并没有让我们成为中国人。相反，我们迫使中国人发明了炒杂烩菜（chop suey, 指美式中国菜。——译者注）。有什么能比那更为美国化？法国油炸品？"也可参见"Cosmologies of Capitalism: The Trans-Pacific Sector of 'The World System'", in *Culture in Practice. Selected Essays* (New York, 2000), pp.415-469。

者在重新阐释和"定向"这些产品方面发挥着有力的作用,在给予产品新的不同意义方面也发挥着有力的作用。凯洛格(Kellogg)曾试图说服印度人早餐吃玉米片(Corn Flakes)和糖酥(Sugar Puffs),但他们在其对传统的热油炸馒头(parathas)和大米馒头(idlis)的偏好前碰了壁。肯德基的油炸鸡大张旗鼓地闯进印度,坚信通过"KFC 经验"可以征服这个国家。但是,素食主义者和泥炉烹调鸡爱好者对其不屑一顾。于是印度的肯德基减少到只剩一家分店,而这一家还有浓郁的素食风格。必胜客(Pizza Hut)和达美乐(Dominos)也遭遇了相似的命运,它们做诸如"热辣印度奶酪(Peppy Paneer)"和"切蒂纳德鸡(Chicken Chettinad)"(一种模仿传统印度南部菜肴的浇头)这样的浇头(浇头指浇在主食菜肴上的汁儿和配菜等东西。——译者注)。还有,麦当劳是世界上最大的牛肉用户,它在 120 个国家和地区拥有大约 30 000 家专卖店,麦当劳清楚全球思维和地方运作意味着什么。在印度这样的背景中,麦当劳的产品里没有一点牛肉或猪肉,它的蛋黄酱里面没有鸡蛋;并且,颇受欢迎的麦当劳素食汉堡(McVeggie)和麦克阿罗·提基汉堡(McAloo Tikki Burger)(一种辛辣的土豆混合物)是在厨房的不同区域制作的,这样避免了哪怕是最轻微的污染,因为就算这种污染也会引起销量的下降。

  涡轮资本主义公司并不仅仅忙于培育和商讨社会意义的事情。它们的运作通常也与暴力格格不入。并且因为这个原因,它们对文明作出了贡献,而全球公民社会得到文明的哺育。诚然,在一些情况下,有的公司和政治暴力或军事当局(gun-toting authorities)沆瀣一气,拼命破坏它们的对手和公民社会本身,留下了一些糟糕的记录。比如在南非反对种族隔离的革命之前一些公司的所作所为,或者像是在全球的小军事工业中一些公司所继续广泛从事的事情。甚至有一些全球性商业通过游击队和武装暴徒的杀人网络来进行,比如钻石和可卡因交易。然而,大多数全球层面运作的商业对去除暴力持长期的普遍旨趣。比如,首席执行官们都不愿意在被枪击穿膝盖（knee-capping）、绑架或谋杀的阴影下工作。一些公司的执行官被人强迫蒙上眼睛趴在混凝土地板上，或者被枪指着绑进有篷货车，然后被强迫蒙上眼睛坐车穿过泥泞地，这些事情让公司执行官们不寒而栗。一些公司［像威灵顿保险公司（Wellington Underwriters）和克罗尔公司（Kroll Associates）］甚至专门通过风险保险或提供全球绑架防备服务来赚钱。① 一般而言，商业行为需要自由地计算时间所导致的风险。这种计算非常谨慎，而且不能被打断。如果遭到暴力，就很难或不可能有这种自由了。这就是一些非文明战争地区的投资长期偏低甚至没有的原因，比如塞拉利昂、安哥拉、南部苏丹和南斯拉夫的部分地区。

最后，从积极的方面而言，必须感谢全球商业对"加强"通信（communication）网络所作的贡献，正是这种通信网络成全了全球公民社会非营利机构和网络的运作。在现代条件下，政府通常是新交通和通信技术的发明者，或者是最早的使用者。这个规则是成立的，比如互联网和同步卫星，在这些方面以及其他通信技术方面，跟进的新投资则通常是由市场驱动的：私人投资流向回报最高的地方，而在信息技术领域，这种回报可能很高。把技术引入商业会具有一些累积性的影响，也就是革命性的影响，比如软件系统、宽体喷气飞机、纤维光学、超级货轮和集装箱运输（它促成了不同运输形式之间的安全转运）。通过私人拥有或租用的网络，大大小小的机构现在可以跨越地理距离而运作，这多亏国家之间联系的加强、轮辐般的地区性网络和全球长途通信服务（telecommunications services）。② 运作成本有了大大缩短，通信、物品和人从世界上一个地方转移到另一个地方所花的时间也大大缩短。距离的阻隔（friction）大大减小了。

---

① "The Global Executive's Nightmare", *Financial Times* (London), 25 May 2001.

② J. V. Langdale, "The Geography of International Business Telecommunications: The Role of Leased Networks", *Annals of the Association of American Geographers*, 79 (1989), pp. 501-522.

市场不平等

全球公民社会内,市场所驱动的信息的增长"缩小"了世界。尽管如此,这种时间—空间的收缩是极为不均衡的。它的形状就像一条细长的章鱼,全球有一半地盘在其手中。富有影响的城市、强大的国家经济体以及跨越全球的公司结成一体,它们好像是同一躯体中的各个部分。然而,当一些地方和人群变成全球公民社会的头脑、眼睛和触须的时候,整个整个的地理区域和人群被留在外面或落在后面,这样的人群数以万计,他们留在细长的通信触须之间的空间里。

信息富有者和信息贫穷者之间存在鸿沟。这种鸿沟提醒我们,涡轮资本主义培育了新兴全球公民社会所需的宝贵的相互社会依赖,但各种培育的方式受到一些限制。有人赞扬涡轮资本主义是促进"同一个世界"的力量,很遗憾他们只说出了一半的事实,在全球公民社会中,涡轮资本主义在运作中也会成为抵制的或分裂的力量。那些现在支持"反资本主义(anti-capitalism)"的人在分析时可能有些幼稚,在提出可行的解决办法上也捉襟见肘,但是他们触动了关键的问题:如果放任商品化经济随自身机制(device)而发展,会产生巨大的社会不平等,并且因此容易破坏公民社会的结构。而商品化经济正是在公民社会的结构中才得以扎根,并依靠公民社会结构进行再生产。有一个非常明显的例子,就是全球公民社会的商业单位对其工人和其他依赖者行使"压榨权力(extractive power)"的手段,正如C. B. 麦克弗森(C. B. Macpherson)所说的那样,比如通过按天的雇用和解雇做法,并且它们有能耐做到付的工资少得要命,要就要,不要就算了。①

涡轮资本主义也具有按照自己的意愿来削弱或毁灭他人生命的力量,

---

① C. B. Macpherson, *Democratic Theory. Essays in Retrieval* (Oxford, 1973).

这主要通过决定在甲地投资而不在乙地投资来达到，或者通过将投资从甲地转移到乙地来达到。这样使我们的世界充满超负荷工作的人和没有工作的人，迫使我们的世界具有极度的剥夺和惊人的不平等的特征。① 资本市场渴求利润的投机动力是一个与之相关的例子，尤其令人担忧。在1931年夏天，高风险的"热钱"投机产生了一系列传染性的金融危机，为上一次持久的经济全球化周期画上了句号。对于涡轮资本主义经济反复无常的盛极而衰，现在正在形成类似的担忧。这种担忧有一些刺激因素，比如对于股票交易混乱的关注、债务危机、银行腐败，以及由于一些现象导致的大面积动荡不安，这些现象包括"亚洲流感（Asian flu）"，墨西哥"龙舌兰酒效应（tequila effect）"，还有阿根廷经济的毁灭性崩溃。这些现象孕育了怀疑和紧张。我们世界的金融系统是由一些机构来运作的，比如国际货币基金组织和世界银行，许多人担心这种系统非常容易走向崩溃，因为它包含了基本的不稳定性：在这个系统中，（根据协定）贸易赤字的总额必须等于贸易盈余的总额，于是这个系统把目标指向那些有贸易赤字的国家。一个国家（比如墨西哥或泰国）由于地方性的原因卷入危机，之后这个国家通常会减少赤字，那么在这个系统的其他地方很快就会出现其他的赤字。当然，在这个系统中，美国成为降低赤字的最后屏障（deficit-of-last-resort），而这带来许多问题：世界对于美国资产净值（equities）和债券（bonds）的兴趣（appetite）会持续多久？涡轮资本主义经济最富有的部分能否继续向世界的其他部分无限举借（borrow）？

还有其他的问题。在涡轮资本主义的压力下，全球公民社会在其他方面显示出强烈的多头政治（polyarchy）趋势，这自然孕育了新的所有权关系。在财富和收入分配方面，它包含了骇人听闻的差异。福特（Ford）和菲利浦·莫里斯（Philip Morris）等大型公司的经济总额，超过了挪威、

---

① Amartya Sen, "Work and Rights", *International Labour Review*, 139: 2 (2000), pp. 119-128.

新西兰等国家的国内生产总值（GDP）。同时，一小撮作为赢家的精英垄断了超过其份额的财富和收入，他们是"跨国管理阶层"[1]，即公司的执行官，还有四处游说的律师（peripatetic lawyers）、摇滚歌星，以及满天飞的忙人（jet-age nomads），他们住在上等地段的阁楼公寓里头，比如曼哈顿上东区，在托斯卡纳的宫殿（Tuscan palazzos）或马斯蒂克岛和爱尔兰的城堡中的僻静之处度假。在 1991 年，世界上最富有的两百个亿万富翁的财富合起来达到 1.1 万亿美元，这个数额令人咋舌。同一年中，生活在最不发达国家的 5.82 亿人的收入合起来只有 1 460 亿，或者说每天不到一美元。[2] 根据一些基于基尼系数数据的估计，世界人口中最富有的前 50 位和最贫穷的后 50 位之间存在的鸿沟，从 1960 年的 1∶30，上升到 1990 年的 1∶60，再上升到 1997 年的 1∶74；现在，358 位亿万富翁的年收入等于世界人口中最贫穷的 45% 的人的年收入，而后者接近 30 亿人。[3] 眼下，在缺乏有力的再分配机制的情况下，亿万富翁资产阶级在全球规模上对广大富足或贫困不等的幸存者和失败者行使着权力，这种全球层次上的权力可以让人变得富有或贫穷。

毋须惊奇的是，涡轮资本主义加强了市场之手对公民社会非营利机构的控制。这些机构容易受到推拉，遭到扭曲，分裂为遵循积累规则和利润最大化规则的团体。有人得出结论，认为全球公民社会"首先是资本主义新全球化、新自由主义形式兴起的产物"[4]。既然这些商品化行为具有恶劣影响，那么得出上述结论的人是可以原谅的，因为他们混淆了趋势和结

---

[1] Robert Cox, "Social Forces, States, and World Orders: Beyond International Relations Theory", in Robert O. Keohane (ed), *Neorealism and its Critics* (New York, 1986), pp. 204-254.

[2] Michael Hirsh, "Protesting Plutocracy", in the special Davos edition of *Newsweek* (December 2000 - February 2001), p. 79.

[3] 数据引自 Dieter Rucht, "Social Movements Challenging Neo-Liberal Globalization", in John Keane (ed.), *Civil Society: Berlin Perspectives* (London, 2004).

[4] 参见下述著作的引言，John L. and Jean Comaroff (eds.), *Civil Society and the Political Imagination in Africa: Critical Perspectives* (Chicago and London, 1999), p. 7.

果。全球公民社会不断受到市场的压力。一些非政府组织正式地依靠政府基金,像总部在西雅图的雇用和康复服务机构——先锋人类服务计划(Pioneer Human Service),选择了通过自己的营利型商业企业来自我筹集资金。[1] 市场力量也在跨国非政府组织之间造成极大的不平等,绿色和平组织拥有1亿美元的年度预算,世界野生动物基金(World Wildlife Fund)拥有1.7亿美元的年度预算,它们比联合国环境署(UN Environment Programme,UNEP)更为有钱,也比同它们打交道的国家级政府更为有钱[2]。然而在一些部门,新兴的全球公民社会似乎仅仅是涡轮资本主义经济的一种点缀。一些非政府组织是商业非政府组织(business NGOs)或国际性商业非政府组织(BINGOs),它们发展商业部门、猎头、媒体部门、私募基金和投资策略,如此明目张胆地模仿商业企业。在公司和非政府世界之间的整齐界限于是烟消云散了。

---

[1] www.pioneerhumanserv.com.

[2] Timothy Shaw, "Overview-Global/Local: States, Companies and Civil Societies at the End of the Twentieth Century", in Kendall Stiles (ed.), *Global Institutions and Local Empowerment. Competing Theoretical Perspectives* (New York, 2000), p. 14.

第三章 世界民主

宫廷社会?

尽管涡轮资本主义可以说从内部最有力地激发了非政府部门,但并不能简单地说公民社会是涡轮资本主义的产物。再重复一遍:全球公民社会是由各种力量多方面决定的。它是一些进程和活动的"综合体(syndrome)"[1],这些进程和活动具有多重起因和动力,其中一些起因和动力是并发性的而非根深蒂固的。这些力量合在一起,使得全球公民社会并不是单一的统一领域,并确保全球公民社会不会变成像全

---

[1] 把全球化进程分析为多维度"综合体"的观念形成于 James H. Mittelman, *The Globalisation Syndrome: Transformation and Resistance* (Princeton, 2000)。

球规模的联合工厂或者仓库之类的东西,也不会变成向顾客零售产品的购物中心。比方说,像迪士尼那样的"小小世界(Its a Small World After All,迪士尼主题曲。——译者注)",或者像内奥米·克莱恩(Naomi Klein)的"品牌的国际规则"[1]。全球公民社会不能简单化为商品生产和交换的逻辑,这种逻辑不仅可以用来帮助解释它在语义上的混乱,还可以帮助解释它对于各种冲突性社会利益的规范性要求,而这些利益的多样性令人惊异,从聚集在世界银行周围的群体,到捍卫自身信念的那些胸怀宽广的穆斯林,以及要求可持续发展的激进生态组织。

如果全球公民社会的这些机构并不仅仅是公民行动(civic initiatives)和市场力量的产物,那么,是否有第三种力量来致力于这些机构的培育和成长?可以说,全球公民社会也是政府或政府间作为或不作为的副产品。对于一些人而言,单一的社会逻辑驱动着全球公民社会,就像志愿行动或涡轮资本主义。与这些人的看法相反,许多全球非政府组织和行动者是由各种政府机构来构成并促进的。有些时候,这些非政府组织在资金和影响方面严重依赖各种政府机构,而了解这种构成和促进作用的方式是至关重要的。[2] 在一些领域,一些政治性的团体行使着强有力的管理权力,从而让全球公民社会的许多部分以不断加快的节奏保持运作。比如长途通信和空中、陆地、海上交通领域,政治性的团体如国际邮政联盟(International Postal Union,IPU)和世界知识产权组织(WIPO)等机构就行使着强有力的管理权力,它们大多数依靠的正是一些政府所签署的协议。在世界上每一个公民社会活跃的地方,都有非营利机构。在保护、资助和培育这些非营利机构方面,政府机构现在也发挥着主要的、积极的总体作用,而且这种

---

[1] Naomi Klein, *No Logo* (London, 2000).
[2] Thomas Risse-Kappen, "Transnational Actors and World Politics", in Walter Carlsnaes *et al.* (eds.), *Handbook of International Relations* (London, 2002).

作用远远超过那些企业慈善事业。① 这一类型的机构包括一些在政府机构边缘运作的公民社会组织，而政府机构首先对这些公民社会组织予以许可。这种例子包括一些团体，比如国际红十字会（International Committee of the Red Cross），它虽然是非政府组织，但是由《日内瓦公约》授权，并且通过国际红十字会与红新月运动（International Federation of Red Cross and Red Crescent Societies）和政府联系在一起。同样的，国际宗教自由协会（International Association of Religious Freedom）是一个宗教间对话的平台，它在联合国和联合国教科文组织（UNESCO）的层次上具有公认的非政府组织地位。

随机地举这些例子，并不是说全球公民社会可以被描述为和政府等量齐观。它并不是"宫廷社会（court society）"。在 18 世纪公民社会出现之前，这种宫廷社会大行其道。当时，社会生活的同心圆和君主国家的外壳通常紧密相连，就像附着于船身的甲壳动物一样。宫廷社会向"社会"的成员分配品位和特权，这大体上按照距离行政权力中心的远近来直接确定分配比例。② 总体而言，与旧有的宫廷社会相比，活跃的公民社会机构更加富有生气，更为独立。另外还有一个关键的区别，就是早期现代公民社会孵化于帝国和领土国家所准备好了的容器之中；与之不同，全球公民社

---

① Lester Salamon, "Government and Nonprofit Relations in Perspective", 参见 *Nonprofits and Government: Collaboration and Conflict* (Washington, DC, 1999), Urban Institute; 对比性的发现引自 Peter Evans (ed.), *State-Society Synergy: Government and Social Capital in Development* (Berkeley, 1997); 关于日本外务省和邮政省资助日本跨国非政府组织的情况，参见 Toshihiro Menju and Takako Aoki, "The Evolution of Japanese NGOs in the Asia Pacific Context", in Tadashi Yamamoto (ed.), *Emerging Civil Society in the Asia Pacific Community* (Singapore, 1995). 参见 Ken Conca, "Greening the United Nations: Environmental Organizations and the UN System", *Third World Quarterly*, 16: 3 (1995); 以及 Margaret Clark, "The Antarctica Environmental Protocol: NGOs in the Protection of Antarctica", in Thomas Princen and Matthias Finger (eds.), *Environmental NGOs in World Politics: Linking the Local and the Global* (London, 1994).

② 关于公民社会和"宫廷社会（socieded de corte）"之间的区别，详述于 Victor Pérez-Diaz, "La formación de Europa: nacionalismos civiles e inciviles", *Claves* (Madrid), 97 (November 1999), pp. 10-21.

会是在缺乏一个全球政府或世界帝国的情况下出现的,今天也是在这样的情况下运作的。或者说,全球公民社会缺乏的是一个综合性的管理结构,而在以国家为中心的术语中,这种结构被描述成政治"现实主义"。

一些观察家马上从这种概括中得出结论,认为"全球公民社会"这一术语是毫无意义的;对他们而言,这个术语在逻辑上与"全球政府"如出一辙。他们想让人相信的观点是:没有全球政府,就没有全球公民社会。① 这类推理是难以令人信服的,只因为它忽略了我们处于前所未有的全新处境。确实,现在没有全球政府。在将来也极不可能建立一个这样的政府,就算基于那个令人怀疑的假设,也不可能建立这样的政府。而有些群体支持世界警察之下的世界政府,比如世界公民大统一组织(Weltbürgervereinigung)就提出了这样的假设,当然这样做是充满诱惑的。② 我们的处境各不相同,这在历史上是前所未有的。现在,在"无政府"状态下,全球公民社会获得了突飞猛进的成长,这当然超出了所有有文可考的政府。但是,这就是为什么全球公民社会中包含一种迫切的宪政议程,而这种议程必须通过全新的方式予以归纳,这需要超越现在的全球政治机构丛,以便找到新的治理形式,这种形式能够允许一些要素在全球层面上得到发展,比如有效的并且在民主方面能够负责的政府、法律规则以及更为平等和自由的社会关系。

挑战是令人惊恐的。传统的政治智慧对这个问题鲜有论及,但这个事实并不能减轻这种恐怖。如果人们从国际关系和政治理论的视角来看待这些文献,那么很明显,一连串政治问题就会被悬置、束缚并忽略掉,比如说,今

---

① Chris Brown, "Cosmopolitanism, World Citizenship, and Global Civil Society", *Critical Review of International Social and Political Philosophy*, 3 (2000), pp.7-26;以及 Klaus von Beyme 关于缺乏"政府"概念的公民社会的"想当然性"之评论,参见"Die Liberale Konzeption von Gesellschaft und Politik", unpublished paper (Wien, 2001)。

② www.weltbuergervereinigung.de and Ernst Heinrichsohn, *World State, World Citizenship: How a New Consciousness Can Save the World from Self-Destruction* (New York, 2000).

天的世界是谁在治理？他们通过哪些机构来治理？这种治理的意思就是说，他们的那些决定塑造并限制了全球公民社会内部行动者的判断和行动，甚至通过法律、外交、制裁或暴力，强迫了行动者的判断和行动，从而让他们做自己不愿意做的事情。在这种意义上，治理机构能否确定一个名字？它们和以前的政府类型学如何比较？这些机构的运作代表着谁的利益？他们会作出什么样的关键决定？在哪里作出？谁来作出？简而言之，在全球层次上，一些人决定着另一些人得到什么、何时得到以及如何得到，而这又是通过哪些行政、法律、军事/政策以及其他结构来实现的？在它们各自的领域内，这些机构享有多少权力？在哪种程度上，人们认为它们是合法的？它们能否变得为公众负责？或者说更方便地对公众负责？甚至在全球公民社会的成员看来是更为民主的？如果这样，如何做到？

尽管最近有不少关于"全球化"的议论，但是对于这些问题并不能马上作出可信的回答。全球政治的数字性理论正大行其道，而不是那些让人们可以想象的图景。"成百上千个组织现在管理着全球维度上的贸易、通讯、民航、卫生、环境、气象，以及许多其他事务，"一个著名的国际关系分析家很有代表性地评论道。① 这种定量模型统计了具有全球影响的政治机构的数量。这一模型通常导致一个结论，认为像"全球政府"之类的术语是不合时宜的。反过来，这种结论又推进了两种虽然不同却相互联系的思潮。其中一种强调需要更多的"现实主义"。这种思潮无视近来所有关于"全球化"的讨论，坚持认为我们的世界实际上仍然处于领土国家的控制之中。这些领土国家对于国旗以及大使馆之类的饰物的依靠，就是其实质上独立的标志，而不仅仅是名义上的独立。"全球化的进程，不能轻易地运用于政治，"艾瑞克·霍布斯鲍姆（Eric Hobsbawm）写道，"我们可以有全球化的经济，我们可以期待全球化的文化，我们当然拥有全球化

---

① Joseph S. Nye, Jr., "Globalization's Democratic Deficit", *Foreign Affairs*, 80: 4 (July-August 2001), p. 3.

的技术，拥有单一的全球化科学。但是，从政治上而言，我们拥有的仍然是一个多极化的世界，并且分成领土国家。"他得出结论，"事实上，没有一个全球政治机构"①。其他"现实主义者"挖掘得更深。他们坚持认为，国际体系核心的机构，是霍布斯所说的、赫赫有名的"该死的上帝（mortall God）"，那是武装化的立法性领土国家，它能够对自身的国民及其邻居施加暴力。这些国家在功能上相似，并且在无政府环境中相互作用。限制它们的仅仅是与它们相互作用的其他国家。另外，它们按照自身的利益来行动，即使这需要发展双面性的联合和跨政府的合作，以及其他形式的"国际社会"。② 从最低的程度而言，国家"寻求自身的延续；并且，从最高的程度而言，追求普遍的治理"③。

通过一种拐弯抹角的奇怪方式，第二种思潮同意这个结论，姑且让我们称之为全球治理学派（global governance school）。但是，它们并没有钟情于采用所谓领土国家的分析单位，而是倾向于对国际机构的大杂烩进行归纳，将其作为"没有政府的治理"的例子。④ 这个学派对于整个全球公

---

① Eric Hobsbawm, *On the Edge of the New Century* (New York, 2001), p. 43.

② 另一些类型的国家社会主义（étatisme）依据国家的社会之概念，来强调所谓的现实主义实际上还不够现实主义。这个世界确实穿着国家体系的外衣，但是这些国家一起形成了准则和规章，包括国际法、外交惯例、习俗和移民程序，甚至是战争法。这些准则和规章的作用在于保护和培育国家体系本身。这个体系当然倾向于变化，这种变化或者来自于劝说，或者来自于威胁，或者干脆使用武力；然而这并不是一个无政府的系统。在无政府的系统中，强者欺凌弱者，每个国家都为了自身的利益力求自保。通过利用国际法则、准则和制度，即使是这个体系中弱小的成员也可以维护自身的安全。世界由领土国家所统治，但是这些国家"发现自己在相互关系中被束缚在一套普遍的规则之中，并且分享着共同制度的作用"（参见 Hedley Bull, *The Anarchical Society: A Study of Order in World Politics*, New York, 1977, p. 13）。与之类似的一种观点参见 Anne-Marie Slaughter, "The Real New World Order", *Foreign Affairs*, 75: 6 (September-October 1997), pp. 183-197.

③ Kenneth Waltz, *Theory of International Relations* (Reading, MA, 1979), p. 118.

④ James N. Rosenau and Ernst-Otto Czempiel (eds.), *Governance Without Government: Order and Change in World Politics* (Cambridge and New York, 1992); 也可以参见 Joseph S. Nye and John D. Donahue (eds.), *Governance in a Globalizing World* (Washington, 2000) and Danilo Zolo, *Cosmopolis: Prospects for World Government* (Cambridge, 1997).

民社会理论发出了直接的挑战。它们声称,那些"现实主义"的评论家以国家为中心,与他们的看法相比,世界上的政治生活更为复杂,更为凌乱。他们评论说,并不存在全球政治体系或全球公民社会之类的东西。相反,存在着"治理体系或制度性安排的多样性,它们的目标是解决集体行动的问题"①。对于"治理(governance)"的说明比较松散,也相当模糊,但他们对于这一术语的选择是经过深思熟虑的。它指的是,在相互依赖的行动者之间形成并加强规则的集体过程。"治理"并不利用正式的机构,因为我们通常将正式机构和政府联系在一起。有人认为,所谓的"全球治理体系"并不该享有"体系"之名,把我们"分崩离析"的治理世界描述成"网络化的简约主义(networked minimalism)"② 可能好些(其在将来最大的作用也在于此),那就是非等级的政府单位编制、私人公司和非政府组织,它们集中于解决特定的政策问题。它包括一些相互重叠且时有冲突的机构、特殊部门(ad hoc agencies)和项目,比如联合国儿童基金会(United Nations Children's Fund,UNICEF),以及负有部门性责任的跨政府结构,比如世界贸易组织和经济合作发展组织,以及国际法院(International Court of Justice, ICJ),还有其他致力于加强法律规则的全球机构。它们认为,治理体系的大杂烩还包括全球协议、条约和惯例,比如关于臭氧层的《蒙特利尔议定书》(Montreal Protocol);政策峰会和会议,比如达沃斯世界经济论坛(Davos World Economic Forum);以及公共商议和解决冲突

---

① Oran R. Young, *International Governance. Protecting the Environment in a Stateless Society* (Ithaca and London, 1994), p. 17. 值得注意的是杨(Young)对这一理论的附和,即政府是由没那么神秘的反对政府的规范性偏见支撑的。他写道:"任何政府或公共机构的维持与运作都代价高昂,不管是从纯粹物质的角度(比如管理政府机构所需要的税收),还是从更无形的价值的角度(比如政府对于个人自由所施加的限制)。"(Young, 1994, p. 16)

② Nye and Donahue (eds,), *Governance in a Globalizing World*, p. 14. 注意他们根深蒂固的"现实主义"残余:"政治世界大部分是围绕不平衡的国家体系而组织的"(p. 33)。从这个观点中,他们得出一个规范性的结论,"在这个世纪中,国家将继续作为政府的基本机构"(p. 36)。

的新形式，比如具有全球影响的真相委员会（truth commissions）。

世界民主

这些各种各样的结构相互影响，相互重叠，对它们的机制（dynamics）进行概括诚然不是一件简单的事情。但因为各种日渐清晰的充分理由，这件事情能够而且必须完成，其必要前提是大胆驰骋（bold leap）政治想象。全球公民社会中的一些群体已经发现了这一点。透明国际将良性的全球政府比作希腊神庙，这个比喻指出了这种方向。这种所谓的良性全球政府的基础建筑在公共享有的价值之上，它的支柱包括政府的各个分支，还有屋顶结构，用来支持世界范围内的法律规则以及持续的高质量生活方式。[1] 关于新兴的世界政体，确实迫切地需要新的理论。这也是本书的一个主要论题：今天，我们的世界正日渐处于一种政府权力的新形式之下，它可以被称为世界民主（cosmocracy）。"世界民主"这个新词（来自 kosmos，意为世界、秩序、普遍的地方或空间；以及 kratō，意为统治或掌握）能用来作为理想类型。它用简单化的形式描述了一种制度化的权力类型，这种权力类型违背了以前所有关于各种政府形式的描述。这种描述开始于亚里士多德，他试图发展关于国家的类型学。至今，人们仍作出各种各样的努力来区分"威斯特伐尼亚阶段（Westphalian）"、"后现代"以及"后殖民"的国家［乔治·索伦森（George Sørenson）］，或者区分"现代"、"后现代"和"前现代"国家［罗伯特·库珀（Robert Cooper）］。世界民主或多或少是意志（will）、运气、偶然和无意识效应的综合产物。尽管因此而没有把世界民主看成宏大设计的一部分，尽管它具有古老的根源，随着时间的流逝，它逐渐显示出某种一致性和独特性。如果将其理解

---

[1] 对透明国际匈牙利支部执行理事米克洛·马歇尔（Miklos Marschall）的访谈（Berlin, 3, June 2002），另见 www.transparency.org。

为新兴的政治权力体系,那么世界民主是没有先例的。它违背了以前所有的类型学,因为它是一种独一无二的政府形式。世界民主具有以下一些特征。

世界民主是一种破天荒的世界政体。尽管从事实上而言,它并没有在世界地图上表现为世界政体。世界民主是一种世界范围内相互依赖的网络组成的体系,是距离遥远的行动和反应组成的体系,是世界范围之内,由法律、政府、警察和军事相互依赖的网络组成的复杂大杂烩。这些相互依赖的链条被高速的、压缩空间的信息流所推动,这些信息流具有惊人的效果:在世界民主结构中有一些掌握权力的人,而信息流使他们或多或少地意识到此处—彼处的辩证法。所谓的"蝴蝶效应"不断地塑造着世界民主的权力结构。在蝴蝶效应中,在系统中某个地方发生的个别事件、交易或决定,能够并且确实在系统的其他地方触发了一系列(可以感知的)后果。掌握权力的人知道,"联合政府(joined-up government)"变得普遍。在这种联合政府中,各种功能、规模和地理位置的政府机构尽管有诸多不同,却同样被吸收进不断膨胀且快速进化的网络中,这种网络是双边、多边或超国家关系的网络。① 不仅如此,他们还知道,"光荣孤立"[亚当·沃森(Adam Watson)]是不可能的。从范围和效果上而言,他们的决定潜在地或确实是不受限制的,他们的所作所为(或不做不为)侵犯了地球上别的地方其他人的生活。在他人的事务中,进行有意或无意的政治干涉,这是世界民主的长期特征,并和通常意义上的"管闲事"恰好相反:因为没有对其他人的事务进行政治干涉,而对弃权和错过机会表示遗憾,甚至表示羞愧并向公众道歉(比如克林顿总统之于1994年卢旺达种族灭绝的生还者)。

世界民主处于两种类型的谱系之间,其一是所谓的"威斯特伐尼亚"模式,其中君主国家相互竞争,其二是单独的、一元的世界政府体系。它

---

① Slaughter, "The Real New World Order", pp. 184-186.

的功能超过并且不同于另外那些君主政府的国际共同体。如果从 19 世纪权力平衡政治观念的角度来看,世界民主是不可理解的。如果将其理解为双层的第一联邦(proto-federal)政体,也是错误的。这种第一联邦的形成,需要领土国家权力的逐渐"汇集",而这又是通过仲裁压力(arbitrage pressures)和跨境溢流(cross-border spillovers)来实现的。[①] 世界民主是更为凌乱、更为复杂的政体形式。如果将其理解为政府权力组成的线条,可能会更好些,这些线条是不断增加、高度不同且相互交叉的。它是连锁的且重叠的亚国家、国家和超国家机构组成的混合体,它是多维度进程构成的混合体,这些维度之间相互作用,并且具有全球层次上的政治和社会效应。

垂直地看,世界民主就像一系列形状不均衡的、犹如树干的同心圆(见图 3—1)。它的内核(A)包括政治的、法律的和军事的结构,这些结构治理着北美、日本、韩国、欧洲议会国家以及澳大利亚。这里,政府相互依赖的网络是最长的,也是最密集而且最为动态化的。无线电通信的密度是最大的,因此,对于人、货物、决议和信息的流动来说,陆地和海洋的障碍是最无所谓的。在世界民主的时代,让信息、物品和人高速流动的能力是内核的特性,更是权力的决定性源泉。在世界民主的内核内部,政府结构为什么是最为相互依赖的?关键的原因就在这里。信息和咨询的交换可以用来限制单个规章和条例的形成,通过这种信息和咨询的交换,可以达成相互承认。在这里,相互承认是最为发达的。同样发达的还有监控和监督机制,就像在国际货币基金组织和七国集团内部发现的那种对于交换比例的监控,以及对于宏观经济政策的监控。外在融洽、联合决策和连

[①] 这种普遍的想法有一些例子,包括丹尼尔·阿奇布基(Daniele Archibugi)和大卫·赫尔德(David Held)为 *Cosmopolitan Democracy* (Oxford,1994)一书所作的引言,以及下面这篇文章的引言,Henry J. Aaron *et al.*,"The Management of International Convergence", in Miles Kahler, *International Institutions and the Political Economy of Integration* (Washington, DC, 1995), pp. xxi-ii.

续议价的模式也是非常普遍的。

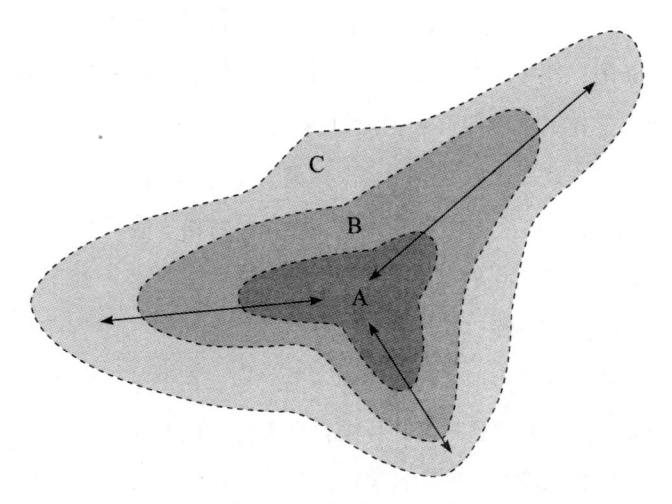

图 3—1　世界民主（1）

世界民主的内核发散为又密又长的相互依赖网络，该内核嵌在政治权力的三层外层区域中，并在功能上和它们相互联系。这四层区域当中的第二层（B）由人口稠密、幅员辽阔的领土国家所组成，如印度、印度尼西亚和俄罗斯等；除印度外，这些国家并不是分权式的民主国家（它们中有两个实际上还是后极权政体）。尽管它们是警惕地守护着自己领土的"主权国家"，它们的统治结构却通过重要的方式而相互联系着，不论是相互之间，还是与世界民主的其他层面和结构之间，都相互联系着。这种联系的形式是推动与拉拽，压力与反压力，这或多或少是冲突性的关系。关于这种相互依赖的例子自然地涌入脑海：俄罗斯是世界上第二大军火商，是北大西洋公约组织（NATO）的观察员国家，它与印度和伊朗有着最发达的供需关系；在联合国安理会中，"大国（big powers）"之间正在上演的幕后磋商与讨价还价；还有主要的全球机构世界贸易组织的情况，现在几乎包括了世界民主里面两层的所有部分。

从其核心远远地移开，就会遇到世界民主内部的第三个区域（C）：相互联系的、限制在领土范围之内的单位的集合体。在全球舞台上，它们当中的一些（如巴西）是潜在的强大行动者，但是它们中的大多数是不那么强大的小国家，或者是原型国家（proto-states），如尼日利亚、巴林、菲律宾、泰国。这些国家当中有一些也开始通过区域性机构的形式来联合，比如东南亚国家联盟（ASEAN）和加勒比共同体（CARICOM），还有最近的一些协议，比如《美洲自由贸易协定》（Free Trade of the Americas）。尽管如此，在这一外围区域中，政府之间相互联系的网络是最薄弱的，也是最紧张的。它们当中的一些是处于失败进程中的国家（failing state），像津巴布韦和巴基斯坦，都在世界民主最外层的边缘上摇摇欲坠。那里是世界范围内的治理机构网络的不毛之地。在那里，世界民主权力是不受欢迎的。感觉通常是相互的。来自世界民主内部的声音通常谴责这些不毛之地，将其看成对于世界秩序的威胁，于是他们坚信古老的规则，认为成功地建构政权需要对威胁进行辨认和定义。世界民主的这些外围边缘倾向于迎合这种陈词滥调。它们包括一些政权，这些政权积极地拒绝它们所谓的"西方帝国主义"或者"新殖民主义"，并且对他们的领土完整保持高度警惕。它们与世界上其他地方也有一些重要联系，比如毒品和枪支事务。但是除了这些，面对整个腐朽的全球化进程，它们的当局公然背转身去，视而不见。有些时候，它们公然对世界民主表示敌意。

这一外层区域，除了世界民主的范围，还包括战争地带［朱安·戈伊蒂索罗（Juan Goytisolo）］，在那些地区，血流漂杵，遍地焦土，地雷密布，废墟林立，到处是残垣断壁，比如车臣、塞拉利昂、南部苏丹，以及名不副实的刚果民主共和国。在这些地方，和平有效的政府结构几乎不存在。

当横向考察的时候，世界民主体系的独特性并不是完全显而易见的。如果从轮廓来看，从水平的角度来看，世界民主的独有特征变得更为清晰了（见图3—2）。如果将世界民主看成政府的模式化体系，可能更容易理解一些。在这个体系中，决策制定的权力，尤其是内核中的决策制定权力在三个政府空间之间分配。这三个政府空间各不相同，但是却相互联系。为了方便起见，这些政府空间可以被描述成微观政府（micro-government)、中观政府（meso-government）和宏观政府（macro-government）。

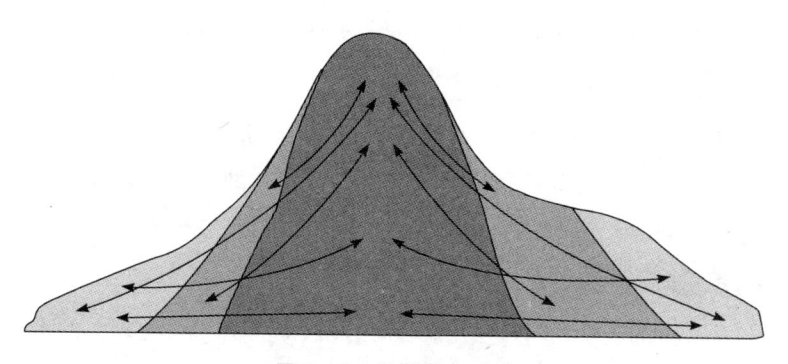

图 3—2　世界民主（2）

第一个提到的术语是微观政府，它指的是亚领土（sub-territorial）国家机构，比如地方和地区性统治机构。不管是从特殊的还是更为永恒的基础上来看，这些机构的决策制定权力都能感受到来自全球其他地方某个角落的影响。地方法院检查并起诉象征性的"外国"违法行为，这种不断加强的趋势就是一个例子。世界民主还包括中观政府，中观政府的直接构成要素成员可以从寥寥几个到成千上万个。中观政府包括领土限定的国家和实际或初始的（proto）地区性机构，比如欧盟、加勒比共同体和东南亚国家联盟公约。这些机构也是相互联系的，并且有广泛的影响范围。它有一个不朽的例子，那就是1995年南非最高法院的一个裁决，这个裁决认定宪法不支持死刑，它前后参照了许多国家法院的裁定，包括匈牙利、坦桑尼亚、加拿大、印度和德国，还参照了欧洲人权法院的决定。最后，世界民主由宏观政府和超国家机构构成，它们制定和加强决议的权力直接对准着世界上所有或大多数的民族。宏观政府机构通常是中观政府之间讨价还价和协议商量的产物。然而，事实证明，宏观政府倾向于形成自身的"自主"机构逻辑，而它们的全球影响就来自于这种强烈的趋势。它们并不仅仅是领土国家的被动代理者，也不是领土国家的贩夫走卒。它们形成了鲜明的组织风格和工作方式，也形成了自身的利益，可以成为促生变革的积极催化剂。最近关于宏观政府有一些例子，其中一个是1999年经济合作与发展组织颁布的《国际商业交易中反对贿赂外国公共官员公约》(Convention on Combating Bribery of Foreign Public Officials in International Business Transactions)，该公约得到将近 30 个国家的认可，包括世界上主要的出口国。它要求签署国通过法律，认定向外国公职人员行贿属于犯罪[1]。另一个关于宏观政府的例子是南斯拉夫国际刑事法庭（International Criminal Tribunal for the Former Yugoslavia），该法庭建立于 1993 年，当时联合国安理会对此全票通过。

这些政府的规模不同，驻扎在不同的领土国家。尽管地理上的距离将它们分开，但是他们的机构却或多或少地紧密联系着。这种相互联系趋势的征兆就是它们之间盛行的讨论。这些讨论包括国际关系，还有其他的问题，比如安全社区、全球治理、"溢出效应（spillover effects）"、"套汇压力"、相互依赖以及国家的国际化。在"溢出"问题和"套汇压力"[2]之下，地方政府不断走向"联合"，从中我们可以明显看到相互联合的趋势。在军事力量的全球化中，也可以明显看到这种趋势。不仅如此，在各种各样的事务中，我们也可以明显地看到这种趋势，比如外来移民融合、引渡法律、环境保护和经济政策。自然，作为一种新的政体形式，世界民主通过各种现代通信技术而增色不少。这些通信技术具有综合性的效应，它们大大减少了时间和空间的障碍，有时甚至将其减少到将近为零，从而支持了世界民主的运作。

世界民主是一种动态的政体（dynamic polity）。它是由各种不同原则形成的机构混合物。它们的合成性提醒其民众或观察者等注意这样一点，或者至少给他们这样一种印象，那就是这些机构具有一个共同点：它们具

---

[1] Arnold Heidenheimer and Holger Moroff, "Controlling Business Payoffs to Foreign Officials: The 1998 OECD Anti-Bribery Convention", in Arnold Heidenheimer and Michael Johnston, *Political Corruption: Concepts and Contexts* (New Brunswick, NJ, 2001), pp. 945-961.

[2] 参见下书中的各种文献，Robert J. Bennett (ed.), *Local Government in the New Europe* (London and New York, 1993).

有塑造或重塑人们生活的特殊力量,而且这种力量具有全球性的影响。有时候,这种感觉在即时性(immediacies)中丢失了。考虑到世界民主是许多变动不居的方面形成的政体,这种情况是可以理解的。面对世界民主理论,有一个主要的问题,就是选择合适的比喻来描述并解释其多层结构的(multi-structured)机制。考虑几种可能性,比如,世界民主可能被描述成规则的化合物形式。有些化合物的分子结构由各种大量的低级化合物构成,化学家对这类化合物了如指掌。同样的,世界民主没有单一的组织原则,也正因为如此,它无法和不同的政体类型进行标准处理的比较。在那种比较中,贵族政治和德行相联系,寡头政治和财富相联系,暴政和法律缺失相联系,专制和恐怖相联系。如果转向遗传学的比喻,因为杂交的原因,世界民主是一种包括"重组体(recombinant)"结构的动态政体。现有的进程和决议处于不断变化且永远展开的杂交状态之中,而"重组体"结构本身就是这种杂交状态的产物。世界民主的重组体特征使得它是一种变动不居的政体。在民众和观察者之间,它制造出持久的"新鲜"感。在这种感觉中,正是不断变动的目标造成无法预料的结果。最后,让我们转向建筑学的类比,这种类比引自对于欧洲一体化进程的研究。在这种类比中,有时候人们将世界民主看成由"多层治理"塑造的政体。[1] 在世界民主的结构中,权力并没有通过简单的等级制方式而集中;权力其实在相互连锁的微观、中观和宏观结构之间分配并扩散,在处于各个空间内运作的

---

[1] 与这个主题相关的最优秀的文献包括 Edgar Grande, "Multi-Level Governance: Institutionelle Besonderheiten und Funktionsbedingungen des europäischen Mehrebenensystem", in Edgar Grande und Markus Jachtenfuchs (eds.), *Wie problemlösungsfähig ist die EU? Regieren im europäischen Mehrebenensystem* (Baden-Baden, 2000), pp. 11-31; Beate Kohler-Koch and Rainer Eising (eds.), *The Evolution and Transformation of European Governance in the European Union* (London, 1999); Gary Marks, Liesbet Hooghe and Kermit Blank, "European Integration from the 1980s: State-Centric v. Multi-Level Governance", *Journal of Common Market Studies*, 34: 3 (1996), pp. 341-378; 以及 Fritz Scharpf, "Introduction: The Problem-Solving Capacity of Multi-Level Governance", *Journal of European Public Policy*, 4 (1997), pp. 520-538。

行动者之间分配并扩散。这些不同的"层次"之间并没有以简单的零和方式（zero-sum fashion）而相互联系。微观结构，比如地方政府和法院，确实和宏观层次的机构同兴亡共命运；在世界民主的体系之内，领土国家和其他中观层次的机构并没有凋零枯萎，也没有顽固地保留自己珍视的"主权"权力。相反，它们发现自己融入一种多层次的政体之中，而这种政体是高度分化的，并且从微观领域到宏观领域，这种政体在横向和纵向上都相互联系。

合法性

世界民主是一种政治权力混合体，这种政治权力通过法律和合法程序结合在一起。特别是从20世纪50年代开始，不仅有明确的政府结构合法化的趋势，而且形成了多边合法网络的新形式。这种新形式强调，关于领土国家合法主权的虚构已经过时。[1] 在世界民主的时代，关于主权的讨论仍然存在，认为主权是世界政治体系核心的说法也仍然存在。其倡导者指出，自从1948年联合国建立之后，公开承认的国家数量几乎翻了两番，国际法加强了以国家为中心的趋势。[2] 然而，表面的东西是极富欺骗性

---

[1] 相关文献很多，主要可参见 Yves Dezalay et al., "Global Restructuring and the Law: Studies of the Internationalization of Legal Fields and the Creation of Transnational Arenas", *Case Western Law Review*, 9: 44 (1994), pp. 407-498; 以及 Wilhelm Grewe, *The Epochs of International Law* (Berlin, 2000)。

[2] 经常引用的是常设国际法院（Permanent Court of International Justice）关于莲花号案（SS Lotus）的著名判决，"国际法支配着独立国家之间的关系。约束国家的法律规则来自于它们自身的自由意志，这种自由意志被表达为惯例，或者在用法上通常被看成是法律原则的表达，建立的目的是调节这些共存的独立区域（community）之间的关系，或者为了达成共同的目标"。参见 *The Case of the SS Lotus*, in *Permanent Council of International Justice*, Series A, Number 10, at 18. 关于主权观念历时和时代的更为普适论述，请参见 Hendrik Spruyt, *The Sovereign State and its Competitors* (Princeton, 1994); Jens Bartelson, *A Genealogy of Sovereignty* (Stockholm, 1995); 以及 Stephen D. Krasner, *Sovereignty: Organised Hypocrisy* (Princeton, 1999)。

的，或者至少是似是而非的。因为在一些政策领域中，三个多边合法章程形式（forms of multilateral legal regulation）现在成为标准。这三个章程高度复杂，通常相互重叠，而上述政策领域则包括对公有区域（像外层空间、南极和大洋）的管理，或者全球犯罪、军事体系和环境保护等。① 有些多边协议包含的条款不仅针对签署方，而且还针对第三方，比如《南极条约》（Antarctic Treaty）和保护地球臭氧层的《蒙特利尔议定书》。② 其他协议的指导原则是国际强制法（jus cogens）准则，这些协议的例子有南斯拉夫国际刑事法庭、欧洲人权法院关于阿德萨尼（Al-Adsani）起诉英国案的判决，以及著名的皮诺切特（Pinochet）案。根据国际强制法的准则，存在确定的全球规范，那就是"人类的共同利益"。任何政府还是非政府的群体，如果反对或贬损这个规范，都是不正当的。③ 也有其他一些协议采取了不同的形式，诸如一致的标准、声明、纲领、最终议案，以及其他类型的非法律约束的"软性法律"。比如联合国大会禁止使用大型流网捕鱼的决议（UN General Assembly resolutions to ban driftnet fishing），1979年《保护野生动物迁徙物种波恩公约》（Bonn Convention on the Conservation of Migratory Species of Wild Animals），这些协议的目的在于促使其他人改变或强化相关的行为。④

　　这些法律规章具有多种中心的形式，它们出现的方式是杂乱无章的，

---

① Dinah Shelton, "The Nature and Role of International Law in a Globalised World", paper presented to the conference, *Globalisation and Its Possibilities* (University of Sydney, 12—14 December 2001).

② *Antarctic Treaty* (Washington), 402 *United Nations Treaty Series*, 71, 12 UST 794, TIAS 4780; *Montreal Protocol on Substances that Deplete the Ozone Layer*, 26 *International Legal Materials*, 1541 (1987).

③ *Le ius cogens international: sa genèse, sa nature, ses functions*, in *Collected Courses of the Hague Academy of International Law*, 17, Ⅲ (The Hague 1982).

④ Christine Chinkin, "Normative Development in the International Legal System", in Dinah Shelton (ed.), *Commitment and Compliance: The Role of Non-Binding Norms in the International Legal System* (Oxford, 2000); 以及 Wolfgang H. Reinecke, *Global Public Policy: Governing Without Government* (Washington, DC, 1998).

或者是分门别类的（sector-by-sector）。这样一来，世界民主的法律规则和司法边界就永远处于被界定和被再界定的状态之中，永远处于冲突和妥协的状态之中。不过，它们的主要轨迹还是清晰的。最明显的是世界民主的各种单位，包括领土国家，都被纳入日益变密的法律网络之中，而这种法律网络是由次国家的、超国家的和全球的法律所构成的。世界民主需要维持秩序，需要进行授权，需要加以约束，需要加以合法化，这整套过程都是通过法律的方式来完成的。这些过程采取了自身的存在方式，并且正因为如此，仍然需要更为灵活的程序和规则。硬性的、难以改变的条约法规逐渐被打入冷宫，或者由新的法律策略来补充，比如过渡期试行（interim applications），灵活的修改程序，以及一些法院同意的下述原则：在规则改变时，法律责任能够并且应当作出修改。还有一种呼吁，要求现行有冲突的法律和权限要更为紧密地同步，甚至通过运用全球规范的等级制原则，[通过一些行动，比如1966年批准的美洲国家最高法院机构（Organization of the Supreme Courts of the Americas）]达到法律和权限之间的"调和化（harmonization）"。在法律领域出现了这种机制（dynamism），并且作出了初步的协调努力，这可以帮助解释，为什么法律规章的网络现在开始覆盖全球公民社会的各个部分。因此，此前被认为是"私人"或属于领土国家特权的事务，现在却交给了法律规则——从鸟类的迁徙模式、种族屠杀、对妇女的暴力，到公司收购与合并，以及世界钻石行业的腐败等，不一而足。

关于全球公民社会的"合法化"趋势，有一个恰到好处的例子，那就是互联网法规。自我管理和缺乏管理的良性混合曾经是媒体的特征，现在这种特征却烟消云散了。同样烟消云散的还有一个假设，该假设认为互联网既废除了地理界线，又废除了基于领土的法律。实际上，通过三类相互交叉的政治机构，一种规章网络正在逐步覆盖互联网。一些领土国家如韩国已经宣布赌博网站非法。在英国，《调查权限规范法案》（Regulation of Investigatory Powers Act）赋予警察广泛的权力，他们可以调查电子邮件和其他在线交流；还有，法国某法院已经禁止雅虎为法国用户提供纳粹大事记图片，而这家互联网入口公司原来将这些图片挂在其美国站点上。同时，超国家机构也在试图行使其管制权力。一个新的欧盟法律引用《布鲁塞尔公约》，认为如果网站的基地在欧盟内部，如果能够证明该网站针对消费者自己的国家，那么消费者有在自己的国家控告这些网站的权利；《海牙公约》的目标在于，加强在合同纠纷、诽谤和知识产权诉讼事务方面的国际判决（foreign judgement）；并且，欧洲议会已经起草了世界上第一个关于网络犯罪的全球条约，该条约旨在协调打击黑客、儿童色情和网络欺诈的法律。最后，电子商务公司通过所谓的替代性争议解决机制的步骤，收回了一些管理权力，而通过那些步骤，多重权限的复杂模式得以加强：实际上，他们在奋力争取以市场为基础的新型私法体系，这可以使公司脱离法院，而在最小化的"安全港"规则框架中运作，并且该框架只要保证私有权并保护消费者就可以了。①

全球公民社会的"合法化"趋势绝不是有利于政府权力的零和关系。当然，在法律上，其对于非政府行动者也给予了更多关注。这伴随着一种期望，就是它们的行为将遵守此前适用于政府及其代理者的规则和程序。但是，像世界法院计划（World Court Project，为了从国际法院获得关于核武器合法性的观点而进行的联合努力）和联合国支持的土著论坛（Indigenous Forum，包括成员国代表和土著群体代表）却指向了不同的结论：目前，全球公民社会的一部分通过参与政府事务对世界民主机构本身有规律地施加着影响。这种作用和反作用的法则当然施用于以下两种情况，第一是对于主权国家诉讼豁免权的逐步侵蚀，第二是对于法规不能延伸到他国领土这一前提的逐步破坏。在这方面有诸多趋势。国际非政府组织已得到欧洲议会和联合国之类机构的许可。非政府群体参与选举监督，

---

① "The Internet and the Law", *The Economist* (13 January 2001), pp. 25-27.

并在一些机构的活动中作为法庭特聘顾问（amici curiae），比如欧洲法院（ECJ）以及泛美人权法院（Inter-American Court of Human Rights）。多亏像海牙法庭之类的新机构，战争犯罪案件获得了全球的关注；成立国际刑事法庭的协议已经达成，而今正待东风；另外，在公民群体的压力下，地方法院显示出前所未有的决心，要象征性地起诉"外国"违法案件。[1] 在涡轮资本主义经济权力的领域，全球公民社会的授权也是显而易见的。对于"放任自流"的全球市场的"无政府状态"，诸多的批评仍然是合理的。尽管如此，涡轮资本主义公司的统治现在经常遭到争议和抵制。它们遭到政府机构"自上而下"的管制，比如世界贸易组织，这是一个负法律责任的自立机构（比方说，它具有和联合国同等的政治法律地位），也是一种自我处理纠纷的机制，可以约束所有的成员国。不仅如此，涡轮资本主义还遭到来自"底层"的各种法律压力，这包括在美国利用《外国人侵权索赔法》（Alien Tort Claims Act）作出的诉讼努力，这些诉讼力图使涡轮资本主义公司为遥远国度的环境破坏和人权侵犯负责。

笨拙的政府

作为一种受法律限制的复合政府，世界民主具有确定无疑的持久性。特别是在其中心地带，有一种倾向稳定的非暴力平衡的强烈趋势，即使这只是一种动态的平衡。这种稳定是自相矛盾的，这尤其是因为，从宏观领域到微观领域，整个世界民主体系之中，决策程序占据极大的优势。人们有时有意地依赖这种决策程序，而这种决策程序却带有"蒙混过关"和

---

[1] 随机举一个来自《洛杉矶时报》（Los Angeles Times，August 11，2000，p. A11）的例子：2000年8月，美国曼哈顿一家地区法院作出判决，要求拉多凡·卡拉季奇（Radovan Karadzić）向12名妇女组成的团体赔偿7.45亿美元，这些妇女提起诉讼，控告他对谋杀、强奸、绑架、施暴和其他罪行负有责任。

"笨手笨脚"的意味。世界民主可以被描述成"笨拙机构"的动态体系。①确实,不管从策略性的立场还是从规范性的立场来看,在这种语境中运用的世界民主的理想类型,其目的主要在于描述性的诠释,在这种理想类型支持下,有很多可以论述的内容。笨拙的政府具有所有合乎人们意愿的特征类型,比如说权力分享,它伴随着机构的多元化,而这些机构的特征是"有用的无效率(useful inefficiencies)"。当然,这样说是和设计机构的标准类型进行比较之时相对而言的。这种标准类型是不能实现的,在风格和策略上具有固定的几何特征。②当然,在诸多政策领域中,笨拙的政府机构推动了公民社会机构和行动者,使其实践从底层分而治之(divide et impera)的方式,从而保证最大的积极效果。为了加强全球公民社会本身的实力,非政府机构在政府的空隙间工作,通过寻找曲径通幽和越俎代庖的方式,对政府系统的资源加以利用。③

这种情况发生的过程是高度复杂的。许多不同的政府形态发挥着全球公民社会催化剂的作用。因此,这又带来一个结果,就是非政府机构及其对应的政府机构之间,结成了各种不同的关系,这些关系形

---

① 第一个使用该术语的是 Michael Schapiro, "Judicial Selection and the Design of Clumsy Institutions", *Southern California Law Review*, 61 (1988), pp 1555-1569。

② 关于笨拙政府的优点有一些不错的讨论。同时,在应对环境破坏与进行环境清理的努力中,需要持续进行制度性的再次筛选,关于这种筛选的必要性,也有一些有益的讨论,参见 M. Verweij, *Transboundary Environmental Problems and Cultural Theory: The Protection of the Rhine and the Great Lakes* (London, 2000); F. Hendriks, "Cars and Culture in Munich and Berlin", in D. J. Coyle and R. J. Ellis (eds.), *Politics, Policy and Culture* (Boulder, 1994); 以及 Michael Thompson, "Style and Scale: Two Sources of Institutional Inappropriateness", in M. Goldman (ed.), *Privatizing Nature: Political Struggles for the Global Commons* (London, 1998), pp. 198-228. 另参见 C. Engel and K. H. Keller (eds.), *Understanding the Impact of Global Networks on Local Social, Political and Cultural Values* (Baden-Baden, 2000), 以及 Michael Thompson *et al*, "Risk and Governance Part 2: Policy in a Complex and Plurally Perceived World", *Government and Opposition*, 33: 3 (1998), pp. 139-166。

③ Robert Wapner, "The Normative Promise of Nonstate Actors: A Theoretical Account of Global Civil Society", in Robert Wapner and Lester Edwin J. Ruiz (eds.), *Principled World Politics. The Challenge of Normative International Relations* (Lanham, MD), p. 271.

成一个广阔连续的统一体。这样，可以得出一个重要的规律：不应该把全球公民社会看成政治机构的天然敌对者。一些群体、组织和行动广泛地镶嵌在一起，共同组成全球公民社会。在地方、国家、地区和超国家的层次上，它们和政府结构有着各种各样的关系。一些社会活动的部门，比如那些所谓的反政府机构（AGOs），它们公开反对国家机构的投资及其日常权力。在一些场合下，从使政府结构变得更为灵活和更加谦卑的角度而言，这些社会组织的抵制和抗议是至关重要的。在苏联末期，特别是在苏联的西部边境，捷克斯洛伐克的《七七宪章》运动和波兰的保卫工人委员会（KOR）就确实具有这种效果，这两个团体非常相似。在其他地方，一些非政府组织本身就与全球公民社会具有直接联系，这些组织的逐渐巩固具有质疑独裁及政府权力滥用的效果。比如日本的情况，在日本有表示公共的古老词语（ōyake，字面意思是皇室），有诸如朝廷（okami，政府或当局，字面意思是"上层"）的术语，有家喻户晓的谚语，比如"出头的钉子先遭锤"（Deru kugi wa utareru，类似"枪打出头鸟"或"出头的椽子先烂"。——译者注），这些说法曾经与一些流行的信条相安无事，比如"尊敬官员，轻视民众"①。

在全球公民社会的其他部分，比如（根据南非的笑话）在说非政府组织（NGO）的缩写词时更像表示"下一个政府部门"，社会组织和政治权力的关系是公开的合作。公民社会机构或者作为政府的自愿承包者，或者作为像世界银行之类的机构，或者致力于让自身融入政府结构。② 另外，其他一些非政府组织〔所谓的国家型非政府组织（GRINGOs）或政府组

---

① Masayuki Deguchi, "A Comparative View of Civil Society", *Washington-Japan Journal* (Spring 1999), pp. 11-20.

② Judith Tendler, *Turning Private Voluntary Organization into Developmental Agencies: Questions for Evaluation*, USAID Program Evaluation Discussion Paper, 12 (Washington, DC, 1982).

织的非政府组织（GONGOs），像国际航空运输联盟（International Air Transport Association）和世界自然保护联盟（World Conservation Union）］是依靠国家当局的产物。在这两种极端之间，分布着诸多社会行动者［比如无国界医生（Médecins Sans Frontières）、乐施会、绿色和平组织］，它们徘徊在依靠自身和依靠法律及政治之间。它们和政府形成特殊的合作关系；同时也游说可以提供捐赠的跨政府机构，比如让世界银行改变政策；并且，不论在穷国还是在富国，不论在和平区域还是战争地带，都和其他非政府组织一道工作。

在全球公民社会部门和政府机构之间，存在公共—私人的合作关系。在20世纪，在最主要的超国家政治进程中，这种关系尤为明显：这种进程就是联合国的成立。联合国的故事通常是由上层人士叙述的，站在国家及其外交官行为的立场上。这是不幸的，因为在它的酝酿阶段，对于联合国未来特征的形成，公民组织发挥了虽然细微但却重要的作用，从而公民组织也从联合国的成立中得到自身的利益。比如说，在1945年的春天，在联合国国际组织会议上，罗斯福政府邀请了大约40个非政府组织作为美国代表团的"顾问"。此举之目的在于利用这些公民社会群体获得公众的支持，以便让联合国宪章在旧金山获得通过。尽管如此，还有其他人加入了这些群体，据说有1 200人之多，而且这些人来自世界各地，他们同舟共济，继续为起草过程本身作出了贡献。同时，在新成立的人权委员会内部，在埃利诺·罗斯福（Eleanor Roosevelt）的领导下，成立了法律专家和外交官小组，他们创制了世界上第一份国际权利法案。几大巨头争论的焦点集中在预防战争的政治手段上，它们试图通过新的领土保证和集体安全协议来预防战争。尽管如此，这个国际权利法案的声明得到了许多必要的支持，不能简单地因为它是"西方"语言写就的而将其忽略。它的支持者包括和平群体、法律活动家以及小国家的政治人物，这些人都坚信，正是由于对公民和政治自由以及社会公正置若罔闻，才发生了惨绝人寰的第二次世界大战。①

在非政府组织活动所必然包含的内部国家事务中,包括美国在内的一些重头力量都反对联合国的卷入。考虑到这一点,看似无权无势的公民社会行动者其实拥有可观的权力。它们不仅仅是促进了一个时代的到来。《联合国宪章》中收录了对人权的规定,从中明显可以看见它们的直接影响:比如说,第55条承认,联合国将促进"对于所有人的人权和基本自由的普遍尊重和遵守"。《联合国宪章》第71条确认,联合国经济及社会理事会(ECOSOC)"将作出合适的安排,以便向关注自身能力范围内事务的非政府组织进行咨询"。这些安排需要获得成员国和跨政府组织的认可,因此公民社会参与的正式合法化,还需要为后来不断增长的政府框架下的跨国公民行动设定规则。须注意,国际联盟(League of Nations)缺少此类规定,与之形成惊人的对照。所以,《联合国宪章》第71条可以看做世界卫生组织(World Health Organisation,WHO)形成的孕育者,它的章程和行动激励了公民组织的参与;第71条也是联合国教科文组织的孕育者,该组织的活动家总理事朱利安·赫胥黎(Julian Hexley)作出规定,旨在促进国际非政府组织间的"磋商与合作"。万一有的地方没有这些组织,就投入时间和金钱来培育新的非政府组织。联合国教科文组织成立不久后,在自然保护问题上也召开了一次打破常规的会议。在这次会议上,国际鸟类保护组织等全球非政府组织提出建议,号召联合国建立相关机构的联合委员会,以便解决杀虫剂问题。

---

① Dorothy B. Robins, *Experiment in Democracy: The Story of US Citizen Organizations in Forging the Charter of the United Nations* (New York, 1971), pp. 88-89, 102-106; Ruth Russell, *A History of the United Nations Charter* (Washington, DC, 1958), pp. 594-595, 800-801; Peter Willetts, "Pressure Groups as Transnational Actors", in Peter Willetts (ed.), *Pressure Groups in the Global System* (London, 1982), p. 11; Rainer Lagoni, "Article 71", in Bruno Simma (ed.), *The Charter of the United Nations: A Commentary* (New York and London, 1994), p. 904; and Mary Ann Glendon, *A World Made New: Eleanor Roosevelt and the Universal Declaration of Human Rights* (New York, 2001).

在成立的早些年，联合国的催化剂作用不应该被夸大。它当然认识到了非政府组织的存在及相关情况，认识到了非政府组织造成的麻烦（nuisance values）。沿着全球公民社会的轨迹，非政府组织在形成战后全球环境的过程中发挥了潜在的作用，但是一开始联合国对于这种作用缺乏正面的认识。毋庸置疑，联合国的诞生象征着让世界更加文明的希望，那是一个超出教科书所描述的领土国家政治的世界。在早些年，联合国也是公民社会组织重要的训练场，许多公民社会组织逐渐认识到，政治/法律的管理通常是它们生存和保持效率的重要前提。在管理模式中，现代的复杂性是令人惊异的。成千上万的公民社会组织得到联合国的官方认可，并且得到超政府机构的认可，比如南极条约体系（Antarctica Treaty System）。[①]在培育涡轮资本主义的成长方面，政治机构和协议同时发挥了重要的作用，比如，在贸易谈判的乌拉圭回合达成的"最终法案（Final Act）"。这个1994年达成的协议得到145个国家的支持，促成了世界贸易组织的建立，并促使自由贸易原则延伸到著作权、专利权和服务领域。政府机构有时也作为全球公民社会内部非营利活动的重要催化剂。在1975年《赫尔辛基协定》签署后，这种催化剂的逻辑在《七七宪章》运动等人权群体的产生过程中表现得最为明显，《赫尔辛基协定》的"附加原则（baskets）"之一是要求签署国保证其公民的公民和政治权利。1992年更为著名的全球论坛和地球峰会也带来类似的催化剂效应，它们在里约热内卢召开。随后的妇女和人口大会分别在北京和开罗召开。还有1993年的维也纳人权会议，在会上171个国家重新肯定了它们对于"权利和自由的普遍本性"原则的遵守，该原则曾在《国际人权法案》中得以阐明。

[①] Anne-Marie Clark et al., "The Sovereign Limits of Global Civil Society: A Comparison of NGO Participation in UN World Conferences on the Environment, Human Rights, and Women", World Politics, 51: 1 (October 1998), pp. 1-35; Roger A. Coate et al., "The United Nations and Civil Society: Creative Partnerships for Sustainable Development", Alternatives, 21 (1996), pp. 93-122; 以及 John Boli and G. M. Thomas (eds.), Constructing World Culture: International Nongovernmental Organizations Since 1875 (Stanford, 1999).

不稳定因素

对于重大的全球危机的反应，很少有像 2001 年 9 月 11 号那样的情形。当时，整个世界民主的体系都沉静下来，其中不同的组成部分立即同声相应，步调一致，就像物理学中的玻色—爱因斯坦凝聚态（Bose-Einstein condensate）一样。① 然而，在更常态的条件下，这种叫做世界民主的总体是非常复杂的，具有多层结构，并且处于动态之中，边界也是开放的。此时，世界民主显示出一些断层线（fault-lines）来。这些紧张、滑移的区域周期性地对整个体系产生震荡影响，特别是当它们被集体行动者和新闻记者之流通过媒体炒作之后。这些不稳定性强烈地表明，把世界民主描述成多层治理的体系或者是"跨政府主义"体系，都是不恰当的。多层治理和跨政府主义的理论家承认这种复杂性是世界民主的主要特征，这种复杂性包括多种行动者、变化的模式以及不可预测性。然而他们倾向于弱化或忽略下面的观念，即多层治理或跨政府主义的体系会面临破坏稳定的矛盾。不论是对哪种关于世界民主的考察而言，这种观念都是非常中肯的。当前，世界民主通过其危机模式及深层的不一致的特征，凸显了它作为一种不充分政府形式的方面。（就像我们在联合国的例子中所看到的那样）对于全球公民社会，世界民主的治理机构当然具有积极的促进作用。但是，世界民主也慢慢地让全球公民社会失望。它并没有为世界带来和平、和谐和良性的政府，更不用说开创稳定的秩序。它的那些规则和机构的大杂烩产生了消极的效果，即阻碍和制造不稳定的效果。

世界民主的这些矛盾或者说结构性问题是什么？它们有什么症状？在

---

① 玻色—爱因斯坦凝聚态，由 S. N. 玻色和阿尔伯特·爱因斯坦在 70 多年前提出并由此命名，他们在试验室实际合成之前，就预测到了其存在。它们是步调一致的原子束，当它们被冷却到只比绝对零度高几十亿分之一度的时候，就会失去自身的个体特征，在单一的能量状态中聚合在一起。

哪种程度上,它们对整个体系具有破坏作用?为了回答这些问题,我们必须仔细考察那些主要的结构性问题。这些问题有重合的部分,但是能够分辨出它们之间的不同。它们存在于世界民主的结构之中。下面概述的是几个例子,它们是所有问题中最为切题的。

政治熵

和物理学中的道理一样,在政府事务中,混乱和无效率是熵的产物,熵是因为缺乏结构而导致的惰性和自我衰变状态。不管是哪些条件导致了笨拙的结构,世界民主的体系都显示出确切的熵的标志。在这种意义上,面对近几个世纪以来对于权力准则最有影响的区分,它提出与之相反的挑战。众所周知,这些准则和博林布洛克(Bolingbroke)以及孟德斯鸠(Montesquieu)密不可分。对于困扰现代早期欧洲专制国家的权力过度集中问题,这些准则提出了解决之道。博林布洛克指出:"对于权力的喜爱是天生的且难以餍足的,从不会因拥有而腻烦,且不断需要新的刺激。"[1] 孟德斯鸠经历过地方议会文职官员的历练,他为此开了一个药方,即权力应该用来约束权力。[2]

在将来,这种话语对于世界民主的体系来说也许会非常恰如其分;但是在眼下,在可以预见的将来,这个体系还受到权力不够集中(underconcentration of powers)的阻碍。驾驶席和领航机制的严重缺乏以及许多部分的效率缺乏,在现在都确实存在,这是世界民主的显著缺点之一。要注意,这里我们并没有暗中对理想中的完美政府形式进行毫不对等的比较。世界民主并没有恰当的功能性议会或者议会网络,也没有固定的论坛,比如公

---

[1] Henry St John Bolingbroke, in *Craftsman*, 13 June 1730.

[2] Montesquieu, *De l'esprit des lois* (1748), ed. Victor Goldschmidt (Paris, 1979), book XI, chapter 4〔"从事物的性质来说,要防止滥用权力,就必须以权力来约束权力"(Pour qu'on ne puisse abuser du pouvoir, il faut que, par la disposition des choses, le pouvoir arrête le pouvoir)〕。

民社会论坛。如果有的话，那么通过它们，来自全球公民社会的那些各不相同甚至相互冲突的需求就可以和平地得到传达。世界民主还缺乏执行权力，比如说一个由选举产生、有固定任期并可以弹劾的世界总统。并没有政府机构能够就以下的问题进行有效的沟通并予以控制，这些问题涉及全球黑钱清洗（global laundering of dirty money），还有公司会计欺诈（accounting fraud），或者热钱流（hot money flow）。联合国安理会曾经是世界的希望，它由五个常任理事国组成。然而，加起来算，对于世界上十分之九的武器出口，这些理事国都负有责任。没有政党能够在固定的基础上在全球范围内开展竞选，它们也不能尽力为了特定的政策而争取支持，不管是商业政策，还是关于非商业的非营利组织的政策，或者是关于可以接受的政府的政策。[1] 目前仍然还没有充分公开的全球民意测验。在国家和地区的领土边界之内以及边界之间，没有全球军队或者警察力量能够在维护秩序、保持和平方面发挥决定性的作用。严格地说（with sharp teeth），还没有全球刑事审判体系。[2] 并且，仍然没有全球政府机构能够发出足够

---

[1] W. Kreml and Charles W. Kegley, Jr., "A Global Political Party: The Next Step", *Alternatives*, 21 (1996), pp. 123-134; Richard Falk and Andrew Strauss, "Bridging the Globalization Gap: Toward Global Parliament", www.globalpolicy.org/ngos/role/globdem/globgov/2001/0418gap.htm.

[2] 全球（战争）犯罪行当的泛滥凸显出缺乏用以检查、监督和制裁这种犯罪的机构。这里，伟大的（但是基本上也被人遗忘的）荷兰法学家科内利斯·凡·佛伦霍芬（Cornelis van Vollenhoven）的著作最为中肯。他阐明了以下内容：现代超国家法律的历史发展如何在中世纪的世界中有着深刻的根源；在1500年之后，中世纪基督教世界如何崩溃，拥有无限制主权的领土国家如何兴起，由他们的观念引出了关于战争法的论述；三个世纪之后，杰里米·边沁（Jeremy Bentham）首先提出了"国际法"，这种"国际法"的重生如何第一次提出了关于战争与和平法权（*ius belli ac pacis*）的论述，然后再到关于和平与战争法权（*ius pacis ac belli*）的论述。凡·佛伦霍芬认为，接下来的阶段是可以想见的，那是和平法权（*ius pacis*）的时代。但他同样很清楚，只有当全球警察力量能够干预并部署的时候，这种时代才有可能到来。他支持保持让军事干预权利从法律判决中分离出来，从对暴力犯罪的惩罚中分离出来。世界上的人们在爆发争斗的事件中要做什么呢？他认为，旷日持久地争论谁是谁非是没有必要的，也没有必要争论谁应该准备为那些需要保护的人们提供充分的帮助。凡·佛伦霍芬认为，那是在下一个阶段的事情。首要的是发出警察秩序的威吓警报：停止争斗。如果这种秩序不能得到遵守，那么警察本身必须干预，找出敌对者，根据自身的判断结束争斗。然后是对于犯罪的审判和惩罚，对于错误尽量纠正，对于遭受的损失准备赔偿。

有力的声音,来制止压迫性政府对于整个生活方式的破坏。

世界民主中那些全球领航机制确实存在的地方,通常被四种障碍物所牵制,这说明它们强烈地需要彻底改革。首先,它们通常的特征是无能,这种无能的原因在于资金缺乏、人员不足、司法争论、无效制裁以及由此而来的信誉缺乏。在这方面的一个例子是国际劳工组织,它制定重要的雇佣标准,但是通常缺乏严厉的手段(sharp teeth)来执行。另一个例子是监控和制止世界范围内洗钱的重要的全球机构,即总部在伦敦的金融行动特别工作组(Financial Action Task Force,FATF)[①]。它是1989年由七国集团政府成立的,其宗旨主要是反对全球毒品卡特尔的洗钱行为。在2001年,它的运营人员只有5人,经费只有580万法郎(81万美元)。金融行动特别工作组没有提供有宣传力度的白皮书或蓝皮书来对全球主要的黑钱清洗集团进行排行。它缺乏有效的胡萝卜或大棒。并且实际上,它遵从的是软弱而腐朽的"联合监督"原则。根据这个原则,涡轮资本主义金融机构的每一个国家自身作为管理者只负责对其全球运作实施监控——尽管它对于涡轮资本主义和世界民主具有明显的战略重要性,尽管它有欧盟委员会(European Commission)、海湾合作理事会(Gulf Co-Operation Council)以及29个国家(但是不包括一些重要的国家,比如俄罗斯、印度尼西亚和埃及)的正式支持。

政治熵也可能是官僚主义僵化的结果,这种僵化的原因在于划界割据的争论以及不透明状态,而不透明是由于混乱的根状(或像根茎状的)决策结构所引起的。联合国的一部分行政机构有意地自我瘫痪,并且具有成熟的无所事事的文化,这是广为人知的。有好事者通俗易懂地把联合国认定为让可能的任务变得不可能的机构。有据可查的例子不经意地涌入脑海,包括当80万图西人和胡图人中间派(moderates)在卢旺达被砍杀致死时,联合国漠然处之,还有联合国转变成塞尔维亚进行萨拉热窝围攻的管

[①] *Financial Times* (London), 3 October 2001.

理人。在1999年就独立进行公民投票后,对于印度尼西亚军队的种族屠杀袭击,东帝汶人作出了英勇的努力来保护自己。在这一事件的前前后后,联合国的反应都慢条斯理而且疏忽大意,这可以算做另一个持续很久且令人悲哀的例子:缺乏保护东帝汶的军事计划,尽管联合国事前就知道印度尼西亚军队的意图在于把当地的社会结构撕成碎片;频繁地而且通常是错误地忽略联合国自身官员的人身安全;高级官员习惯于拒绝或忽略坏消息;还有各级官员傲慢自大的例子,伴随着懒惰和无能的症候;部门遁词和推卸责任的官僚主义;对于环境危机反应迟钝;通过裙带关系安排供给和原料合同,而不考虑当地的需求或条件;并且,在某一时候(at one point),给那些饥饿的村民发出这样的指示:除非他们同意消灭鼠疫,否则不给他们发救济食物,而这意味着,村民们要么用不存在的现金购买农药,要么赤手空拳地独处黑暗之中。[1]

其他联合国熵的例子是非常滑稽的,比如建立南斯拉夫国际刑事法庭这桩难事。因为联合国安理会内部的你争我吵,世界上第一个全球战争犯罪法庭的建立(1993年)延迟了15个月。当首席检察官最终被任命后,他不得不自己掏腰包交出第一笔工资给纽约和海牙。他很快接到通知,说是没有给法庭的预算。预算必须得到行政和预算问题咨询委员会(ACABQ)的批准,而该委员会坚持认为,在批准基金之前,至少要进行一桩起诉。这迫使筚路蓝缕的该法庭进行了一桩四平八稳却无关痛痒的低水平起诉,即起诉德拉甘·尼柯立克(Dragan Nicolic̀)。就这也要求召开许多令人烦闷而又徒费时间的会议,跟联合国官员以及联合国秘书长布特罗斯·加利(Boutros Ghali)讨论组织问题,即预算和证据问题。联合国安理会将首席检察官办公室建成独立单位,加利本身对此就颇有微词。并

---

[1] Michael Barnett, *Eyewitness to a Genocide. The United Nations and Rwanda* (Ithaca, 2002);与驻扎在东帝汶的联合国东帝汶过渡行政当局(UNTAET)官员的匿名通信(Sydney, 10 and 25 February 2002);以及 Michael Ignatieff, *The Warrior's Honor. Ethnic War and the Modern Conscience* (London, 1998), pp. 102-108。

没有机构实施对拉多凡·卡拉季奇（Radovan Karadzic）和拉特科·姆拉迪奇（Ratko Mladiç）将军的逮捕，当时的联合国执行部队司令是雷顿·史密斯（Leighton Smith）将军。实际上，他强硬地拒绝派遣军队逮捕被起诉的战犯。甚至在被怀疑的或已确证的那些臭名昭著的万人坑（mass grave）事件中，联合国军队也拒绝履行搜寻或守卫义务；该法庭曾经一度引入一个自愿的挪威非政府组织及其嗅探犬的服务，来做那些必要的工作。①

责任阙如的问题

组成世界民主体系的机构中，有相当多的机构是无法在公共层面上担负负责的。世界民主并不是很专制的那种类型，因为它的核心中包含丰富的民主程序网络，这些网络是用来揭露并反对妄自尊大的。然而，当从总体上来考虑的时候，作为一个综合的政体，世界民主毫无疑问倾向于权威主义，而不是代议民主程序。它充满英国人所说的"有名无实的选区（rotten boroughs）"，对于千百万双眼睛来说，这些选区的政治过程是难以看见的。

代议民主的成分是短缺的，并且通常是完全付诸阙如。受时间限制的权力建立的基础是公开和平等的选举竞争，是有效的控诉和评估程序，是权力拥有者的义务。这些义务包括征求不同的、公开表达的意见，包括向利益相关者（stakeholder）公开解释并证明自己的行为（不管他们在地球上面的什么地方），还包括在重大的处置不当或明知故犯的情况下引咎辞职。在一些行动中，这些重要的规则得到很好的体现，比如全球问责项目（Global Accountability Project），以及民主联合国促进运动组织.（Campaign for a More Democratic United Nations，CAMDUN）。② 然而，在世界民主结构之中，这些规则却遭到轻视，并且有很多规则是模糊不清且偷偷摸摸的。

---

① Richard Goldstone, "Crimes Against Humanity：Forgetting the Victims", The Ernest Jones Lecture (London), 25 September 2001；及其 *For Humanity*：*Reflections of a War Crimes Investigator* (New Haven and London, 2000), 尤其是第四章与第五章。

② www.charter 99.org/accountability；www.oneworld.org/camdun.

专家的派系、俱乐部或网络渐渐统治了世界民主的机构，他们具有决定世界形态的权力。通常，这种权力完全不需要对局外人（outsiders）的感知和需求负责。和所有施行权力者一样，在这些结构中拥有权力的人都倾向于依靠两个标准的辩护来隐藏自己的动机和行动。他们说，向自己的对手和敌人公开自己的真正意图（reveal one's hand）是愚蠢至极的［让我们将其称为拉姆斯菲尔德（Rumsfeld）法则："在困难重重的形势下，政府不讨论迫在眉睫的问题。"①］。他们还重复了一些柏拉图的法则，即有效的政府要求平民将其猪嘴远离政治之槽。他们声称，政府事务太过复杂，太过高深，难以向公众说清楚。不管在什么情况下，公众都不能理解那些危如累卵的事情。有时候，因为世界民主机构的目标是公开支持全球公民社会中的某一个权力群体，所以当世界民主的机构故意使自己免受公众审查时，这两种托词合在一起，而它们所用的手法包括保密、回旋和法律强制。

很不幸，这样的例子有许多，比如，在这些例子当中，世界民主机构等于成了涡轮资本主义的管理委员会。北美自由贸易协定之下设立了特别法庭，允许公司否决政府对于公司权力的限定，其方法是向法庭提起诉讼（by bring a case before a tribunal that operates in camera），这个法庭被加拿大贸易律师史蒂文·施赖曼（Steven Shrybman）讽刺为"国际法的革命性发展"。如果一个公司认为自己的商业权利受到侵害，如果法庭发现事实有利于公司及其抗议，那么，从法律上来说，某个政府部门就不得不对公司作出赔偿。② 这些权威主义的安排使全球治理声名狼藉。人们怀

---

① 来自于唐纳德·拉姆斯菲尔德（Donald Rumsfeld）主持的新闻发布会，他是美国国防部部长，CNN（7 October 2001）。

② 2001 年间，加拿大梅塞尼斯（Methanex）公司向北美自由贸易协定法庭所提交的诉讼就是一个例子。梅塞尼斯生产出一种汽油添加剂，这出人意料地大量消耗了（leeched into）圣摩尼卡市（Santa Monica）的市政供水。该市大部分水井不得不关闭。加利福尼亚州的反应是对该添加剂发出禁令，这反过来促使梅塞尼斯公司向北美自由贸易协定法庭提起诉讼，向美国政府要求将近 10 亿美元的赔偿。案件的细节参见 Linda McQuaig, *All You Can Eat：Greed，Lust and the Triumph of the New Capitalism*（Toronto，2001）。

疑，通过不公正的方式，涡轮资本主义公司和全球总体经济已经被赋予了没有限制的放牧权（grazing right），这威胁到了民选政府的权威，而权威主义的安排又加重了人们的这种怀疑。所有权的权力似乎是没有限制的；全球经济好像变得什么都不能控制（master to none），国内的公民权是来之不易的，但是现在，世界范围内没有限制的"市场力量"却吞噬着国内的公民权。这个结论自然支持了约翰·拉尔斯顿·索尔（John Ralston Saul）所提出的那种宿命论，即涡轮资本主义和世界民主机构的授权及顺从权力实现特殊的联合，这暗中破坏了公民自己认同的一个机构：代议政府（representative government）。① 一种感觉传染开去，认为在19世纪式的海盗型全球经济中，面对各种运行"在某处"的神秘力量，政府无能为力。

在世界民主体系之中，关于责任阙如的权力的托词都很相似，通常作为补充的还有两种不太相似的机制。其中一种和复杂性问题有关：政治权威的分裂，与之相伴的还有官员中间由技术统治所设定的思维，以及对公众友好的、受过良好训练的行政人员的缺乏。这些因素决定了世界民主的诸多部分都和任何形式的相互监督或公众监督隔离开来。它们逐渐让人感觉像是难以穿透的缩写词丛林。问题因为距离上的障碍而加重，尽管公共鼓励的动机是高贵的，决策者却逐渐失去了其决策的线索。他们的决策在全球结构和实践的回旋加速器中七零八落，这带来许多难以预料的不同效果。远距离的治理变成"恃权而骄，忘记自省（disjoin remorse from power）"（Shakespeare）。责任被打败了，它仅仅变成了一句空话。

宰制力量

世界民主的政治实体（body politic）包含不稳定的对抗体（antibody）：一个宰制力量，即美国。从哈布斯堡皇室统治下的西班牙，到19

---

① John Ralston Saul, *The Unconscious Civilization* (Concord, 1995).

世纪英国强权下的世界和平,现代之前有一些宰制力量。美国和它们一样,也寻求着掌控整个体系。然而,和现代之前的力量比较起来,美国在两个基本的方面有所不同。它宣称对世界拥有霸权,是人类历史上第一个处于如此地位的国家,这部分是由于历史垂青的原因。作为一种宰制力量,它的不同之处还在于,它具有革命性的世界观念:把自己和整个世界看做一种独特的宪政秩序,这种宪政秩序的基础是共和、联邦和民主原则,这些原则草创于 1776 年革命之中。当美国采纳费城模式(Philadelphia model)时,美国就与众不同。比如说,它不同于哈布斯堡皇室,后者是由国家组成的王朝联邦(从葡萄牙、尼德兰延伸到那不勒斯和米兰,再穿越到波希米亚和匈牙利),这些国家聚集在国际天主教教义的祭台之下。这个新的宰制力量和 19 世纪的英国也不一样,英国当时是全球化之前阶段的驱动力量。甚至在其权力的顶峰,英国的统治者还干过鲁莽行事的蠢活儿,包括让舰队去征服世界。在明白难以成功介入欧洲大陆和南美洲之后,他们停止了如此行事。①

美国并没有表现出如此行事的征兆。就像在此前大革命中的法国和苏联一样,美国是一个力图按自己的偏好改变世界的领土国家。确实,美国的政治领袖和外交官通常被关于"帝国"的议论弄得困窘不堪;他们的言行也似乎体现出美国只是诸多国家中的一个。然而,一个帝国把自己装扮成国家的这些把戏会逐渐消失的。曾经,美利坚帝国的成功在一定程度上依赖于将美利坚帝国作为一个秘密,而到某一天可以宣称,不需要再坚守这个秘密了。现在,美国的领导人越来越把自己看做世界上第一个无可匹敌的全球帝国力量,是对 19 世纪和 20 世纪帝国力量旧体系的终结,也是对旧体系的强有力替代,这个旧体系曾经统治着世界,但现在土崩瓦解了。

美国试图如此行事,尽管历史已经证明,此前所有宰制力量都会制造地缘政治上的不稳定性;尽管不断增加的证据显示,世界已经变得如此广

---

① Hobsbawm, *On The Edge of the New Century*, pp. 46-57.

大而复杂,很难由单一的力量来统治——上述证据已经得到全球公民社会理论的充分说明。宰制力量通常表现得牛气十足。① 它之所以如此行事,是因为它的统治阶层把兵力作为一种主要方式来保护自己的软肋,来保证自己作为宰制力量的特权。如果需要的话,可以通过行使对他者的事务进行直接干涉的权利来保证它。② 这种看法并不是错误的。如果将其看做世界民主之下的次级政治单位,宰制力量是涡轮资本主义的发动机,也是消除赤字的最后屏障(deficit-of-last-resort)(尽管事实上,从20世纪50年代开始,美国在世界生产中所占的份额已经从三分之一降低到五分之一);宰制力量也是全球通信和娱乐行业的驱动力量;宰制力量还是世界上军队最为强大的国家。在克林顿的总统任期内,美国完成了从全球遏制(global containment)到"几乎同时"有能力进行两场主要地区战争的战略转变。③ 1991年的海湾战争,1995年波斯尼亚的和解,以及科索沃战争后推翻并逮捕米洛舍维奇,这些事件表明全球范围内的决定性军事行动都依赖于美国。2001年反对塔利班政府的战争也是如此。在人类目前已知最为发达的军事技术的打击下,塔利班政府顷刻土崩瓦解,这些军事技术包括:顶尖技术水平的(state-of-the art)轰炸,通过无人驾驶直升机精确投放导弹,对敌人所有电话和无线电通信的拦截,炸开隐藏最深的掩体炸弹。作为宰制力

---

① 一个例子是:在2002年前8个月,布什政府公开拒绝了《反弹道导弹条约》、《京都议定书》、《国际刑事法庭罗马规约》、《小型武器销售和转移公约》以及《禁止生物武器公约》议定书。

② 1986年,在柏林一家迪斯科舞厅发生了一起恐怖爆炸,该迪斯科舞厅是美军士兵经常光顾的场所,国务卿乔治·舒尔茨声明,"我们将在公海或国际空域逮捕恐怖主义者,如果说国际法能阻止我们这样做,那将是荒唐透顶的;就算是为了营救人质,我们也会在别国的土地上打击恐怖主义者,如果说国际法能阻止我们这样做,那将是荒唐透顶的;如果有国家支持、训练或窝藏恐怖主义者或游击队,我们将用军队打击之,如果认为国际法能阻止我们这样做,那也是荒唐透顶的"。George Schultz, "Low-Intensity Warfare: The Challenge of Ambiguity", Address to the National Defense University (Washington, DC, 15, January 1986), reprinted in *International Legal Materials* 25 (1986), 204 at 206.

③ Department of Defense, *Annual Report to the President and Congress*, 1994 (Washington, DC, 1994), p. 16.

量,美国1999年的战争预算只是1989年的三分之二,但是仍然占世界军费总开支的35%(俄罗斯军费开支不到其十分之一);其武装部队开支相当于世界上其余八个大国的军费总开支。美国同时还加强了自己作为世界上头号军火商的地位,其2000年的销售额达186亿美元,而全球军火贸易数量是369亿美元,美国的军火贸易额超出了这个数字的一半。[1]

最近,作为宰制力量的美国能够而且确实对塞尔维亚和阿富汗施以重压。美国领导人清楚,在世界事务中,金钱、信息、千字节(kilobytes)、血和铁是最管用的。和现代所有此前的宰制力量一样,美国的政治家试图充当世界义务警察的角色,通过反对他们所有的敌对联盟来衡量自己的实力,特别是在生死予夺的时候,用这种衡量的能力来显示他们的力量。[2]他们这样做一方面是利用自吹自擂的假设,这就是总统就职演说辞结尾作出的概括,"愿上帝保卫美利坚合众国",并且从他们自身的利益出发,进行赤裸裸的扩张计划,忽略或玩弄国际机构和协议;另一方面则是运用截然不同的坚决主张,认为每个人都有"回答历史召唤"的义务,该义务时间紧迫且人人有责,这就是团结在星条旗之下,在世界范围内争取民主自由的斗争中和美国一起前进。[3]

世界主义的民主?

当对君主制和民主制进行对比时,伟大的荷兰政治评论家扬·德·维

---

[1] *New York Times*, August 21, 2001; *The Economist*, 20 June 1998; *Washington Post*, August 13, 1998.

[2] Martin Wight, *Power Politics*, eds. Hedley Bull and Carsten Holbraad (Leicester, 1978), pp. 30-40. 一个小例子概括了这种态度:奥萨马·本·拉登(Osama bin Laden)坚决主张美国军队不应该出现在穆斯林圣地附近,在2001年10月11日一则被广泛报道的电视新闻中,当有人问及布什政府副国务卿理查德·阿米蒂奇(Richard Armitage)这个问题时,阿米蒂奇顾左右而言他。他继续说道,军队驻扎在那里是为了保护波斯湾油田,同时,如果有谁问及这类问题,就是与本·拉登同流合污。

[3] 摘自乔治·布什总统在联合国的发言,报道载于 *Financial Times* (London), 23 November 2001, p. 13, 以及 *Guardian* (London), 12 September 2002, p. 1.

特（Jan de Witt）认为，前者（符合马基雅维利法则 II）促使君主运用狮子的力量和狐狸的狡诈行事。相反，德·维特说道，民主制促使被选举出来掌握共和政体的人们秘密行事，就像猫一样，"既迅速敏捷又小心谨慎"①。德·维特单凭经验进行的区分在今天仍然具有启发价值。其一，美国可能会经不住狮子与狐狸型世界扩张的诱惑。其二，就像此前的英国一样，美国也可能像猫那般谨慎行事，并且还要避免狂妄自大。比如说通过扮演催化剂的角色，促成更为有效和民主的世界民主形式。在以上两种选择中，美国将何去何从？这是当代最重要也最危险的政治问题之一。这个问题的答案有助于决定全球公民社会的寿命。如果支配力量（不寻常地）变成一种自我约束的全球力量，并维护权力分享、多边主义和法律规则等原则所支配的"宪政秩序"，那么，在接下来的岁月里，全球公民社会可以生生不息。② 相反的，如果美利坚帝国一味地认为，自己在道德上被授权操控整个世界，被授权从自身利益出发行事，那么几乎可以肯定的是，这种流氓行为将具有挑起地缘政治冲突的后果。这种流氓行为又会反过来危及全球公民社会，甚至可能破坏其继续存在的机会。

宰制力量是否或怎样才能被驯服，这个问题包含着一种迫切的需要，即开拓更为有效且合法的世界民主形态。在实际存在的世界民主中，有责任阙如的权力领域，我们怎么做才能驯服并控制这一领域？在新兴全球公民社会和世界民主两个关键象征的引导下，回溯世界上头号杀人队伍的残暴，尽管希望极其渺茫，我们仍希望——就像斯科特·巴克莱（Scot Barclay）那家喻户晓的说法一样——所谓专制政体下的暴君屠杀将丧失所有

---

① 引自 Franco Venturi, *Utopia e riforma nell'illuminisimo* (Turin, 1970), pp. 35-36。

② 这是埃肯伯里（Ikenberry）的期望，参见 G. John Ikenberry, *After Victory* (Princeton, 2001)，及其 "Getting Hegemony Right", *The National Interest*, 63 (Spring 2001), pp. 17-24. 另参见 Joseph S. Nye, *The Paradox of American Power: Why the World's Only Superpower can't Go It Alone* (Oxford and New York, 2002)，以及下述论点，即和他国有高度互倚关系的政府更加不太可能诉诸暴力，参见 Bruce M. Russett and John R. Oneal, *Triangulating Peace: Democracy, Interdependence and International Organizations* (New York, 2001)。

的合法性。① 不管发生了什么，寻求全球公民社会权力阙如问题的解决之道的努力将一如既往；全球公民社会的成员也不能期望愤怒之神能够自动消除那些力不能胜而又狂妄自大的恶徒。另外，人类确实需要完全人性的治疗。②

许多人都很清楚，紧迫的宪政议程既面临实际存在的世界民主，又面临全球公民社会，需要找到合适的方法，来促进一些事物在全球层次上的发展，比如有效的、公共的、负责任的政府。这种议程会采取什么形式，现在还没有达成共识。其原因首先在于新自由主义势力造成的紊乱力量，这种势力拥护自由市场的涡轮资本主义，并认为它至高无上。另外，反对派们抨击"全球化"的方式也是一个原因。一方面，反对派在领土国家的名义下抨击"全球化"，而这种领土国家具有更为浓郁的民族主义色彩；另一方面，反对派利用了"去全球化"以及"制度性力量的去集中化和去中心化"的观念，而这些模糊不清的观念要通过"地方和国家的重新赋权"才能实现。③ 为了预测（并且在这个过程中迎接）"世界政府"的到来，一些人愚蠢地转到现存的世界民主体系中寻求支撑，这种牵强附会的想法其实于事无补。④ 同时，在什么该做或什么能做的问题上，政治思想家们产生了分歧。一些人捍卫跨国民主法律秩序的原则，一种所有民主社会（communities）组成的共同体（community），就像一种全球法治国家（rechtstaat）。这种类型就如同《世界人权宣言》（Uni-

---

① 关于现代背景下大屠杀的出现和增加，有一种相当悲观的观点，参见 Bruce B. Campbell and Arthur Brenner (eds.), *Death Squads in Global Perspective. Murder with Deniability* (New York and Basingstoke, 2000)。

② Ernst-Otto Czempiel, "Governance and Democratization", in James N. Rosenau and Ernst-Otto Czempiel (eds.), *Governance Without Government: Order and Change in World Politics* (Cambridge and New York, 1992), pp. 250-271.

③ Walden Bello, "The Struggle for a Deglobalized World", www.igc.org/trac/feature/wto/8bello.html (September 2000).

④ 在20世纪70年代早期，这种预测占据着世界秩序模型工程的中心，就像门德洛维奇（Mendlovitz）所解释的那样，该解释参见 Saul Mendlovitz, the "Introduction" to Johan Galtung, *The True Worlds* (New York, 1980), p. xxi.

versal Declaration of Human Rights）第 28 条所暗示的那样："每个人都被授权进入一种社会和国际秩序，在这种秩序中，人权宣言所阐明的权利和自由能够完全实现。"另外一些人预期着一种次优的方案，该方案的各个方面都归功于埃梅里希·德·瓦泰勒：一种名义主权的复杂国际体系，在各种国际论坛中，民主国家是投票成员。在这两种选择之间，仍然有其他一些人预见了新的妥协方案：一种民主化的世界主义进程，通过这个进程，公民们在他们的国家内部获得发言权，也在他们的国家权力场所之间获得发言权。

后面一种路数是新康德主义对于"世界主义民主"的诉求，它如今在学术圈子里面颇为流行。① 这种路数早期的代表人物［阿奇布基（Archibugi）、赫尔德（Held）等］设想了一种"地缘治理体系，它和迄今为止的所有提议都不一样"。（先不考虑这一概念的考古学意义）这一路数试图为"世界主义"一词带来非同寻常的意义，试图指出"一种政治组织的模型，在这种模型中，公民们不管居住在世界上什么地方，都在国际事务中有发言权、建议权和政治代表。而这些都与他们的政府是平行的，并且还独立于他们的政府"。这种世界主义拿历史事例来和自身作对比。一方面，在北大西洋公约组织式的安排中，跨国权力结构是指向自身的法律，并且和成员国的主要民主结构相抵牾；另一方面，在维也纳会议式的安排中，却显示出一种相反的错位：在几乎是独裁的国家之间，运用的却是宽松的国际顾问机制。世界主义的目标在于引领一种处于二者之间又超越于二者的进程。并且，世界主义民主期待着"国内民主和国际民主的同步发展"。它指出这种双重民主化需要"权威性全球机构"的构建，比方说安理会的改革，在联合国中创建第二内阁，加强国际法，甚至创建"小而精且负责任的国际军事力量"。

---

① 特别参见下面这本书的导言（以下引文皆出自此处），Archibugi and Held (eds.), *Cosmopolitan Democracy*, pp. 1-16.

世界民主理论的早期类型虽然振奋人心，却难以令人置信。它对于民主的定义模糊不清，同义反复〔"民主的突出特征……不仅是程序的特殊设置（尽管这很重要），而且也是对于民主价值的追求。这涉及在政治过程中大众参与的扩展"〕，并且，它最终落脚在民主等同于"大众参与"的原则上。这个原则颇有争议，明显跟不上时代。① 首先，要注意它与原始康德主义中两层或"双重民主化"计划的联系，这种联系并不那么隐秘。"最为必要的"，它争辩道，"是剥夺国家一些更为强制和严厉的权力。在前一种情况中，需要剥夺的是那些用来阻碍公民福利和安全的权力；在后一种情况中，有些权力阻碍或抑制了国家之间在紧要的跨国问题上进行合作，而需要剥夺的正是这种权力。"然后富有启发意义的结论产生了："世界主义机构必须逐渐与国家的现存权力共存，只是在某些界定好了的活动领域中超越国家的现存权力。"

两层政府之间和平共处的潜在目标是有问题的，仅仅是因为从经验上来讲，世界民主那复杂又冲突的结构反对这样的目标。世界主义民主的早期模型假设我们仍然生活在康德的时代，或者是生活在产生丁尼森（Tennyson）观念的时代。丁尼森的观念主张"人民的议会，世界的联盟"。在约翰·罗尔斯（John Rawls）设想的图景里，这种观念重出江湖。在这一图景中，"自由人的代表和其他自由人"达成协议。② 很不幸，世界民主的早期类型建立在所谓的排中律上：它假定，理论所映射的对象能够或可能在此处或彼处，但是不能同时在两个地方。它可能在 A，或者不在 A，但不能同时在两处，或者在二者之间的地方。事务、时间、人都有自己的场所，它们属于各自分开的纯粹领域。在全球层次上，如何实质性地提高政府机构的公共责任水平？对于从理论上理解该问题的任务而言，上述二分法思维于事无补。民主的规范性意义是什么？如何才能从

---

① 参见拙著 *Whatever Happened to Democracy?* （London，2002）以及即将出版的 *A History of Democracy*。

② John Rawls, *The Law of Peoples* (Cambridge, MA and London, 1999), part 1.

战略上建立这种规范性的意义？对于这些问题，这个理论都需要更清楚、更有说服力的回答；不仅如此，中间力量是世界民主的基础特征，中间力量的动力网络是"凌乱不堪"、自相矛盾而又相互交叉的。这样，在经验基础方面，对于这种动力网络，这个理论也需要更为敏锐的反应。

早期的世界主义路数在处理上述问题上失败了，这为我们提供了一个线索，可以用来理解世界主义路数接下来往伦理想象的转向（flights of ethical fancy）。[①] 该理论最近的陈述建立在武断选择的调整原则之上，据称该原则是普遍适用的（或者，在"更佳意见的力量"的引领下，通过"自由开放的互动，没有强迫的协议和不偏不倚的判断"，能够逐渐达到普遍适用），这个核心的原则责成自由且平等的个人达成互利互惠的认同，承认每个人"所提出的要求都该享有不偏不倚的待遇"。这是一种经过修改的世界主义，它坚持认为，如果伦理原则不能用来指导大多数各不相同的行动者，那么该伦理原则应当被拒绝；并且，相反的，伦理原则必须是普遍适用的，这可能是修改后的世界主义所谓的出发点。这种绝对命令（categorical imperative）或者世界主义的道德法则就像是这样的东西，"在所有的场合，在所有的时间，行动只需要遵守这样的法则：所有人都享有平等的道德价值地位、互惠互利的认同，以及让自身要求得到公正考量的平等机会"。注意这种并不狡诈的想法；假定伦理价值的衡量方法，是"理性拒绝（reasonable rejectability）"的过程，是"出于道德责任"而遵守可以普遍适用的原则。但这种原则实际上是可疑的，看起来像是诞生于大西洋地区的某种自由的人道主义。道家崇尚自然，颂扬无政府的自然状态；法家通过谨慎控制的惩罚和奖励，捍卫中央集权的政治秩序。只是提一提这两种随便谈起但至关重要的中国思想传统，二者对这种"世界主

[①] 比如说 David Held, "Globalization, Corporate Practice and Cosmopolitan Social Standards", *Contemporary Political Theory*, 1 (2002), pp. 64, 65-66, 67, 74; 及其 *Cosmopolitanism* (Cambridge, 2002)。

义"的调解法则看法并不一致。为什么应该是他们？为什么正是他们或者是世界上的其他人非得要和世界主义者进行理性的公共辩论？（可以理解）他们完全可以不假思索地打发走世界主义者，或者，运用他们那些似是而非的理由，认定世界主义者是驴唇不对马嘴的，是彻底错误的。对于这些反驳，世界主义无能为力，这不仅暴露了（正如本书最后一部分所描述的那样）世界主义准则的历史特殊性。修改后的世界主义转向想象，这依赖于差劲的政治社会学和贫乏的历史学。全球公民社会的概念强调多元主义，这在根本上维持了世界主义的普遍主义基调。然而，全球公民社会的概念实际上缺乏经验上的运用。整个路数假设曾经有一个民族国家体系，但是"民族国家和民族政府现在嵌入复杂的政治权力网络之中，而且该网络包括地区和全球两个层次"。它也忽略了现在正在困扰世界民主体系的结构性问题。修改后的世界主义偷偷地假设，世界处于某种东西的紧紧控制之中，比如说，这种东西就像是规范性发展的目的论，但这种假设是难以置信的。因此，它得出一个愉快的结论："世界主义的契约已经在缔结过程之中，因为在民族国家的'下面'、'上面'和'旁边'，政治权威和新的治理形式正在扩散开来，因为新形式的国际法已经开始设置普遍适用的标准，从战争法，到人权法，到环境法规，概莫能外。"

宿命论

和修改后的世界主义假设比较起来，世界民主是一种更为复杂、更加自相矛盾的政治组织形式。世界民主是一种错综复杂的权力体系，不能通过空洞的道德说教或者隐喻之类的方法来理解，比如说"层次"或者新兴的世界主义契约，或者类似的东西。它具有多种决策点，相反这倒可以通过对十字路口的政治解释来说明，就像一些"准目标（quasi-objects）"，它们处在其他"准目标"汇集一处的交叉点上。为了更简洁地说明问题，可以说，因为这个原因①，全球公民社会的理论需要更少的康德色彩，需要更多的约翰内斯·阿尔特胡修斯（Johannes Althusius，1557—1638）色彩。今天，有必要重读阿尔特胡修斯的著作，特别是他的《政治学》（politica，1614）。他的著作属于培根曾经所说的那种类型："应当咀嚼并消化它们。"这是因为，我们需要进行规范性和战略性的思考，对此，阿尔特胡修斯可以给我们很多教诲。在更细微的区分上，对于权利的复杂体系，阿尔特胡修斯也可以给我们很多教诲，尽管他也有各种缺点和时代错误。世界民主完全就像是阿尔特胡修斯所思考的政治世界的现代版本，就像一个奇特的"新中世纪"大杂烩。这个大杂烩中有相互重叠的法律结构和政治团体，它们有各式各样的形状和规模。就像一个多边的世界，其中有相互重叠并且暗中较劲的政治结构，还有原始群体，有不同规模的政治联盟，还有既为特殊主义奋斗又为普适主义出力的联邦主义者，有既为普世主义出力又为共产主义奋斗的联邦主义者。②

当代的世界民主结构是一种阿尔特胡修斯主义的世界，这可能促进全球的新洗牌（Global New Deal）：多层次的全球政治安排，中心的统治机构用来控制最具破坏性的行为，边缘的统治机构建立的基础则是更为自愿和非强制的调解。③ 这是一种不能预知的未来。但不管将会发生什么，可以很有保证地说，将来的全球整体不会遵从此前全球化理论的简单概括和混乱描述，此前的全球化理论还在老式的（潜在的）"君主式"领土国家的框架内打转，或者在"多层治理"或"世界主义民主"的樊篱中折腾。在这种可能性之外，没有什么定数可言。在当代可以接受的政治形式的橱柜内，不要奢望找到救治世界民主缺点的持久药物，其原因也正在于缺乏

---

① Bruno Latour, *We Have Never Been Modern* (Cambridge, MA, 1993).

② 参见 Johannes Althusius, *Politica Methodicè digesta atque exemplis sacris profanis illustrata* (Herborn, 1614), 以及下面的经典评论，Otto von Gierke, *The Development of Political Theory* [New York, 1966 (1880)].

③ Michael Edwards, *Future Positive. International Co-Operation in the 21st Century* (London, 2000), chapter 9.

定数。在全球公民社会理论内部，即使没有必定成功的保证，也需要隐藏全新的民主思维。在任何一种全球公民社会理论中，那种可怜的想法最终促成了关于历史类比的新话语和关于宿命论缺点的新话语。

在讨论全球治理体系之时，或者如我此处所言，在讨论世界民主之时，"体系"一词经常遭到抨击。它经常遭到不理解，甚至是直接的嘲笑，这主要在于一种第一印象（prima facie），一些具有全球影响的政府或准政府（para-governmental）机构交错成乱七八糟的一团，它们似乎既拒绝系统化的描述，也拒绝规范性的评价。这种所谓的全球治理体系似乎是一种全球无政府体系，好像没有什么机构或团体稳定地占据着权力位置。它那复杂而又矛盾的逻辑好像是：七零八落，逃生自保（sauve qui peut）。好像没有可靠的惯例或规则，好像没有管事的人。那么，它看起来凋敝不堪，也就没有什么好奇怪的了。它似乎拒绝描述，这样导致了一种落寞的感觉。在那些权力面前，甚至是一种宿命论的感觉。

127 这种宿命论是全球公民社会的敌对者，我们需要向世界民主体系注入全部积极的力量以及公共责任。正是世界民主体系形成了这种公共责任。对于这一目标而言，宿命论也是一种障碍。宿命论者有两种类型，这些人通常要么认为世界给予的权力过少，要么认为世界给予的权力太多。他们当中的一种是不学无术的人，这种人完全是无知的，并且对这种无知充满自信。面对直来直去得出的结论，他们更是表现出极度的无知。他们知道谁统治着世界，比方说，那是富人和掌权者，或者是大型跨国公司，或者是美利坚合众国。并且就是如此。没有什么好说的，更没有什么好做的，至少在眼下是这样。还有另一种类型的宿命论者，他们更为谨慎。关于谁操控着这个世界的问题，他们一无所知，并且他们不太会因为自己的无知而感到困扰或受到刺激。这些消极厌世的宿命论者并不知道谁统治着这个世界；当被问起时，他们很有准备地承认自己的无知，并且很快又带着叹息补充道，他们并不太在意这些。他们用这种无知臆测出一个结论，即认为花工夫去弄清楚谁握着权力的缰绳是浪费时间。在他们看来，在这个课

题上浪费言辞是毫无价值的，因为不管说了什么，还是尝试了什么，统治力量却依然故我。两种类型的宿命论者合力在一起。两种类型的宿命论者扬起风帆，一起漂流在希腊神话的古老水面上。在希腊神话中，一个老妇人耐心地坐着，编织着注定发生的世界时间的丝线和绳索，而宿命论就像是这个老妇人。对于个人而言，命运的展现既是外在的，又是内在的。一个人的命运是从外部"被纺织"的，是如此既定的；但是同时，命运又有强烈的个人色彩，是个人内在经历的某种东西。命运没有为个人留下别的选择，除了服从于内在和外在的感受。对于这种内在和外在的对必然性的经历，罗马人称之为天命（fatum）。它在字面上指"说破的事情（a thing said）"，就是在实际发生之前即能预先说出来的事情。命运是对事件或事件链的事前警告，它们是不得不发生的。天命是不可避免的，它们不能有一毫米或一克的改变。宿命论者就是相信或接受这一点的人。他们拥抱他们自己的命运，拥抱他们的不自由。命运是他们的命运。

命运对于我们的生活有影响，这一点在现代是可以理解的。沉思片刻就会发现，人类从来没有完全控制自己生命中所发生的每一件事情。他们习惯性地感觉到被事情牵着鼻子走，会接受或从事一些违背意愿的事情。世界民主体系具有强制性、复杂性和矛盾性，这无疑加强了这种感觉。所有这些都是可以理解的。但是如果对命运的认同和接受僵化成教条，那么宿命论就会控制着个人或群体。这非常残酷，而且毫不留情。宿命论会扭曲并麻痹想象和行动，它会让人感觉没有什么好努力的，让人感觉每件事情都是预先安排好了的。这就是为什么宿命论会成为下面两项事业的主要祸根，这两项事业是培育全球公民社会和让世界民主体系民主化。宿命论使人们对于治理框架漠不关心，而正是在这个框架中，全球公民社会得以兴起，并发展到今天的欣欣向荣的局面。关于全球公民社会，可以进行政治上的思考，对于这种思考而言，宿命论是一个沉默的敌对者。它从偶然性中变戏法般地变出必然性。宿命论满足了渴望。它将自己的支撑转向对这些治理机构进行命名和规划的工作，以便让这些机构得到更好的评判、保护和改革，或者得到彻底的转变。

上一次"全球化"曾大规模地突飞猛进地发展，后来失败了。从历史学家那里，我们知道主要的原因在于，在合适的位置上，缺乏有影响、有效率或者合法的全球政府结构。[1] 到 20 世纪 30 年代，人们和政治机构都被全球化世界的紧张矛盾压力压得喘不过气来，像国际联盟及其经济和财政组织（Economic and Financial Organisation）、国际劳工组织和国际清算银行（Bank of International Settlements）都概莫能外。在经济危机和旷日持久的政治抗议的作用下，政府机构不堪重负，这当中还包括重建和战争赔款等艰巨的政治任务。20 世纪 20 年代，对于全球化民主形式存在内部反抗。幸运的是，在今天，这种 20 世纪 20 年代式反抗的基本因素已经不复存在了。今天，在地平线上，已经没有了苏联，也没有了第三帝国。主权至上主义（Souverainisme，法国抗议者在西雅图所使用的术语，用来捍卫领土国家）有它的支持者，塔利班和缅甸军阀有自己的支持者。但是，在更为民主的形式下，如果认为它们可以作为普遍的反世界民主模式，那将是很可笑的想法。然而，宿命论并不是一个好笑的问题。它是白痴最喜欢的烈酒，并且正因为如此，清除它的影响是一个艰巨的任务，正如戴高乐在看到一个涂有"白痴去死"字样的法国酒桶后所公开评论的那样。宿命论是我们主要的威胁。这就是为什么拒绝宿命论需要一剂强烈的清醒思考，来面对当今遍布全球的统治机构网络。这正是世界民主理论试图去做的事情。这事情是否确实能成功，或者成功的程度如何，将取决于其他一些人的决定。

---

[1] Harold James, *The End of Globalization: Lessons from the Great Depression* (Cambridge, MA, 2001); 或参见 Andrew Gamble, *Politics and Fate* (Oxford, 2000)。

第四章 人间天堂？

高等教育

全球公民社会包含社会经济群体、组织和行动的广泛交织,这些因素与地方的、国家的、地区的以及超国家的政府结构关系各异。正因为如此,全球公民社会的组织和行动者受到不同方向上的推力和拉力。这些方向通常是矛盾的:不仅是有支持或拒斥商业和非营利公民组织的力量,还有支持或拒斥政府机构的力量。对于政府授权的公民组织,存在着这种凌乱的、有时具有生产性的张力,政府资助的大众高等教育体系很好地说明了这种张力。大众高等教育体系有着共享的语言,有共同的教学和研究方法,工作人员和学生可以相互交换,并具有可以兼容的硬件,因此不同国家的大众高等教育体系可以跨越国境联系在一起。

在过去的半个世纪中，在扶植高等教育方面，政府机构具有巨大的影响。各个大陆上的各类政府都在高等教育事业上重点投资。驱动政府的政策目标和想法很多，比如军事能力、国家荣誉以及自由主义对于教育重要性的信念。但是首要的预期是，在接下来的几十年，在后工业涡轮资本主义经济中，所有工作中可能有一半将要求至少16年的学校教育和训练。在地球上各种各样大大小小的地方，国家资助的学生数量猛增，这无疑帮助我们产生一种印象，认为在世界范围内高等教育得到发展。原因很容易明白。在世界范围内，受高等教育的学生总数在最近几十年大幅增长，从1980年的5 100万到1995年的8 200万，增长了61%。这一数字现在超过了9 000万。这些学生中的大多数集中在较为富裕的经济合作与发展组织国家，在这些国家，18~23岁群体中有大约一半的人现在以各种形式接受高等教育。在一些经济合作与发展组织国家，变化尤其迅猛。从1977年以来，德国的学生数量增长了80%；在法国，相似的扩张模式也很明显，受过高等教育的学生数量从1955年的不足15万，跃升到2002年220万的纪录。在富裕的经济合作与发展组织国家集团之外，也明显呈现出同样的发展趋势，尽管这些地区的发展良莠不齐并处于变动状态。在过去的25年中，在沙特阿拉伯，受过高等教育的学生数量增加了20多倍；在推翻伊朗国王之后，伊朗的大学生数量是原来的3倍；东南亚地区的许多国家已经着手于雄心勃勃的扩张计划；并且，大约有20多个国家现在声称至少有100万接受高等教育的学生，这些国家中有一半是所谓的发展中国家。[①]

高等教育是一种重要的"全球"现象，另一种更为惊人的后续发展加深了高等教育给人的这种印象：在高等教育领域，跨国的链条和回路经历了质变性的成长，它们的机构现在无疑比其他任何机构都更具有"世界性"，其中包括涡轮资本主义公司本身。[②] 外向型（outward-looking）大学

[①] Jan Sadlak, "Globalization and Concurrent Challenges for Higher Education", in Peter Scott (ed.), *The Globalization of Higher Education* (Buckingham and Philadelphia, 1998), p. 101.

[②] J. Currie and J. Newson (eds.), *Universities and Globalization: Critical Perspectives* (London, 1998).

当然不是现在才有的。1824 年，托马斯·杰斐逊（Thomas Jefferson）决定从德国招募教员到弗吉尼亚大学任教，这暗示着这种潮流具有长期的令人尊敬的历史。然而，我们生活在前所未有的高等教育全球化的时代。不论在何地都可以看出，教学和管理人员以及学生自己都承认，在高等教育领域，闭关自守的策略是徒劳无益的，这种策略甚至会导致组织的停滞或衰落。这股潮流主要的表现是什么？因为学习在全球范围内更易为人接受，所以联合国教科文组织等机构首先为高等教育事业摇旗呐喊。① 在成千上万的年会、研究机构和教学与出版活动中，高等教育行业扮演了主持人的角色，以至于高等教育机构毫不奇怪地成为关于"全球化"本身的剧烈争论的中心。然后，在全球公民社会内部，人们设计了各种各样的政策和策略来争取合约、学生和声望。还有一些跨国计划，旨在培育科学知识、语言、技术、商业手段、教学技巧和个人及专业交流。一个突出的例子是 U21 大学联盟（Universitas 21）：它已经公布了建立全球在线大学的计划，该计划准备与加拿大电子出版集团汤姆森（Thomson）合作，由墨尔本大学执行，建立由情况相似的公立大学组成的大型网络，这些大学遍布澳大利亚、新西兰、加拿大、美国、新加坡和英国，网络内部可以开展认证计划，共享校外审阅人。② 其他突出的例子包括伊拉斯谟（ERASMUS）和苏格拉底（SOCRATES）学生流动计划，这些计划目前已经帮助过 50 多万名欧盟学生在另一个成员国度过一段有意义的学习阶段。同时，麦当劳式的特许经营（franchising deals à la McDonald's）蓬勃发展。③

---

① UNESCO, *Policy Paper for Change and Development in Higher Education* (Paris, 1995).

② "A World Wide Web of Elite Universities", *Times Higher Education Supplement*, 13 March 1998.

③ "世界很大。要有人掌控。"TRIUM 公司的广告说道。"独家正宗、独家全球化综合"执行 MBA 课程，由纽约大学斯特恩商学院、伦敦政治经济学院、巴黎高等商学院联合提供。在 16 个月中，通过参加在旗舰学院的强化性两周学习模块，加上在圣保罗和香港各一周的学习，参加者就可以获得一个联合学位。在上课期间，远程学习和团队计划继续举办。

资格认证的国际化也正在努力之中。联合课程走在前列。学分可以累加，可以跨境转换。

不用说，传播手段的发展促进了这些计划以及其他计划的实行，特别突出的是互联网，它是高等教育的黏合剂（propolis）。高等教育已经实现高技术，虚拟大学是其牛刀小试的杰作。提供虚拟学位的机构数量有着稳步的增长：1998 年，美国有 300 多所学院和大学为 700 000 多位网络学生提供了在线课程。3 年后，在黑板网（Blackboard.com）、校园管线网（Campuspipeline.com）和全球知识网络（Global Knowledge Network）等公司的推动下，注册电子教育课程的本科学生数量达到 230 万。将来的增长看起来是可能的，特别是因为教职人员（professoriate）可以获益，因为尤利克斯（UNext）、哈克特-布雷斯（Harcourt-Brace）和鑫科威尔（Thinkwell）等公司为学术人员提供诱人的经济待遇。同时，这也因为远程学习是一种有效的、潜在的、有利可图的提供再培训和自我提升课程的手段，它不需要费时费力的奔波，不用长时间中断本职工作。

最后，现在有许多学生为了寻得更好的（教育）资格而负笈海外，留学生数量增长迅速，这可能是最引人瞩目的后续发展。到 20 世纪 90 年代中期，150 多万留学生在大约 50 个去向国的高等教育机构中注册，他们中有一半来自欠发达地区。在过去的 25 年中，学生的跨国流动增加了 300%。并且，一些观察家认为，在未来的 25 年中还将有持续大量的增长。[①] 从分布上而言，这个模式当然是倾斜的。因此，超过四分之三的留学生的选择集中在 10 个去向国，领头的几个国家有美国（在所有留学生中的比例超过 30%）、法国（超过 11%）和德国（大约 10%），还有加拿大和比利时（各自接近 2.5%），以及瑞士（大约 2%）。然而，总体的趋势是惊人的。

---

① 参见下面两篇文章引用的数据和预测，D. Blight, *International Education: Australia's Potential Demand and Supply*（Canberra, 1995）以及 UNESCO, *Policy Paper for Change and Development in Higher Education*。最近关于高等教育留学生的表格参见 http://unescostat.unesco.org/yearbook/ybframe.htm。

还有一些新的起步，比如中国的情况，该国近年来外国留学生数量的增长最为迅速。

象牙塔？

对一些观察家而言，所有这些潮流特别是学生流动的全球化，代表着大学原始使命的复兴和推广。他们指出，高等教育建立的使命体现在中世纪欧洲全面学习（studia generalia）的实践中，学生们为了寻求知识，从博洛尼亚游学到巴黎，再到萨勒诺（Salerno，或许是欧洲第一所大学，建立于公元9世纪），再到爱丁堡，再到牛津。高等教育建立的使命还体现在更早的伊斯兰穆斯林学院（madrasah）之中，在布哈拉、开罗、大马士革、希拉和延巴克图等地都有这样的学院，它们吸引了来自遥远地方的学生。[①] 在欧洲大学发展的早期阶段，大学是一种学术协会，其成立与贸易行会以及外国城市中的外侨协会成立的情形较为类似。[②] 在很大程度上，大学由来自外国的学生组成，它是一种为保护学生形成的联合，它保护学生免受市政和教皇当局的干扰，保护学生免受当地人的勒索，为学生排除身居外国带来的烦恼，排除因学习僧侣和教会学院提供的课程之外的科目而带来的烦恼。站在今天看过去，同样的观察家赞叹学生流动的增加，因为这为大量年轻学生提供了此前只有少数特权精英才能享有的体会，这种体会就是：作为"象牙塔"的高等教育经历，罗马螺（eboreum）的现代化身，暂时与世隔绝的异域他乡，或者从世界的严峻现实中的隐退。

在四海为家的象牙塔图景中，确实留有许多诱人的气息。让我们沉静片刻，去看看弗里德里希·威廉大帝大学（Kaiser Friedrich Wilhelm

---

[①] J. M. Cameron, *On the Idea of a University* (London, 1978); Marshall G. S. Hodgson, *The Venture of Islam*, vol. 2 (Chicago and London, 1977), pp. 438-445, 555.

[②] H. S. Denifle, *Die Universitäten des Mittelalters bis 1400* (Berlin, 1885), i, pp. 1-29.

Universität)。它于 1809 年建立于柏林，由约翰·戈特利布·费希特（Johann Gottlieb Fichite）任校长。这里是一个学习的地方，在 19 世纪期间，为德国文化生活的复兴作出了贡献。康德《系科之争》（*Der Streit der Fakultäten*, 1798）一文的锐气令人钦佩，他在书中倡导成立一个哲学科系，"在教学方面，它不接受政府的指令；它没有要给出的指令，可以自由地评价任何事情，在科学的兴趣下关照自身，那就是，用真理：在这哲学科系中，理性被授权公开表达"①。信步穿过剑桥大学国王学院的方庭，穿过它的后院。走进加州大学圣迭戈分校那镶嵌着排排明镜的太空时代感觉的图书馆，它坐落在美丽的海滨校园中，校园里桉树成荫。静静地坐在博洛尼亚最古老大学的图书馆里，四周壁画环绕。这无疑就是浩瀚知识的殿堂？个人自我发现的空间从为谋生而求学（Brotstudium）的重压下解放出来，即从为职业而学习的重压下解放出来，就因此向不偏不倚的真理追求而开放了么？在那种环境中，〔正如卡尔·雅斯贝尔斯（Karl Jaspers）所说〕人们"不需要为现实政治负责，仅仅因为他们为真理的发展而独自承担了无限的责任"②？他们并非如此。大学的经典理念，就是学者们致力于研究和教学的不偏不倚的机构。在我们的上一代，那些著名的学者捍卫了这个理念，他们包括奥尔特加·伊·加塞特（Ortega Y Gasset），卡尔·雅斯贝尔斯以及沃尔特·莫伯利爵士（Sir Walter Moberly）③。但这个理念现在已经是明日黄花，因为它的天然环境已经遭到破坏，而那是一种独立于市场和国家压力的环境。

---

① Immanuel Kant, *Der Streit der Fakultäten* (Berlin, 1798), pp.26-28. 此处康德区分了大学的"下层"科系和"上层"科系，"下层"科系是不受国家审查干扰的学术领域，比如"历史知识"和"纯粹理性知识"（历史学、地理学、语言学、自然科学的经验性知识、人文学科、纯粹数学和纯粹哲学），"上层"科系包括神学、法学和医学等，在这些科系中，学者是政府政策的工具，因此"不能用自己认为合适的方式自由地公开运用自己的所学"。

② Karl Jaspers, *The Idea of the University* (London, 1960), p.132.

③ José Ortega Y Gasset, *Mission of the University* (Princeton, 1944); Jaspers, *The Idea of the University*; and Walter Hamilton Moberly, *The Crisis in the University* (London, 1949).

每个地方的学院和大学都受到上述各种国内和全球力量的压力,它们遭到碎裂导致的变形。中世纪后期的大学边界划定得非常清楚;它的围墙和方庭看起来是闭关自守的,好像是鼓励学生和老师背对世界,不问世事。相反,今天的高等教育机构眼观六路,基本上是"全球性的"。不用奇怪,因为它们在许多矛盾的方向上受到推拉,以至于谈论"大学"或"学院"都不合时宜,甚至让人一头雾水。这种发展基本上是难以描写的,因为"衰落大学(attenuated university)"和多目标的"巨型大学(multi-versity)"都在增长。① 它远比中世纪后期的大学的情况更为复杂,更具破坏性。多亏国内和全球的压力,并且在很大程度上由于它对公民社会的全球化所作出的贡献,高等教育四分五裂了(torn apart)。它的理念和机构遭到分离。与此同时,高等教育一度变成民族国家、地区和跨国权力的附庸;变成追逐利润的市场公司;变成自我监督、自我管理的机构;变成公开争论和独立咨询的公共空间;变成维护世界主义机构和价值的力量。

因此,比如说,领土国家现在和地方及地区政府竞争,争夺对于高等教育机构内部事务更大的政策和管理控制权;在质量评估操作、监督和财政监察的重围下,如果有人把大学和学院当成政府机构的完整部分,那么这个人是可以原谅的。大学和学院不再是唯有学者才能评判学者的场所(康德)。审查文化(audit culture)泛滥:在质量的名义下,所有东西似乎都受到外部的政治审查和评价。实际上,审查文化不仅仅由财政限制支撑,也靠竞争性的市场压力来维系。事实在于,高等教育一方面受到政府权力的推力,在相反的、面向公民社会的方向上,又受到市场驱动的涡轮资本主义力量的拉力。曾经,(正如古老的笑话所言)只有当学者们到忘记"事不关己(irrelevant)"一词的含义的年纪,他们才会被选为教授,

---

① "衰落"大学的观念参见 R. Cowen, "Performativity, Post Modernity and the University", *Comparative Education*, 32: 2 (1996), pp. 245-258。一度流行的"综合大学"观念可以追溯到 1963 年克拉克·科尔(Clark Kerr)在哈佛大学所作的戈德金(Godkin)讲座,以及最近出版的 Clark Kerr, *The Uses of the University* (Cambridge, MA, 1972)。

而如今这样的时代一去不复返了。曾经,学术人员普遍认为,他们原本可以在教育之外,在现实的"商业"世界干得更好,这样的时代一去不复返了。高等教育成为巨大的商业,或曰商业的工具。人们期待研究所成为全天候不中断服务的营利性机构:它们的图书必须收支平衡,甚至略有节余。出版人员夜以继日地工作,在全球市场上推销他们的高等教育"品牌"。学生们发现自己必须为学位花费(更多)。旨在出产技术转换和专利["专利,不是白纸(patents, not papers)"]的研究大行其道。上层鼓励启动一些研究,从商业角度而言,比如说,这些研究能够增加机构在信息学和生物工艺学等方面的知识储量。学者推销自身做顾问。教学成为可以销售的商品,用小块小块的学习包(packs)和容易打开的印刷品的形式打包给学生。

许多高等教育机构试图表明不太相同的观点。一些机构试图通过策略性或防卫性的应对办法,让自己摆脱政府和市场的矛盾力量;它们加强自己的内部控制,通过连续回合的重组,从内部进行自身的收束和压缩,希望通过自我管理的试验和对最前沿"新公共管理"技术的运用,来改善它们的管理效率和财政处境。这种内部管理的举动通常带来内部困扰——无穷无尽的会议,成百上千的电子邮件,同龄群体的评估,并且从总体上而言,是学术人员职业自由的丧失。① 然后,还有一些高等教育的领域既不委身于政府,也不屈从于市场,而是遵守公民社会弱势群体和社区的公民参与原则。在美国,(像人们所说的那样)这些撸起袖子(意为兢兢业业。——译者注)的机构拥有既悠久又丰富的传统:从1862年的《莫里尔法案》(Morrill Act)开始,该法案带来了政府赠地学院;还包括更近的一些行动,像农业推广服务,《退伍军人权利法案》(the GI Bill),"校园契约"组织(Campus Compact,有600多个大学和学院校长签字),还有更近的一

---

① M. Bottery, "The Challenge to Professionals from the New Public Management: Implications for the Teaching Profession", *Oxford Review of Education*, 22: 2, 1996, pp. 179-197.

些方案，比如马里兰大学帕克分校的民主合作计划（Democracy Collaborative），该计划公开致力于"建构民主并强化社区"①。

高等教育的这些交叉趋势当然是多姿多彩的，有时甚至达到相互抵牾的地步，学生和教员的角色也是如此。40年以前，成为大学生意味着性、毒品、摇滚、骚乱，如果时间允许读一小会儿书：我们称其为学习。在大西洋地区，从社交角度而言，今天的学生更为分化，他们做许多更为不同的事情：他们仍然喜欢服食药丸，喜欢在被窝里消磨时间，或者在他们喜欢的俱乐部里晃悠，但最大的感触是和政府与政党政治绝缘，于是他们更加担心生活的意义，更操心在非政府组织中做对社会有益的事情，更操心寻找临时或全职的工作，这些工作足以维持他们的生活，或利于将来的飞黄腾达。对于管理人员而言，相似的角色分化也很明显。"大学已经变成综合大学，因此校长职权的性质也跟着发生变化"，克拉克·科尔（Clark Kerr）评论道，"综合大学的校长是领导者、教育者、掌权者、发动者（pump）；他还是官员、看护员、继承人、寻求共识之人、劝说者、瓶颈人物。但是，他主要是一个中间人。"在高等教育的新时代，大学的校长是所有下面这些角色，并且更多：他/她还是政府代理人、公司执行官、商人、政治家、公民、媒体明星、向导（spin doctor）、人道主义者、现实主义者、劳工关系专家、心理学家、律师、地方保护人、旅行的世界主义者、讽刺作家。

要概括所有这些潮流非常困难，这种困难如此令人伤脑筋，以至于它们使一些观察家得出结论说，高等教育现在是一个"破败不堪的机构（ruined institution）"②。像爱德华·吉本（Edward Gibbon）枯坐在辉煌一

---

① *The Democracy Collaborative*：*Engaged Scholarship and Informed Practice for a Democratic World. Progress Report*（The University of Maryland, College Park, 2001）；以及 Diane Ravitch and Joseph P. Viteritti（eds.），*Making Good Citizens Education and Civil Society*（New Haven, 2002）.

② B. Readings, *The University in Ruins*（Cambridge, MA, 1996），p. 169.

时的罗马帝国留下的那些残破的石柱子之间那样，有人不禁要问，在这些断壁残垣中沉思，怎么可能会不落入浪漫主义的怀旧情怀？越来越多的共识表明，这种可能性小之又小。许多人感到，天堂失落了，高等教育尽管有前所未有的资源，尽管有前所未有的增长，却迷失了方向，也没有能力提出鼓舞自己和他人的那些内容清晰的目标了——譬如"理性"、"知识"和"普遍主义"之类的目标。无精打采和抑郁不堪的征兆出现了，甚至还有沉溺幻想的苗头，比方说在许多学术著作那长篇累牍、自我安慰的致谢部分中，这种征兆尤为明显。然后，还有那些固执己见的人，伤时厌世，他们差一点把世间的失败当成是成功的标志，把世间的成功当成是失败的信号。他们不愿接受那些专心教学或编教材之类的职位；散布在商业上成功的"畅销书"的学术作者的谣言；打着基于耳濡目染和身临其境的"真正学习"的旗号，指责"远程学习"。所有这些反应都是有问题的。它们忽略了高等教育分化的积极意义：再也不能在真理和知识的宏大叙述下装腔作势，但是需要直面分化的共同体的事实，这个分化的共同体既包含在什么构成成功的问题上的竞争性观念，又包含竞争性的机构，比如说智囊团、研究实验室、教育频道、企业园区、电子学习或网络教育提供商①以及其他"知识团体"②，它们从外部挑战高等教育的知识权威。〔还有一些政府的行为也有类似效应，比如英国政府的工业大学（the UK government's University for Industry），它已经与英国电信集团（BT）、皇家空军、桑斯博里公司（Sainsbury）、英国劳工联合会（the TUC）以及英国最近宣布成立的国家健康服务大学（University for the National Health Service）签订合同。〕高等教育领域已经快速变成各种相互冲突的

---

① 全球电子学习市场总量预期将从 1999 年的 17 亿美元，增长到 2004 年的 230 亿美元。估计会有 2 000 所公司大学，其中大部分是美国供应商，它们的名字有 SmartForce, Click2Learn, DigitalThink, Global Knowledge Network, NETg, 以及 Saba，到 2010 年，其数量预期将增长到大约 3 700 所；参见 "E-Learning On Course for Strong Growth", *Financial Times* (London), 6 June 2001.

② Nico Stehr, *Knowledge Societies* (London, 1994).

愿望、意义和成就的回旋加速器。如何处理通常相互冲突的诸多对"现实"的理解？这一政治问题甚至不得不需要专门的术语。

让-弗朗西斯·利奥塔（Jean-François Lyotard）在受魁北克省的大学理事会（Conseil des Universités）之邀作关于西方世界知识状况的报告时，在他的《后现代状况：一份关于知识的报告》（*La condition postmoderne*: *rapport sur le savoir*, 1979）中得出了相似的结论。但是，利奥塔受到政治愿望的影响，只能得出模糊的结论。"让我们向总体性开战"，他写道，"让我们做那不可表现的事物的证人；让我们激活分歧，挽救它的荣誉"。他只是没有看到，对于挽救走向毁灭的高等教育而言，全球公民社会的观念是多么的有用，多么的必要。高等教育不再仅仅是形成自觉的中产阶级的场所，这种中产阶级的象征是独立的教师/学者/知识分子，他们在一种内在召唤的驱动下，质疑一切与常见的世故以及公民社会那些粗野和混乱相关的事物［黑格尔早期对公民社会（Bürgerliche Gesellschaft）中非理性的批判是一个例子[①]］。高等教育反过来成为全球公民社会潜在的同伴和支持者，这主要是因为，二者都在培育和扩展非暴力多元主义的结构和理念方面具有内在兴趣。可以说，对于全球社会及其精神而言，高等教育是主要的潜在催化剂和捍卫者，这样说可能有些尖锐。就像我们在本书的结论部分可以看到的那样，适宜全球公民社会的规范包括灵活性和开放性、愿意对他人谦虚并尊敬他人、自我组织、好奇心与实验、非暴力、跨国的和平网络、对于他人命运强烈的责任感，甚至是对于脆弱的生物圈的长远责任感——我们及我们的后代注定栖居于斯。

在当今大多数高等教育机构中，研究和教学当然达不到这些自我审查和广阔世界（wider world）审查的标准。犬儒主义和道德败坏是存在的。并且，仍然有许多旧式大学的傲慢存在，这种傲慢和一则著名故事所揭示

[①] G. W. F. Hegel, *Grundlinien der Philosophie des Rechts* (Berlin, 1821). 比较一下另一本书对于公民社会环境下大学的不同理解，Emil Brix and Jürgen Nautz (eds.), *Universitäten in der Zivilgesellschaft* (Wien, 2002)。

的情况一样。在第一次世界大战爆发前夕,一个英国妇女团体到乡下征兵。走进牛津,她们遇到一个穿着牛津硕士袍的导师,正在读用古希腊语写的修昔底德斯(Thucydides)。"请问,你如何拯救西方文明,年轻人?"其中一个妇女诘问道。导师挺直身体,回答道:"女士,我就是西方文明!"今天,大学毕业生在傲慢和谦卑之间生存。在未曾预料的、不熟悉的或未知的情况面前,如何处理复杂多样的局面,如何应对冲突,如何控制对手,如何学习自我依靠和鼓励的方法?在这些方面,大学生们所受的教育不足。几乎每个人都只是蒙混过关,蜻蜓点水,忽东忽西地奔忙于泛滥的会议、备忘录、旅行计划、社团表格、商业计划、研究申请、出版任务、漫长的教学周和堆积如山的任务之间,日复一日,周而复始(due tomorrow, and for marking the following day)。然而,幸好有那些"毁灭",高等教育能够(而且已经开始)和自我审查以及(外部)世界审查的主题相共鸣。高等教育被推拉得忽东忽西,面临过量的数据以及相互冲突的解释框架,于是高等教育正在成为承认"超级复杂性(supercomplexity)"的领域。[①] 世界正号召清除它形而上学的往昔,甚至放弃科学共和国(republic of science)的话语〔或者说具有科学思想的实业家和金融家实现公共结合,由此建立一个世界共和国的梦想,如同 H. G. 威尔斯(Wells)在其经典的小册子《阳谋》(*The Open Conspiracy*, 1928)中所概括的那样〕。高等教育领域被迫变得更为谦卑,变成兢兢业业的一大堆规范的传递者,这些规范具有相似的、即使是矛盾的特质:对于真理有组织的怀疑;转而认识到我们的生活和世界本身可以用多种不同的方式来诠释;追逐可以运用于商业的知识;对于商业主义的抵制;对于意识形态的怀疑,独立地反对偏见;批判权贵;支持弱者;强调人类处境的讽刺性……并且看重多元主义风气,甚至给予其制度性的力量,从而将高等教育及其毕业

---

① Ronald Barnett, *Realizing the University in an Age of Supercomplexity* (Buckingham and Philadelphia, 2000).

生置于冲突的过程中，给全球公民社会带来严重的威胁。

意识形态

尽管它没有将自身变成人间天堂，但高等教育的扩张无疑有助于全球公民社会的稳定和巩固。它为之增添了最好的品质，如何更好地进一步加强这些品质？高等教育的扩张突出了对这个问题进行清醒的战略性思考的必要性。这些品质是实际存在的，本书已经逐渐展示了它们的轮廓，并且可以总结成一些要点。全球公民社会促使个人、群体和组织跨越国境进行权力的组织和部署，尽管仍然存在时间和距离的障碍。这个社会提供了非政府结构和规则，这些非政府结构和规则促使个人和群体迁移和作决定，促使他们遵循自身的爱好、把政府掌权者踩在脚后跟下并参加许多种互惠互利的交换，甚至促使他们争取市场经济的社会化，从而让为了社会需求的生产大行其道，而不是为了利润的生产。这个社会让与饥荒作斗争的贸易联盟和竞选者更容易、更经济地协调它们的行动，让首尔的公司更便捷、更划算地用船把货物运到意大利，让加拿大北部的土著居民更轻松、更经济地与他们在南非的兄弟姊妹交流；它让墨尔本的居民能够去拜访雅典的亲戚，让温哥华的活动家质疑印度尼西亚和巴西的木材砍伐政策，让法兰克福和东京的大银行管理它们在全世界范围内的外汇头寸（foreign-exchang positions），从一个支行到另一个支行，而且通常持续到太阳落山之前；［正如迈克尔·沃尔泽（Michael Walzer）恰到好处地所说的那样[1]］全球公民社会就像是工程中的工程（project of projects）。它用自己所有的多样性、不雅、挑战和希望，来发出自由的回响。它的礼节（civilities）倾向于独立的思考和行动，而不是恭敬。不管是在国内，还是在国

---

[1] Michael Walzer, "The Concept of Civil Society", in *Toward a Global Civil Society* (Providence and Oxford, 1995), p. 27.

际上，它都拥有丰富的自由：比如说，和那些被爱并被尊重的人保持联系；积累金钱和财富；在任何季节，消费曾经被认为是具有异国情调的产品；跨国旅游并结交朋友，在实质上或现实中和其他人再度聚首；恢复失落的记忆，保护易受损害的事物，唤起希望并创造新的财富和收益，通过上述这些手段重建被毁坏的基本结构。全球公民社会提供其他的可能性："希望的空间"[1]。这个空间，让世界警惕对于其安全的威胁，谴责并减少暴力和非文明战争；强调如下原则的自由，即超越国界的社会和政治力量应当承担更大的公共责任；以及从总体上而言，从"世界主义"文化的负面意义中挽救这种文化的机会。那些到处优哉游哉的阔佬们带来了那种负面意义，他们对任何文化都不忠诚，却又一门心思、自私自利而又随心所欲地体验所有的文化。应该通过保护一种世界性的政治来去除这些负面影响。这种世界性政治可以培育观点和行动跨国流动的需求。而对于地球上所有的居民而言，这些观点和行动是支持正义和自由的。"全球公民社会"不过是三个简简单单的词语，却通过这种方式潜在地让成千上万的人们交流（socialise）对于我们的全球秩序的看法，甚至设想它的积极重构。

很不幸，这种自由或"空间机会"［米什莱恩·伊莎（Micheline Ishay）］现在飞快地以狂热的西方风格呈现，而且分布也很不均匀。全球公民社会的自由是排外的，而且没能带来平等；换一句话说，全球公民社会并不真正是全球的。它并不是一种普遍的社会。世界上广大的地区，当然还有世界上的大多数人口，都被排除在积极的参与之外。当然，在最细微的意义上，他们"参与"了这个社会，就是说他们主要是作为匿名的电视或报纸图像，作为结结巴巴的声音，作为报道出来的悲惨故事，在有些时候被权贵们马马虎虎地瞅上一眼。在通信便捷的时代，那些被边缘化的人们明白，世界是一个梯子，有的人往上爬，大多数人无处可去，或掉下来。他们遭遇权力和繁荣的守护者，折射出他们自己的卑微，而他们看到

---

[1] David Harvey, *Spaces of Hope* (Edinburgh, 2000).

并感到了这种卑微。大地上不幸的人们逐渐背上举世皆知的恶名，那就是营养不良、疾病缠身、无家可归和命丧黄泉。

由于信息贫乏的残酷现实，他们还被看成是被剥夺了发言权的受害人。众所周知，世界人口中有四分之三的人（现在总共有 60 亿）还穷得买不起一本书；大多数人一生中从来没有打过电话；现在只有 5% 的人接触过互联网。①（根据美国国务院数据）鲜为人知的是，每年有 400 万之多的男人、女人和儿童在奴隶般的环境中被拐卖、运输和监禁。对于其受害者而言，全球公民社会意味着让其他人在更快的时间和更广阔的地域内剥削他们的自由。它还意味着，更容易遭受来自他人的毁灭性或传染性的力量：尽管 1 300 年前在尼罗河河谷就发现了天花，但它直到 19 世纪才传播到澳洲大陆；然而艾滋病毒仅仅用了 30 年时间就渗透到地球上的每一个角落。这个全球性流行病已经让 5 000 万人受到感染，其中 1 600 万人已经死亡。大约有 1 400 万儿童因此成为孤儿；在莱索托和津巴布韦之类的国家，所有儿童中有五分之一已经失去了父母，这些国家的社会结构已经被鳏寡孤独的家庭结构弄得七零八落。

从他们的角度而言，在第二种最细微的意义上，被排除的和受伤害的人们"参加"了全球公民社会：多亏有艾滋病项目、电视和好莱坞电影，他们了解了一些世界上有钱有势的人们所过的生活。在为了收支相抵的奋斗中，他们明白了，在这个世界上的财富、权力和时尚中，他们所得的份额是多么的微不足道。他们感到他们的生活永远处在"西方之人"和"西方"之物的阴影下。他们遭遇了压制他们的那些人的野蛮而冒犯的偏见。他们感受到"蔑视"，就像"一无是处"的大多数。他们知道，成为被边缘化者注定意味着生命更短暂。他们被动地感到像是外国干涉的掠夺性模式的受害者：他们感到被排除在全球公民社会之外，或者被其机制（dynamism）连根拔起，或者陷入它罪恶的结构和政策中，像是无法支付的

---

① John Keane, *On Communicative Abundance* (London, 1999).

全球公民社会？ 176

还本付息的款项（unpayable debt-service payments），或者是饥饿和无数非文明战争的牺牲品。①

其他人感到深深的失望，他们带着生气或义愤的意味，比如说穆斯林。他们质疑道，全球公民社会本来有在不同文明间展开对话的强大能力，本来可以"通过交流求同存异"，但这些都被全球市场和军事势力的勾结力量给堵死了。比如说，在美国和以色列长期的、危险的、自我毁灭的联盟中，这一点就很明显；② 一些受"萨里发"（salafi，指宗教激进主义。——译者注）意识形态影响的人具有笃实的宗教信仰，他们指责该联盟威胁了世界。他们拒斥"民主"等国外的理念，怂恿暴力行动。还有其他一些人被耻辱感控制着：他们被挤压得无能为力，这种无能为力来自于不能被理解，来自于仅仅因为不能让自己的声音被人听到，以及不能被看成是自身历史的潜在创造者。然后，最终还有一些诅咒者，他们暗中咒骂或公开表达对这种公民社会的仇恨，他们加入陀思妥耶夫斯基（Dostoevsky）笔下的地下人，得出挑衅的结论，反对所有"理性的"和"西方的"东西，认为2加2确实等于5。从那里，只需要三下五除二地拿起枪来，为驱除世界的伪善和堕落的理想而战，这种伪善和堕落是直接的侵略者所带来的，或者是虚假的普遍性生活方式所带来的。

所有这些反应都有助于得出一个结论，即今天的全球公民社会就像是一片片自由的绿洲，它们处在广阔的地方性不公和抵制的荒漠之中。这个比喻和阿拉伯关于公民社会（al-mujtama'al-madani）和撒哈拉（al sahara）沙漠之间的对比相类似，沙漠象征着野蛮、不优美和未被教化。这个比喻可以暂时延伸一下，为的是得出另一个必要的结论：这个绿洲中有权有势

---

① Fred R. Dallmayr, "Globalization from Below", *International Politics*, 36 (September 1999), pp. 321-334, Richard Falk, *Predatory Globalisation. A Critique* (Oxford, 1999), chapter 8; 以及 Orhan Pamuk, "The Anger of the Damned", *The New York Review of Books*, November 15, 2001, p. 12.

② 对阿布·雅里布·马尔祖基（Abou Yaareb al-Marzouki）教授的采访，Hammamet, Tunisia, 18 April 2001。

的阶层并不是理所当然地形成的,看到这一点也很重要。现在全球公民社会遭遇严重的合法性的匮乏:它不仅产生了怒火中烧的敌对者,而且还具有缺乏广泛持有的"共同价值"的特征。当然,在这个社会中存在丰富的"道德"精神:运动、组织、群体和个人设计捍卫着一些理念和价值观,这些理念和价值观与世界本应采用的组织方式紧密联系。有一个古老的规则主张,关于归属感的共识对于一个共同体的生存和繁荣来说是必要的,然而这个规则并不适用于全球公民社会,或者说到现在为止并不适用。(从美国革命的意义上而言)它不含有任何"自明的真理",并且有人试图利用那些相似的现代原则形式,比如种族、宗教、历史、国家等,来提出一系列特殊的规则作为备选的"世界共同价值观",然而这种努力看起来既保守又不和谐。全球公民社会最好通过具有强烈程序性的规则维系在一起。即遵从正当的法律过程,遵从政治民主和社会多元主义,或者通过文明或非暴力义务之类的规则维系在一起。在不同的背景下,这种规则具有高度可变的内容,或者可以废止。结果是,这个社会特别容易遭受到因为缺乏维系性的道德世界语(Esperanto)或"世界价值观"而带来的压力,并且因此"许多人感到他们好像失去对生活的控制"[①]。而且这样一来,毫不奇怪的是,全球公民社会的多元性民主总是受到下述事实的威胁,即全球公民社会是操控者的滋生地,这些操控者通过在其他人头上挥动意识形态的利剑,来利用可以为其所用的仇恨和自由。

没有国界的经济交换的增长,刺激了一些获胜者捣弄说辞,来掩盖他们对于其他人的权力欲,这当中就包括一些全球公司。自由市场的意识形态包括一些说辞,比如解除管制、资本账户开放、稳定货币、预算约束、结构调整、公共部门私有化、机会、风险、绩效和消费者选择。这些自由市场意识形态与涡轮资本主义相互联系,和这些作为获胜者的公司具有密

[①] 来自阿米泰·埃尼奥尼(Amitai Etzioni)在讨论会上的演讲,"Diversity Within U-nity"(Centre for the Study of Democracy, London, 25 April 2002)。

切的亲和关系。这种意识形态有时被称作"华盛顿共识"〔经济学家约翰·威廉姆森（John Williamson）首次运用该术语〕，它鼓励那些相信它的人无视涡轮资本主义的矛盾。它将商业摆在高高的位置上。"资本主义的问题"，它的一位理论家说道，"在于许多人，包括许多资本家似乎已经忘记了，资本主义是世界上有史以来最强大的能带来福祉的力量"。全球商业减少了贫困，提升了就业标准，并且促进了人权和民主。这位理论家最后总结道："因此，对于资本主义者和反资本主义者而言，应该是建立共同目标的时候了。""对于争取社会公正和环境保护的活动家而言，现在应该是把商业看成自己人的时候，而不是与之为敌。"① 这类说辞表达了富有者的良心，如果他们还有良心的话。这更让他们感到天下无敌。他们晕晕乎乎地相信自己是清清白白的获胜者，他们不再需要与他们的贸易联盟或消费者中的批评者同桌共处。在涡轮资本主义公司及其服务行业的簇拥下，这些新富者甚至逐渐感到他们不"需要"新的贫困者，甚至公民社会本身的自由也是可以买卖的商品。

没有国界的交换也产生了强烈的政治反应，这些政治反应有利于地方和国家。有时候，那些地方主义的反应是教条性的。他们通常由公共人物领导，比如帕特里克·布坎南（Patrick Buchanan）、皮姆·福图纳（Pim Fortuyn）、波林·汉森（Pauline Hanson）和乌拉奇米尔·季林诺夫斯基（Vladimir Zhirinovsky），这些人的行为像是全球化的信天翁。作为政治风暴的前兆，他们指责整个"欧洲全球化"〔让-玛丽·勒庞（Jean-Marie Le Pen）〕的肮脏交易。这种交易还被指责从"我们"身上剥夺"我们的"工作，这是由于低报酬的"外国"劳动力以及便宜的"外国"进口的竞争所造成的。教条主义者利用了这个事实：除日本外，在全球公民社会的各个部分，最近几十年在外国出生的工人的数量有所增加。700多万在墨西哥

---

① Steve Hilton, "The Corporatist Manifesto", *Financial Times Weekend* (London), 20—21 April 2002.

出生的人现在在美国生活；另外在欧盟，据估计有 2 000 万合法的移民（还有 300 多万非法的移民）。"反全球化"的教条主义者删减了一点：他们忽略了一个事实，就是大多数贸易是在最富裕的国家之间进行的，并且（比如说）这些国家中的非技术性低报酬工作通常集中在服务部门，因为明显的原因，这一部门相对来讲被排除在全球竞争之外，并且经常遭遇劳动力短缺。教条主义者强调保护主义的动力。他们警告公民们说，"他们"自己的国家已经"人满为患"。并且，（正如皮姆·福图纳在 2002 年被刺杀前重复说的那样）具有古怪的顽固信念的"外国人"正在冲淡珍贵的包容文化，而公民社会正是因为这种文化才闻名遐迩。① 有时候，教条主义者鼓吹复仇。"为什么我们要为自己制造痛苦？"乌拉奇米尔·季林诺夫斯基曾经问道。很快有了回答："我们应该为他人制造痛苦。"②

这种令人不快的原国家主义者（proto-nationalist）说辞让我们想起全球公民社会［正如乌尔里希·贝克（Ulrich Beck）所评论的那样③］并不是巨型国家社会的什么新类型，那种巨型国家社会包含并融入了所有的国家认同。它其实是多种非综合认同的大全景，其中包括国家认同。国家认同通过社会本身的交往系统而得以生成和保存，而且这一过程就在社会本身的交往系统之中。从这个全景内部，没有产生必要的协调效应。其中的失败者有时候对于自己无权无势的状态作出仇恨的反应。他们在彻底的现代意识形态假设的指引下，比如排外性国家主义或教条主义宗教虔诚的指引下，通过找其他人复仇来作出仇恨的反应，而这种复仇有时相当残忍。种族主义意识形态通过类似的方式而发生作用。尽管其根源可以追溯到中世纪后期的欧洲，种族主义也只是从 19 世纪时才开始泛滥，而且主

---

① 与皮尔西·列林（Percy Lehning）的通信（Amsterdam），June 2002。关于国家主义的一般问题，参见拙作 *Civil Society: Old Images, New Visions* (Oxford and Stanford, 1998), pp. 79-113。

② *Financial Times* (London), 9 December 1993.

③ Ulrich Beck, *What is Globalization?* (Cambridge, 1999), Introduction.

要是在西半球。在西半球，人们抵制作为社会和政治生活统治原则的等级制，这种抵制既导致了对于意义的追寻，也培育了自我价值感，还引发了追求现世（in this world）平等的政治渴望。"种族主义"的术语也是在20世纪20年代期间才开始使用。和今天一样，当时它表示对于公民社会理念的抵制。种族主义者注重其他人身体上不同的自然特性，然后将他们裹进可怕的、自负的、尚未成熟的假设之中，假设其他一些人在情感和智力上低人一等。种族主义者就这样在社会空间中用怀疑来反对其他人。种族主义那种霸道的陈词滥调通常是自说自话、自吹自擂的。但是不管在哪一种情况下，他们都通过把其他人当成危险的异类，而起到了［如卢里（Loury）所说①］"扰乱"公民社会集体认同的坏作用。

这些严峻的非文明现象说明，全球公民社会的多元社会空间中有些地方是脆弱如纸的。这个空间不断受到洗劫和掠夺的威胁，而这些劫掠都打着一些有组织的意识形态的旗号。意识形态是向上攀爬、渴求权力并暗中宰制的语言游戏。它们作出错误的普遍诉求。这样，它们掩盖了自身特殊的生产状况，并且试图在现存的全球公民社会或它们赖以产生的周遭国家结构中，扼杀语言游戏的多样性。② 自由市场竞争、国家主义和种族主义之类的意识形态有一些支持者，这些支持者在全球公民社会的自由社会空间中饥渴地奔走，从而对全球公民社会的成长加以利用；他们试图使没有皈依的人相信，"在枷锁中通常比在自由中更为安全"［弗兰兹·卡夫卡（Franz Kafka）］；他们把其他人看成竞争者，或者是需要防御的敌对者，或者是受害者，或者让他们等着被饿死。结果，权力的不平等、恃强凌弱、狂热盲从以及试图消解全球化的暴力成为全球公民社会的长期特征。

---

① Glenn C. Loury, *The Anatomy of Racial Inequality* (Cambridge, MA and London, 2002); 或参见 George M. Frederickson, *Racism: A Short History* (Princeton, 2002)。

② 这种对于意识形态的修订理解可参见拙文 "The Modern Democratic Revolution: Reflections on Lyotard's The Postmodern Condition", in Andrew Benjamin (ed.), *Judging Lyotard* (London and New York, 1992), pp. 81-98。

如果从规范性角度，把全球公民社会看成非暴力多头政治的跨国社会网络体系，那么目前这种全球公民社会对这个世界而言还只是没有被认可的愿望。

暴力的三角形

全球公民社会的合法性问题应该提醒其支持者，需要仔细检查这种社会生存及其将来成长的主要威胁，并从战略上加以应对。针对公民身体的肉体冲突是令人厌恶的，通常给他们带来痛苦和精神苦恼，在极端的情况下甚至造成死亡。这种针对公民的暴力无疑是该社会最主要的敌对者之一。对于这个社会的精神和物质而言，暴力是咒语。这顺理成章，因为从定义上讲，全球公民社会的特征是非暴力的倾向。这源于下面的事实，即许多参加者对这个世界都具有和平的世界主义看法，虽然需要强调的是并不是所有的人都会这样。那些世界主义看法包括对于战争表示出强烈的厌恶，对于他人的生活方式真挚地关心，对于不同语言的熟悉或尊重，或者对于普通礼节简单的遵守，以及对于他人的尊敬——不管他们的肤色、性别或地理背景。在固有的习惯和结构化的常规之中，参加者们的日常生活通常是精巧细致的。那些习惯和常规日复一日，看似平凡老套，然而实际上，它们发挥作用的方式却是高度错综复杂的。而那些习得的非暴力开放性品质正是由于这一事实而得以加强的，这一点颇为奇怪。① 日常生活的现实基础是文明的"原材料"。全球公民社会的成员是身体直立的动物。他们发现长时间保持倒悬是痛苦的，因此他们不仅对于上和下有共同的理解，而且都选择直立。他们同样地共享关于左和右、静止和运动的观念，并且因为他们具有身体、胳膊和腿，他们理解什么是运动、挤压和踢，理解什么

---

① Thomas L. Dumm, *A Politics of the Ordinary* (New York and London, 1999), chapter 4.

是被重物撞击。这些生物很容易产生强制的观念：当别人阻止他们说话、进食时，当别人阻碍他们运动时，或者当他们遭到击打或身体上的伤害时，他们会厌恶。这些性情被纳入非暴力网络，该网络包含或多或少理所当然的义务：谈话、手势、洗澡、耐心、欢笑、房事、清扫、采购各国生产的东西、计划旅行、侍弄庄稼和农作物、为收入担忧、填写表格、付账、做饭、照顾他人、看电视、读报纸、给孩子介绍世界以及哄他们入睡。

我们已经看到，当今，对公民社会的兴趣正重新兴起，与之相应地，全球公民社会的新术语也被发明了，这些都和上个世纪中的一些历史有关，包括全面战争、空中轰炸、集中营，以及原子弹灭绝人类的威胁。暴力是公民社会的重要催化剂，也是恶毒的敌对者。因此，即使可能令人不安并痛苦，也有必要花片刻来反思那些问题重重的暴力形式，它们遍布全球公民社会，并对其构成威胁。现在有一种正在上演的趋势，就是地方公民社会制造了令人头疼的大量暴力，比如强奸、赌博诈骗、黑社会犯罪和谋杀①。这些犯罪与羞辱感、贫困、沮丧、身心俱疲、情感放逐和失去亲密关系等情况密切相关。除了这种地方公民社会产生的暴力趋势外，还有不断增加的证据表明，尽管冷战已经结束，全球公民社会今天却正陷入一个不稳定的暴力三角形的阴影之下。

三角形的一个边是拥有核武器的国家所带来的不稳定，这些国家处在冷战之后的民主世界体系之中。这个体系（就像我们所看到的那样）由美国统治，美国能够而且确实承担了警察的角色，它以核武器作后盾。作为一种警察力量，它插手许多地区，而不需要和任何一个地区建立永久联系。但是它的策略很复杂，因为事实上，在这个世界民主体系中，它现在还被迫与其他四个大国和平地共存和互动，这当中有三个拥有核武器：欧洲和日本（A区域），以及中国和俄罗斯（B区域）（见图3—1）。② 与冷

---

① 参见拙作 *Reflections on Violence* (London and New York, 1996)，esp. pp. 107ff。
② Barry Buzan, "Rethinking Polarity Theory: Reflections on the Meaning of 'Great Power'", unpublished paper (Centre for the Study of Democracy, London, March 2000).

战所带来的长期的冻结状态相比，这种安排的几何学有着明显的不同。在冷战时期，［根据雷蒙德·阿伦（Raymond Aron）那著名的公式］世界上大多数地方都符合这个规律，"和平不可能，战争不太会"。随着两极对抗的解体，这个规则发生了变化。没有任何迹象表明后核武器时代的来临，也没有任何迹象表明可以不用担心核事故及其所带来的打击。如今，正如哈森纳（Hassner）所解释的那样，和平变得有点不可能，战争变得更有可能性，主要是因为一种无法预料的无政府状态已经降临至整个世界。①

可能是因为核武器减少了大规模调动军队的需要，一些欧洲国家于是获得了持久的日常生活的"文明化"。② 在核武器的末日里，大地被轰得飞沙走石，人们被炸得血肉横飞。但因为这些武器也逐渐使得宰制性国家之间不可能发生战争，也许真的可以永远不出现核武器末日，这种末日出现的可能性可以一减再减。③ 或许吧。然而全球公民社会的行动者和机构需要警惕：永久的和平还只是在非常远的将来。关于这一点有几个原因。

---

① 参见对皮埃尔·哈森纳（Pierre Hassner）的总结性（concluding）采访，Pierre Hassner, La violence et la paix：de la bombe atomique au nettoyage *ethnique* (Paris, 1995)，esp. pp. 23-61："在过去，威慑的教条和我们社会的公民性格相匹配：看不见的手或抽象的机制掌管着我们的安全，我们并不需要费心去考虑它。但是今天，核问题再也不能被看成是事不关己的了，它不可避免地与所有其他事情混杂在一起。"更激进的视角参见 Helen Caldicott, *The New Nuclear Danger* (New York, 2002)。

② Paul Hirst, *War and Power in the 21st Century. The State, Military Conflict and the Internatinal System* (Oxford, 2001), p. 39.

③ 关于这个问题的经典反思参见 Hans Morgenthau, *Politics Among Nations：The Struggle for Power and Peace* (New York, 1954). 日本遭受核武器袭击之后，他指出，如果要避免核武器化的第三次世界大战，需要转变世界的结构，从无政府的领土国家系统转变为世界国家。他认为这种要求是必要的，但是不可能满足。除了第三次世界大战之后强加的世界国家之外，只有通过共同的道德和政治价值观，培育出世界共同体的共识，才能在此基础上建立世界国家。摩根索（Morgenthau）总结道，这种世界整体是不可能的，因为不可能有这种价值观共同体，不管是现在还是在可以预见的将来都是如此。一些观察家颠覆了摩根索的结论，包括美国"现实主义"学者肯尼思·华尔兹（Kenneth Waltz）在内，他们认为应该欢迎核武器的逐渐扩张，而不是恐惧之。这主要是因为，随着事故或袭击的风险的增大，将促使在所有与核有关的事务中，增强全球自律。参见 Jonathan Schell, "The Folly of Arms Control", *Foreign Affairs* 79：5 (September-October 2000), pp. 29-30.

重要的政治力量现在一门心思地盯着可能发生的"军事事务革命"。① 在这场革命中，军事力量将很快升级到电子智能集合、计算机通信网络、保护屏以及高度破坏性的、精确制导或"灵巧"的武器，这些武器可以在地球上任何一个角落使用。这些武器能否减少战争的"摩擦"[冯·克劳塞维茨（von Clausewitz）]是非常令人怀疑的。同样令人怀疑的还有，所宣称的精确水平能否提供，或者能否可靠地达到。令人怀疑的还有，如果公民们对于军事英雄主义不感兴趣，他们是否愿意怀着平静的感恩之心，来目睹他人在遥远的飞行器、微型武器和复杂信息系统的扼杀中被残忍地消灭。在主要的战争中，可能还会长期使用这些更旧式的武器，在源于地区战争和争执的冲突中，甚至可能动用带核弹头的武器。

外科医生谈到摘除手术时，把这个过程轻描淡写为从躯壳里取出肿瘤。同样的术语可以用来描述公民社会支持者基本的政治优先权：从其政府结构中，系统地去除核武器和生产武器的系统和材料。这种优先权很难实现；替代性的方案也差不多。全球公民社会被嵌入制造风险的系统中。在这个系统内部，核材料可能被盗用或溢出而危害甚广，核反应堆可能熔化，或者核武器可能公开使用，这些情况的可能性都是长期存在的。这些情况的发端可能是，贫铀弹被见惯不惊地投向战争的受害国。同时，核武器大量存在，美国和俄罗斯联邦的兵工厂各自藏有大约 7 000 枚核弹头。② 并且，尽管 1972 年就通过了《反弹道导弹条约》（Anti-Ballistic Missile Treaty），核武器生产能力却正在扩散，这在巴基斯坦和印度或以色列和阿拉伯国家的核军备竞赛中也可以看出——尽管之前就有关于核对抗规则的协议，尽管事实上[在布什政府计划的所谓国家导弹防御体系（Na-

---

① 这种趋势的分析参见 M. O'Hanlon, *Technological Change and the Future of Warfare* (Washington, DC, 2000); E. A. Cohen, "A revolution in warfare", *Foreign Affairs* 75: 2 (March-April 1996), pp. 37-54；以及关于下书的来稿评论，J. Arquilla and D. Ronfeldt (eds.), *In Athena's Camp: Preparing for Conflict in the Information Age* (Santa Monica, 1997).

② *The Times* (London), 10 February 2001, p. 16.

tional Missile Defense system）中被披露出来]，在所谓的武器系统的"现代化"过程中，如今深深牵涉到核武器问题。美国官员知道他们的老冷战对手已经不再是对手，现在他们喜欢谈"普遍"威胁，就是一系列潜在的危险，它们可以在任何时间、在世界上其他某个地方爆发出来。因此，从20世纪80年代早期开始，美国投资大约600亿美元用于发展国家导弹防御计划的工程，用来对付那些拥有核武器的"流氓"国家。这个工程碰到一个麻烦，就是潜在的"流氓"数量实在太多了，美国国务院现在开出了44个拥有核武器生产能力的政府名单，而且民主世界已经面临新拥有核武器的政府之间的对抗。世界上第一次与冷战无关的核对抗发生在印巴之间，印度在1998年5月进行了5次核试验，巴基斯坦紧跟着进行了7次。具有同样威胁性的一长串新情况接踵而至，加剧了这种对抗：伊拉克驱逐了联合国武器检察官；朝鲜继续努力制造武器；俄罗斯保持核武器和核材料安全的能力始终令人怀疑［尽管美国基于纳恩-卢格法案（Nunn-Lugar Legislation）每年捐助23亿美元]；而且，美国保证它不会反对中国扩充其核武器库的计划。在世界范围内，现在正遵循《全面禁止核试验条约》（Comprehensive Test Ban Treaty）的规定而停止核试验，但上面那些情况将让这种进展付诸东流。就像卡德摩斯（Cadmus）撒下的种子，核武器似乎可以繁殖核武器。"导弹的有效载重量差距"、"易损性"、"投射差距"之类的说法，在世界民主的长廊里肯定不会再得到回应。然而，征兆却无处不在。关于过去或现在的管理疏忽或"正常"核事故，新的被披露的事实正进入公共传播之中。拥有核武器的政府干了许多不法之事，令它们头疼的索赔诉讼现在正递交到世界民主的法庭。发展"小型的"、精确制导的低产核武器的计划正在被制订，设想着无伤亡战争的原则可以扩展到核战争。发展的步伐实际上比这更深远，并且按道理来说（就像将来一样）是不确定的。但是结论是不可避免的：全球公民社会的框架是世界民主，世界民主滋生了自私自利的核武器国家组成的那些惹是生非的乌合之众，它们强烈反对削弱或彻底废除核武器体系的目标。

非文明战争

非文明战争所释放的暴力也威胁着全球公民社会：军事冲突破坏了政治机构，戕贼了公民社会机构，让它们的战斗者以生还为要务。[1] 关于暴力三角形的这个第二条边，可以找到很多的例子，包括苏丹长达20年的战争。这场战争由武器进口所推动，持续的进口把武器运抵政府人员和非政府人员的手中。他们竭力用复杂的方式运用这些武器，来保护或争夺土地、牲畜、财富和权力。冲突的结果是，至少200万人死亡，另外400万人成为自己国家中的难民。用国际非政府组织圈子的行话说，就是在国内流离失所的人们。[2]

尽管有许多不同点，苏丹类型的非文明战争区域有一些相似的特点。被卷入这些暴力大旋涡的人们的现实处境遭到破坏，其原因在于那些难以想象的残酷事实：军队、民兵还有乱糟糟的匪帮进行大肆的掠夺和屠杀，以至于公民社会所有残留的岛屿都被破坏殆尽，难以修复。武器、金钱和人员的全球流动经常推动了这种暴力，而这种流动则得益于如下的事实，就是地方政治机构崩溃，竞争的武装群体在角逐土地和资源。所有人因此被拽入暴力的黑暗深渊之中。很难用"文明"战争来描述或分析它的结果。文明战争的术语假定战斗者为了控制关键的领土国家政权的资源，而加入暴力但有纪律的斗争中。文明战争是仔细计划并执行的斗争，通过运用理性计划的暴力手段，来争取或保护国家政权的财产。人们认为它们是文明的，因为平民为了国家政权而加入斗争；并且人们认为那确实是战

---

[1] 对非文明战争的分析参见拙作 *Reflections on Violence*，pp. 131ff。

[2] Francis Deng, *War of Visions* (Washington, DC, 1995); Abdelwahab El-Affendi, *For a State of Peace. Conflict and the Future of Democracy in Sudan* (London, 2002); 以及下面的报告, International Crisis Group, *God, Oil and Country. Changing the Logic of War in Sudan* (Brussels, 2002)。

争,因为暴力被各方用来作为战术的手段。

这里,文明战争概念的问题在于,它没法概括一种情形,那就是为争夺政治权利的斗争可能而且确实容易发生转变,转变成最可怕的、罪恶的无政府状态以及毁灭和死亡的委婉表述。苏丹、塞拉利昂、克什米尔、名不副实的刚果民主共和国等只是许多冲突中的一些罢了。这些冲突恰好超越了全球公民社会的界限。在这些冲突中,战斗者的暴力斗争让人们陷入可怕的地狱。在那里,暴力的手段和行动似乎获得了自身的生命,因此暴力在本质上变成一种令人毛骨悚然的终结。好像暴力只有通过对他人施暴才能证明自己的身份。暴力者需要敌人,这些敌人好像会给他们带来灭绝的威胁,因此应该收拾、折磨、伤害并消灭这些敌人。在非文明战争的区域,暴力具有深刻的功能性作用。通过在保护自己生命的行动中对"替身受害者"施行残忍的暴力,暴力群体内部的对立、嫉妒、争吵被投射到外部,施加到其他人身上。[1] 所有调节战争的冷静的限制都被扫地出门。敌人被妖魔化为全能的武力、全面的威胁、全副的暴力。这样,关于他们的暴力仪式不断地被毫无羞耻地重复。暴力行动变得不需要理由。杀人者面无表情。有时候他们微笑。言语是冷嘲热讽的,或者是他们自己或群体幻象的陈词滥调的描述。当然有许许多多的托词,但令人不安的是交战的法则是赤裸裸的:对于无罪者的谋杀与反谋杀,切去敌人的手和生殖器,割下他们的舌头,或者在他们嘴里塞上石头,毁坏墓地,蹂躏妇女,在食物里下毒或将其烧毁,誓让敌人血流成河。决不剩下无辜的旁观者。犹豫不决的人受到惩罚,就像温和的胡图人领袖阿加特·乌维林吉伊玛纳(Agathe Uwilingiyimana),她因为温和而被她的胡图人同胞杀害。她半裸的尸体被丢在阳台上,一个啤酒瓶子插进了她的私处。所有在暴力现场的人都必须接受鲜血的洗礼,被迫成为罪行的共谋。确保让他们见识强奸、拷打

---

[1] René Girard, *La violence et le sacré* (Paris, 1972);参照关于黎巴嫩非文明战争的上乘之作, Samir Khalaf, "The Scares and Scars of War", in *Cultural Resistance. Global and Local Encounters in the Middle East* (London, 2001), esp. pp. 201-233。

和谋杀。确保让他们不忘记他们所干的事情。一些令人不快的问题搅扰着全球公民社会：当众多受惊的卢旺达公民在教堂寻求庇护时，哪种层级的非理性使得教堂的牧师在自己的教堂放火？或者，在谋杀开始之前，哪种层级的非理性导致塞尔维亚的推土机司机去挖掘万人坑？波斯尼亚的塞尔维亚刑讯者强迫穆斯林受害者去咬其他穆斯林的睾丸，哪种本能使得这些刑讯者以此为乐？我们接受了我们中间的这种堕落，我们是怎样的一群家伙？最终，一切都会被如此诉说，如此行事：人们准备向新闻记者或法庭吹嘘，屠夫是英雄，受害者是编造出来的，或者他们罪有应得——如此一来这就并不成为违反人性的罪行了。

恐怖主义

全球公民社会的每一个暗处和缝隙，包括其更为地方性的网络成分，都受到另一种相对更为晚近的暴力形式的威胁：预示灾难的全球恐怖主义。这种类型的恐怖主义暴力无疑开始于20世纪80年代。当然，恐怖主义现象并不是新的，这个词语本身可以追溯到1793年3月到1794年7月期间法国的革命恐怖主义（revolutionary terrorisme）。它所谓的"经典"形式包括，为了实现既定的政治目标，使用（或威胁使用）暴力给其他人造成恐惧的行动。国家当然能成为恐怖主义者，因为国家可以运用刺客与其他隐蔽的暴力代理人，利用其受害者对于死亡的恐惧来进行统治。然而，非国家类型的恐怖主义通常是好战者的工作，他们既不是正规的士兵，也没有精密的等级命令结构作为组织。他们受到掌握爆炸和轻武器的方法的训练，而这类行动通常是在市区进行的。和古巴革命武装力量（FARC）之类的游击队不同，恐怖主义者并不试图占领敌人的领土，尽管他们也运用闪电战以及快速撤退，但是恐怖主义者既缺乏士兵或军事能力，也没有意愿要从身体上击败其对手。就像阴沟中的老鼠，在地方公民社会那或多或少比较隐蔽的渠道中，他们在小小的、实际上自治的单位中运作，目的是拖垮或挫败作为他们敌人的政府。不管怎样，他们认为政府最终可以谈判、让步或撤退。手机和网络等新通信工具确实让恐怖主义者将其联系拓宽并增加为全频道的网络（all-channel networks），一直使他们的活动保持隐蔽或者"秘密"——奇怪的是，这是为了获得公众对于他们行动的支持。对于暴力行为的宣传是他们的分内之事。还有争取胜利的斗争，其手段是通过标准的暴力行动带来恐怖，这些行动在社会和政治方面具有分裂性的后果。

残忍而又慎重（measured）地运用暴力就是说，不去不分青红皂白地大规模杀人，这仍然一直是典型恐怖主义的主要特征。巴克斯、爱尔兰和哥伦比亚的枪手、抢劫者和炸弹袭击者是动真格的，并且希望被公众关注，但是他们所带来残暴和恐慌是有限的。他们不希望杀害太多的人，而预警式的那种恐怖主义成为新的尝试，原因也就在这种对比之中。确实，在下列事件中，恐怖主义那强烈的"典型"要素是显而易见的，包括20世纪80年代在贝鲁特针对美国和法国军事设施的自杀式袭击，对东京地铁的沙林毒气袭击，1995年上半年在俄克拉何马市联邦大楼发生的爆炸，1998年8月对美国驻达累斯萨拉姆和奈洛比大使馆的同时袭击，以及2001年9月对五角大楼和世贸大厦的攻击。每一次这样的袭击都力图深刻地改变政治秩序；每一次袭击都在市区环境中释放暴力，但并不试图占领其领土。然而每一次袭击都意味着关于以往战略的狂欢。他们的头目认为他们加入了一场全面战争，他们的敌人不值得谈判，也不可能妥协。他们认为敌人在道德上既无价值也无用处，应该消灭。因此，没有限制的暴力被认为是正当的，这种暴力由于在技术上非常简易而让人毛骨悚然，并且被成千上万的人们亲眼目睹。（这种暴力的）目的在于选择目标——比如说美国权力的关键象征——然后不分青红皂白地大规模屠杀。关键并不在于争取公共支持或就政治交易进行谈判。死亡的零和博弈注定上演。不需要声称为其负责。当今世界的腐朽衰败应该被揭露。不需要别的结果，只需要灾难。

文明的政治

未来的历史学家有充分的理由来回顾过去半个世纪的历史,对于每一种令人沮丧的暴力趋势,他们不仅仅将其看做战争与和平之区分的终结。他们也许会写道,在我们生活的时代,(就像两位中国军事学者乔良和王湘穗所认为的那样①)三角形的三条边联系如此紧密,一种新形式的"超限战"吞噬了整个世界。暴力的三角形现在环绕着整个全球公民社会,难道这只是更纷争、更残暴的霍布斯式丛林世界的前奏?甚至可能[像古列尔莫·费雷罗(Guglielmo Ferrero)首先看到的那样②]倒退回"中世纪主义"?我们生活的全球秩序,是不是注定要充斥着敌人的暴力和怀疑以及造成普遍恐惧的无休止斗争?在这样的全球秩序中,公民社会机构和习俗是不是几乎没有立锥之地?当然没有人知道。可能我们的命运确实注定如此。或许,现代晚期的世界有本事围绕自己得出这样的三角形:其三条边分别是预示灾难的恐怖主义、非文明战争和原子弹灭绝。并且,现代晚期的世界还有本事在这三条边内部设计并实现该三角形自身存在的终结。或许这两种本事将被证明能够自我实现。

对于全球公民社会的捍卫者而言,挑战在于找到新的开始,开出针对暴力的长期药方,这是为了证明我们的命运还并没有被注定,并且这种特殊的社会形式毕竟还有自己的未来。在所有这些相当令人沮丧的现实中,还有一种相反的积极趋势当然不应该被忽略。因为,全球公民社会有一个最具希望的特征,就是其文明化政治的自我编织传统:其行动者具有培育公共组织的运动网络的能力,来反对其边界内外存在的所有非文明的群

---

① 乔良和王湘穗,《超限战》(北京,1991)。
② Guglielmo Ferrero, *Peace and War* (London, 1933), p.96.

岛。这些运动具有长期的历史。① 在过去，它们进展顺利，相关事例包括现代的首次跨国社会运动：废除奴隶贸易的运动。该运动得到一些群体的支持，比如宾夕法尼亚促进废除奴隶制协会（Pennsylvania Society for Promoting the Abolition of Slavery，成立于 1775 年），黑人之友协会（the Société des Amis des Noirs，1788 年成立于法国），还有英国及海外反奴隶制协会（British and Foreign Anti-Slavery Society）。除去明确的宗教运动，这些跨国运动无疑滋生了公民社会结构中的首批道德事业家，他们第一次通过制定全球适用的新的禁止性法则，在世界政治中扮演了重要的角色。② 在 19 世纪期间，活动家的网络也行动起来，宣传中止有关妇女和儿童的国内及跨国非法交易的必要性；在同一时期，公民行动要求对战争暴力受害者予以救济，这些行动也引人瞩目。最为典型的是国际红十字委员会（International Committee of the Red Cross，起初叫伤兵救护国际委员会，International Committee for the Relief of Wounded Soldiers）。它诞生于 1859 年的索尔费里诺（Solferino）战争，日内瓦公共福利协会（Geneva Public Welfare Society）投票决定成立帮助伤兵的委员会，之后出现了国际红十字委员会的雏形。该委员会号召在世界上每个国家建立志愿协会，号召举行由政府和非政府代表参加的国际会议。该会议随后于 1864 年召开，会上通过了第一份日内瓦公约，批准成立了后来成为伤兵救护国

---

① L. C. White, *International Non-Governmental Organizations*（New Brunswick, 1951）; Chiang Pei-heng, *Non-Governmental Organizations at the United Nations. Identity, Role, and Functions*（New York, 1981），chapter 2; and Billy Seary, "The Early History: From the Congress of Vienna to the San Francisco Conference", in Peter Willetts (ed.), *"The Conscience of the World": The Influence of Non-Governmental Organizations in the UN System*（Washington, DC, 1996），pp. 15-30.

② Mary Stoughton Locke, *Anti-Slavery in America*（Cambridge, MA, 1901），pp. 87-98; Betty Fladeland, *Men and Brothers: Anglo-American Antislavery Cooperation*（Urbana, 1972），p. 258; David Brion Davis, *The Problem of Slavery in the Age of Revolution, 1770—1823*（New York, 1999）; and Ethan A. Nadelmann, "Global Prohibition Regimes: The Evolution of Norms in International Society", *International Organization*, 44（1990），pp. 479, 495.

际委员会的委员会。① 公民社会行动具有反对荒唐暴力的悠久历史，而第一次世界大战之后成立的救助儿童基金会（The Save the Children Fund）就诞生在这一时期。无国界医生成立于比拉夫（Biafran）战争之后。乐施会（前身为牛津饥荒救济委员会）的成立则是为了向希腊提供平民救助，当时希腊仍然处于纳粹占领之下，而这同英国政府的意愿相左。这两个委员会可以被视作另外的例子。

　　这些公民行动反对非文明，试图在全球公民社会内部培育文明，从而反过来建立扩展全球公民社会地理范围的"桥头堡"，这是当今所有暴力区域的一个特征。有些努力被直接付诸行动，比如反对核武器及其装置的抗议，其目的在于向世人宣传核技术全球扩张所带来的严重风险。在一些组织的活动中，相似的全球聚焦也很明显，比如安全世界（Safeworld）。该组织是一个总部在伦敦的研究和游说团体，专门从事宣传全球武器流动的潜在致命后果，并向欧盟等机构施加压力，使其限制武器销售给独裁国家以及非文明战争区域的那些侵犯人权的军队。其他组织，像人权观察（Human Rights Watch），积极地"见证"在暴力区域中的其他人的遭遇，比如在缅甸、塞拉利昂、卢旺达和南部苏丹。他们还奋力争取去除地雷或生物武器，或者（像大赦国际，它在162个国家拥有100万名会员）发动反对政治迫害的运动，特别是反对虐待身体以及不公正的监禁。还有一些人试图担当让人们免受侵略的保护伞（比如说，巴勒斯坦人在约旦河西岸防备以色列军队的过程中）；他们进行停火谈判，或者在平民成为难民时，为受伤的生命提供安慰。然而，有些组织非常痛苦地发现，它们自己却成为全球批评的目标。人们批评它们通过保护人质、给侵略者给养或作为敌军的掩护等方式，延长了非文明战争并使之复杂化。

---

① James Avery Joyce, *Red Cross International and the Strategy of Peace* (London, 1959); and Martha Finnemore, "Rules of War and Wars of Rules: The International Red Cross and the Restraint of State Violence", in John Boli and George M. Thomas (eds.), *Constructing World Culture* (Stanford, 1999), pp. 149-165.

困局与策略

通过让暴力手段的运用变得民主化，或通过实现对暴力的公共控制①，社会运动让全球公民社会文明化，这是全球公民社会存在和成长的重要前提。这些运动去除了暴力三角形那假定的"理所当然"或不可避免的特性，从而让其陷入质疑之中。暴力被看成是暂时的事情，或者是转瞬即逝的事情。这样意义就很清楚：通过意愿和努力，能够把暴力手段从世界上连根拔起。这非常清楚。然而，提倡暴力手段民主化的运动现在受到复杂情况以及相反趋势的阻碍，这些情况和趋势可以恰当地被概括为一个独特的困局，全球公民社会的捍卫者必须认识、关切并在实践中承认这个困局。

简单地说，全球公民社会面临的困局在于，它不能通过自身的努力为世界带来和平。全球公民社会的兴旺以非暴力为基础，然而它无疑需要暴力来维持和保护自身的非暴力。它容易遭受各种各样的暴力形式，这些暴力形式既发端于其边界内部，也滋生在其边界之外。因此，全球公民社会需要以军事力量为后盾的政治/制度保障。在全球层次上，能否培育够格的统治机构来完成这件事情（参见前文关于世界民主的讨论），这当中有深深的不确定性。除了这种不确定性，从道理上来讲，全球公民社会的公民成员不具有足以铲除暴力的暴力手段（警察和常备军队）。当然，就像在公民社会退化为非文明社会之时，公民可以自己端起枪，对准潜伏在全球公民社会内部或边缘的暴力敌人。但是，这样会暗中破坏关于文明的共享价值观，而这是全球公民社会的基础。

全球公民社会的这种制度性缺陷还夹杂着其自身的诸多自由：全球公民社会享有许多文明自由，以至于它能轻易地被坏人占领，包括雇佣兵、

---

① 民主化暴力观点参见拙作 *Reflections on Violence*。

匪帮、串通一气的流氓、黑手党、武器贩卖者、恐怖主义者、私人保安和变态杀手。所有这些人通过对社会和平的自由予以运用、误用和滥用,来与暴力的魔鬼共舞。① 全球公民社会还受到一种情况的深层威胁,就是说(潜在地)用来保护其公民的组织化暴力具有一个难以控制的坏习气,即恃兵而骄。这威胁到全球公民社会所代表的每一个事物。意大利城邦早期公民社会中有一个商人首先认识到②,常备军嗜血而骄横,其危险性与其必要性不相上下。因此,全球公民社会的公民要求政府有限的军事保护,因为政府自身可能站到公民的对立面(或背弃公民),并且政府的行动可能不计后果或愚蠢至极,或者违背自身及其他人的最大利益。

确实,从实践而言,所有这些的意义都跟背景有关,因此不能遵循某些普遍法则事先决定。③ 所有减少或去除全球公民社会之暴力的努力都必须做到:注意所选择手段和所界定的后果之间的兼容度;考虑所选择的行动过程可能产生的出乎意料的后果;警惕各种形式的骄横,并且,保护和培育全球公民社会本身诸多的非暴力自由,尽管有压倒性的必要性,却也还需要对这种必要性随时保持警觉。正因为如此,尽管有相反的保密命令的要求,军事力量的运用最好还是由公共审查的意见来引导,特别是在保护公民社会的名义下来运用军事力量的时候。军事力量的运用通常是把双刃剑,很容易自伤其指。强烈的军事主义和盲目或片面的和平主义都是全球公民社会的敌对者。对于复杂性和难以预料的危险后果的认识,才是对全球公民社会的支持。

关于暴力的政治推理模式的例子自然涌入脑海。人们希望通过一些行动让世界去除核武器,既然如此,如何最好地实现这些行动?什么样的武

---

① Mark Findlay, *The Globalisation of Crime. Understanding Transitional Relationships in Context* (Cambridge and New York, 1999).
② 参见下书关于市场和组织化暴力之间关系的论述,Harold D. Lasswell, *World Politics and Personal Insecurity* (Chicago, 1935), p.23。
③ 参见拙作 *Reflections on Violence*, pp. 61-104。

器系统可以取代炸弹？核工厂与核武器如何退出历史？炸弹的发明带来苦难与长期的破坏，而法定赔偿和"真相与和解"之类的名堂能否帮助世界与这段漫长的历史达成谅解？预示灾难的恐怖主义的新形式在全球公民社会内部捣乱，就像是它的死敌一般。既然如此，如果要减少恐怖主义所导致的公民恐惧并从军事上击败恐怖主义，需要采取哪些积极的监督、管辖和军事行动？公民社会的机构和"精神"可能遭到分裂，在一些极端的情况下，当受到恐惧和暴力的威胁时，可能遭到社会的扼杀。那么，上述行动手段从根本上讲是否与公民社会机构和"精神"的保护相一致？① 在警察和军事力量所能达到的反暴力成就之上，是否还有其他的限制？

　　这些问题具有挑战性，在非文明战争的问题上，它们建议需要大胆想象实实在在的答案，确实必须咬紧牙关知难而上。因为现在需要解决的最困难的政治问题在于，军事干预能否合法地用来结束非文明战争，并且保持或扩展全球公民社会的事业？如果能，通过什么方式，在什么时间完成？"格尔尼卡（Guernica）悖论"② 是指需要运用暴力停止暴力，对于该悖论的反应从怀疑到抵制都有。通常与军事和警察行动伴随而来的，是对于公民自由的普遍腐蚀。可以理解，公民社会的积极支持者对此忧心忡忡。脱下衣服和接受搜查的命令，武装直升机在市区居民头顶上盘旋，狂热的爱国主义和需要进行永久反罪恶战争的言论都会造成失眠或神经紧张，而这是公民生活所不乐意接受的。政治力量有充分的理由在枪杆子里面成长，但是只有永远解除武器并实施社会和平战略，公民社会的温和力量才会在此基础上兴旺起来。可以理解，这就是为什么全球公民社会的支持者回避谈论暴力：就像国际入世佛教协会（International Network of Engaged Buddists）主要致力于非暴力行动，或者仅仅因为他们已经看到

---

　　① 参见拙文"Fear and Democracy", in Kenton Worcester et al.（eds.）, *Violence and Politics. Globalization's Paradox*, pp. 226-243。
　　② Geoffrey Robertson, *Crimes Against Humanity. The Struggle for Justice*（London, 2000）, chapter 11.

太多太多的暴力，所以务实地选择了和平手段，来保护和呵护那些手无寸铁的公民的生命。传统的"现实主义者"则相反，他们怀疑公民社会能否成为和平和自由的好脾气的骑兵。他们指出，力量通常击败正义。他们捍卫一个模式，就是最高统治者实际是决定运用武力保护公民的人，这回避了一个规范性的难题，即谁能够并且应该保护新兴的全球公民社会免受暴力？并且，这需要在什么样的环境下发生？后浩劫（Post-Shoah）的提倡者所提供的答案是"正义的"或人道主义战争，就是说，不论全球公民社会的暴力敌对者在哪里行动，都应该予以打击。这无疑会让永久战争合法化，在充斥着非文明的世界中更是如此。"如果在每一个人权受到嘲弄的地方都要开战"，一位观察家辛辣地评论道，"那么这将囊括整个星球"①。

那种情况是否必然接踵而至？当然不是，只是因为无核化人道主义干预的军事地理范围受到这一事实的限制——在世界民主的结构中，作为世界上的宰制力量，美国现在被迫与欧洲、日本、中国和俄罗斯这四个宰制性力量和平地共处和互动，尽管美国可以扮演免于惩罚的流氓势力的角色。不仅如此，特别是在越战之后的情况下，当时串通一气的政治家们害怕伤亡，这促使他们依靠计算机化的"低风险"空袭作为"人道主义干预"的首选手段。宰制性力量及其盟友所能发动的战争只局限于有限的非文明地区，比如科索沃和阿富汗。这些地方遭到轰炸的掠夺势力具有地理上的战略意义，但是没有强大的盟友，并且弱小到非常容易被打败，又能足够明智地去考虑放下武器，不再进一步使用暴力。②

至少说，这些成功的军事干预的前提是苛刻的。它们意味着关于"地理学的终结"［end of geography，保罗·维希留（Paul Virilio）］的言论是不

---

① Jean Clair, "De Guernica à Belgrade", *Le Monde*, 21 May 1999, p. 16.
② Edward Luttwak, "Non-Score War", *Times Literary Supplement*, 14 July 2000, p. 11. "后英雄"空袭的其他局限性参见 Michael Ignatieff, *Virtual War* (London, 2000)，以及"The New American Way of War", *The New York Review of Books* (20 July 2000), pp. 42-46。

成熟的；并且，在19世纪争取掌握领土的斗争和"运动迅速且灵巧（speed and facility of movement）"的"后现代"军备［鲍曼（Bauman）］之间，所作出的夸张的对比是值得怀疑的。苦涩的事实在于，现在全球公民社会存在领地局限。这并不是说，全球公民社会的整个观念和规范理念仅仅是空话，或者"除了哲学家的研究领域，它很难在其他地方开始"[①]。全球公民社会本身具有"未完成"的特征。在地球上许多整块整块的地方，全球公民社会的机构和精神进展甚微或毫无进展，包括俄罗斯、巴基斯坦、阿尔及利亚、沙特阿拉伯，还有非文明战争区域，包括车臣、克什米尔、刚果民主共和国，这些地方显然是军事干预的"鞭长莫及（no-go）"之地。现在，换句话说，这些地理区域在彻底反对或违背全球公民社会原则和实践的状态中安然无恙。

社会稳定

在所有这些情况中，有一些乖谬的讽刺。最为突出的是，武器装备推动了大多数非文明战争，而绝大多数武器装备却由涡轮资本主义公司在全球制造和提供。这些公司的总部在老牌的公民社会国家，比如美国、法国和英国（单是英国1998年就售出了价值90亿美元的武器）。停止非文明战争的努力还产生了深刻的难题。在一些有限的情况下，（"人道主义"）军事干预结束了那些武装力量造成的冲突，在这些情况下，扩展全球公民社会范围的政治事业还不得不学会维护社会稳定的艰难方式。军事干预像是打了就跑的事儿，比如在阿富汗和科索沃的军事干预就是如此。就像是一个铁锤把木桩打进地里，他们的目标是把敌人打到屈服，指望时间的现实因素会消解曾经培育了敌对者的那些情绪。军事行动是游牧部落用来打

[①] Zygmunt Bauman, "Wars of the Globalization Era", *European Journal of Social Theory*, 4: 1 (2001), p.14.

击对手的老套做法了。现在全副武装的袭击者轻装行进；他们依靠自己的能力猛扑向敌人，造成最大伤亡，然后再撤退，自始至终认定那些被侵犯的人不会复仇。这种战略有一个显而易见的麻烦：让他人投降的力量并不能自动转化成让幸存者自身形成稳定的政府以及实施法律的公民社会的力量。干预战争造成的心灵创伤、社会交往组织的损毁以及生态和基础设施的破坏，都被搁在一旁不管不问。

在胜利者阵营里的一些地方，没有人在意工作什么时候完成，失败者作为"不合律法的劣等种类（lesser breeds without the Law）"而被悄然勾销[正如吉普林（Kipling）曾经指出的那样]。从在场的生还者的观点来看，情况就大不一样了。好像在这个世界上行动的力量已不再在人们的血管中流动了。他们对于自身和他人的信任被严重地破坏了，他们也很难再针对家人、朋友、邻居和其他伙伴作出长远的计划。在战争废墟上建设或重建公民社会的努力从此开始。① 困难也从此开始。和平社会关系的培育是治疗非文明战争所留下的创伤的良药，尽管如此，关于公民社会必要性的言论并不是无所不能的魔杖。达伦多夫（Dahrendorf）冷静的警告很有道理："创立新的政治机构，起草宪法和选举法，需要6个月；创造大致可行的经济体制，需要6年；创建公民社会，大概需要60年。自治机构是最难形成的事物。"②

公民社会机构的定义比达伦多夫所运用的更广泛，为什么它的重建如此之难？有一些原因。涡轮资本主义公司通常不情愿充当这种经济魔术师的角色，这需要承担风险，需要为被非文明战争毁坏的社会和经济基础设施投资。同时，在救济和复苏的问题上，和政府相比，非政府组织通常相

---

① 参照 the Commission of the European Communities document，*Linking Relief，Rehabilitation and Development*（Brussels，1996），p.6；"必须构想并实施复原战略，这包括制度改革和巩固……人们必须重新整合进公民社会，不管是受害者还是参加者。"
② Ralf Dahrendorf，"Has the East Joined the West?"，*New Perspective Quarterly*，7：2（Spring 1990），p.42.

199　第四章　人间天堂？

对灵活和有创造性，花费相对较低，并且愿意面对基层的压力。但是，他们的品质并不会自发或自动出现。他们通常被相反趋势和出乎意料的后果所限制。比如说，建立有效且合法的政府结构是一项基本工作，从基层自下而上重建公民的工作并不能取代这项工作。救济和发展工作经常被地方军阀、武装匪帮以及私人军队所破坏，原因也就在这里。[①] 公民社会建设依靠非政府组织作为资金支持的渠道，期望这能最大限度地促进可持续发展。这让它们变成命运的抵押品（hostage of fortune），带着混合的红利（with mixed dividends）。捐赠基金能够而且确实压制或扭曲了创建公民社会的目标。它倾向于建立地方组织，这种组织过度地以自我为中心，并且具有不为公众所理解的权力，一方面是因为它们过于依靠他们的捐赠者；另一方面是因为，这些非政府组织的员工（就像南非的一则笑话所说的）享有各种特权，而在他们周围生活的那些悲惨的人们则没有。最后，公民社会的制度规则和组织预先假设，行动者们在情感上乐意和他人打交道、同他们谈话、形成团体并改变忠诚。在公民社会，人们具有自由联合和与他人互动的倾向，这种倾向并不和某一特殊的身份或群体相联系，不管这个身份或群体基于血缘、地理、传统抑或是宗教。人们自由联合的能力也要求他们退出由国家主义或排外种族主义所驱动的意识形态群体、运动和政党。公民社会认为人们能够通过复杂的方式和各种各样的人相处，他们能够控制自己的复仇冲动，能够进行社会交往，因此他们心里具有相信他

[①] William Zartman (ed.), *Collapsed States. The Disintegration and Restoration of Legitimate Authority* (Boulder and London, 1995) 以及 D. Porter and P. Kilby, "Strengthening the Role of Civil Society in Development? A Precariously Balanced Answer", *International Affairs*, 50：1 (1996), p. 32: "只有具备有效的、强大的政府，公民社会才可能兴旺，这个政府能够建立游戏规则，提供一些公民社会活动的区分框架。与其用伍德罗·威尔逊式（Woodrow Wilsonian）理想化的语言谈论'有效的、强大的'领土主权国家，不如谈论创立'政府结构'的必要性更好一些，这种政府结构能够控制违法现象，终止暴力行为。实际上，所谓的主权国家通常可以根本不用去建立，黎巴嫩就是一个例子；如果能够的话，它们当然也不可能在一夜之间建立。无论如何，世界民主的理论暗示出，我们的世界并不是主要由主权国家构成的；把政治力量和平地整合进政府杂交形式，这是全球公民社会的前提；并且，政治秩序因此可以通过多种途径进行修复，不一定非要追逐国家完整性这种蛊惑性的理念。"

人并对他人忠诚的能力。如此之忠诚,以至于他们发现自己实际上可以勇敢地面对他人,并通过反对他们而组织起来。麻烦之处在于,这些性情倾向既不能像宪法那样通过圆桌会议或大会来通过并成文,也不能像汽车那样在装配线上生产。这些精巧的"公民"品质需要时间来养成。它们没法加以种植,也没法通过上层立法来规定。它们最好是在市区之类的环境中被孵化并成长。在那里,通过建筑学的设计和大大小小的商业的重建,通过大众文化和表演艺术的上演,通过促进学校里的课程改革以及大量异彩纷呈的俱乐部和竞争性运动,最终,"恐惧的地理学转化成容忍的文化"①。

狂妄自大

一个众所周知的规律是,占有更多权力的勃勃野心是社会和政治生活的长期特征,这种野心不可避免地带来损失惨重的后果。② 走向狂妄自大的趋势当然适用于全球公民社会及其机制。甚至一些人质疑全球公民社会这一概念,因为他们认为"不存在共同的全球记忆聚汇;没有共同的全球思维方式,没有人们可以在其中进行联合的'普遍历史'"③。这些全球公民社会的批评者忽略或低估了它避免狂妄自大的异质性优势。全球公民社会可以被比作杂货店、不同大小的空腔组成的带封皮的万花筒、弯曲的巷

---

① Célestin Monga, *The Anthropology of Anger. Civil Society and Democracy in Africa* (Boulder and London, 1996);并且,在城市环境中,如何努力"抚慰"非文明战争留下的"创伤"?关于这些努力的重要反思参见 Samir Khalaf, *Cultural Resistance. Global and Local Encounters in the Middle East* (London, 2001), esp. chapters 10 and 11。

② 关于狂妄自大的描述参见拙作 *Václav Havel: A Political Tragedy in Six Acts* (London and New York, 2000), pp. 278-286。

③ David Held, *Democracy and the Global Order. From the Modern State to Cosmopolitan Governance* (Stanford, 1995), p. 125. 相同的观点参见 A. B. Bozeman, "The International Order in a Multicultural World", in Hedley Bull and Adam Watson (eds.), *The Expansion of International Society* (Oxford, 1984)。

子、通幽的台阶或者变动不居的人和商品。它的特征是：不断增加的分化，更为密集的结构网络，具有不同却互倚的运作模式（modi operandi）的组织，语言和文化之间的多种际会，扩大的活动性，不断增加的不确定性，甚至（尽管有不断增加的全职中间人或调停人）其社会关系的某种非个人化和抽象化。有时候这些复杂性被说成是民主的威胁。① 那是不正确的，就像约翰·杜威老早以前强调的那样，反对关于社会生活和"社会利益"的简单化定义的斗争是成熟公民社会的标志。②

然而，单凭复杂性确实不能让全球公民社会免于受骄傲自大的规律的支配。全球公民社会在世界民主的框架中运作，这一框架潜在地破坏了全球公民社会的诸多自由。不仅如此，骄傲自大的问题还是全球公民社会的内部问题：就像形成其栖息地的国内民主公民社会，全球公民社会也造成傲慢权力的集中，这威胁到其自身的开放性和多元性。力度更大的法律约束、政府管理和军事保护可以改善这种不均匀状态，但是，是否还有其他办法来保证其社会自由能够在世界范围内更均匀地得到培育和再分配？

征服时空的通信系统始自19世纪中期，而今环绕全球，正在蓬勃发展，这对上述问题无疑至关重要。③ 像车辆和报纸之类的交通通信工具具有压缩距离的效果，但是真正全球化的通信仅仅发轫于如下发明：比如陆上和水下电报，以及路透社和其他国际新闻机构的早期发展。这一进程在更新的进展中达到高潮，其中包括地球同步卫星、计算机网络化媒体、国际新闻的扩张与合并潮流、电子数据交换以及娱乐和教育材

---

① Jessica Matthews, "Power Shift", *Foreign Affairs*, 76：1（January-February 1997），p. 64.

② 这一观点可参见一篇鲜为人知的文章，"Civil Society and the Political State", in Jo Ann Boydston (ed.), *John Dewey. The Middle Workers*, 1899—1924（Carbondale and Edwardsville, 1978），pp. 404-433.

③ Peter J. Hugill, *Global Communications Since 1844. Geopolitics and Technology*（Bltimore and London, 1999）.

料。这得多亏一些大型公司，比如索恩·埃米（Thorn-EMI）、时代华纳、国际新闻集团、迪士尼、贝塔斯曼、微软、索尼和美国有线电视新闻网（CNN）。

通信媒体的全球化对全球公民社会具有长远影响。最明显的是，全球媒体联系有助于完成一些事情，这比葛拉尔杜斯·墨卡托（Gerardus Mercator）的地图有说服力得多：加深千百万人的内在感受，认为我们的世界是"同一个世界"，认为人类对自身命运承担着一些共同的责任。

月亮上的飞鹰号

163   仅仅考察一个具有分水岭意义的媒体事件：对于1969年7月20日的报道。那天是星期一，两个人公开挑战引力定律，在月球那皱皱的表面上留下了足迹。"40英尺，向下两英尺半。扬起些许尘埃"，巴兹·奥尔德林（Buzz Aldrin）的声音，从飞鹰号登月舱传向地球上的收音机和电视机。几分钟后，传来一些模糊的话语。"打开灯。好。关掉引擎。"在一系列用来保障飞船"安全"的程序后，尼尔·阿姆斯特朗（Neil Armstrong）说道："休斯敦，这里是静海基地。飞鹰号已经着陆。"全世界估计有6亿观众在电视上观看了那天的后续报道，占世界人口的五分之一。飞鹰号上的双人机组告诉地面上的导航员他们并不困。所以，奥尔德林和阿姆斯特朗获准准备两小时的探险。他们可以采集岩石标本，插上星条旗，进行简单的实验，拍摄更多的照片，并安装电视摄像机和太阳能装置，用以向25万英里（1英里≈1 609米）之外的地球发送信息。在当晚10点之前，也就是美国中部的白昼时间，阿姆斯特朗缓缓移动他那身穿白色外套的身躯，走下舷梯。他停下来，透过用来反射未过滤太阳光的镀金遮光罩眯着眼看。"当你靠近时，表面看起来有非常非常细腻的纹理"，他说道，"就像粉末一样"。他又停下来，然后小心地让左脚靴子踩上布满灰尘的黑色月球表面。"这是（一个）人的一小步"，作为第一个从月球表面往回凝视地球的人,他兴奋地说道,"却是人类的一大步"①。

在世界上,对于这些话语的公共反应是不同的。胜利的欣喜是主要的。一些年以前,约翰·F·肯尼迪(John F. Kennedy)宣布,将努力掌控月球,将其收入囊中。大多数评论者回应了肯尼迪的话,声称人类历史将翻开新的一页。他们把登月说成是人类对自然的胜利,是走向远方的挑战,是运用人类实际知识来改造人类处境的号召。有人将其看成殖民的目标,新的度假目的地,一个可以让食物在温室中生长的地方,或者是可以让世界上一部分人口居住的地方。并不是所有的人都这样认为。有人的反应很轻率,或者很讽刺。阿姆斯特朗的话提醒了北伦敦附近的一位妇女,她在一个长砖墙上写下大大的标语,建议说既然有个男人已经登上月球了,那么所有男人都应该被火箭送到那里去。其他人肩负着世界的重任,他们越来越相信上帝不会再准备把狼们和月亮分开;在技术力量的原始展示中,他们嗅出了骄傲自大的气息。"我不知道你是不是被吓着了",欧洲最杰出的哲学家评论道,"当时我在看从月球传到地球的电视转播。我们不需要原子弹。人已经被从地球上连根拔起。所留下的仅仅是技术关系。人们今天所生活的地方已经不再是地球"②。

有种观点认为,人类支配自然的西方事业已经令人骄傲地向前往天上迈出了 2 000 里格(1 里格≈5.56 千米)。无疑,这种观点被证明是不对的。"人类所迈出的一大步"加深了一种尽管尚有些模糊的公共认识,就是地球这颗行星所在的宇宙有惊人的规模和复杂性。这些认识是不同的,

---

① 可能是因为通信故障,或者是因为他忘记了冠词"a",地球上所接收的阿姆斯特朗的话是"That's one small step for man, one giant leap for mankind"。他随后有些不知所措,并强调说这个句子是不合语法的。确实如此,但人们都知道其想要表达的意思。参见 Andrew Chaikin, *A Man on the Moon. The Voyage of the Apollo Astronauts* (London and New York, 1994), esp. pp. 206-219, 以及 Charles Murray and Catherine Bly Cox, *Applo. The Race to the Moon* (London, 1989), pp. 354-356。

② 引自对马丁·海德格尔(Martin Heidegger)的访谈,该访谈于海德格尔死后发表于 *Der Spiegel*, 23 (31 May 1976), pp. 193ff。

比如说,这和19世纪末期所普遍表述的认识就不同。当时,没有虔诚宗教信仰的人不知道自己来自何方,不知道自己身处何所,甚至确实没有认识到他们对这些一无所知。那种问题被看成形而上学或冥想的主题,就像布莱士·帕斯卡(Blaise Pascal)在《沉思录》(*Pensées*,1670)一书中所发现的那样,和太阳系的无限性比较起来,人类具有"不相称性(disproportionality)"。相反,迈上月球的远征加深了许多人那种渺小和无意义的感觉。他们发现,不仅仅地球是一个中等个头的行星,而且,仅在没有月光的晚上可以被肉眼看见的我们的银河系本身,也只是所谓本星系群(Local Group)的一部分,而本星系群包括大约30个星系,直径大约有400万～500万光年,和其他星系之间隔着遥远的黑色空间(black space)。

因此,尽管并非出于有意,迈向月球的远征培育了一种认知,即从简单的开端开始,宇宙如何产生更为复杂的结构,而地球上的人类生命是其结果之一。天文学家赞同这种认知,他们指出,关于在我们所知的宇宙中超越自身视野的能力,我们已经达到了某种自然极限。这并不是因为缺少更强大的工具,而是因为,遥远的物体及其所留下的光轨正越来越快地离我们的地球和月球远去,其中一些达到或超过光速。[1] 他们说,这个"穹界转折点(event horizon)"被证明是我们对自身环境认知能力的自然局限。我们仅仅知道我们的宇宙具有边界,而对于这些边界我们注定所知甚少,或一无所知。那种无知和一种过度悲观而又异常相似的结论相抵触,该结论认为登月危及人类,因为它引诱人类和上帝掷骰子,今天是月亮,明天轮到宇宙。

另一种态度上也证明那种结论是错误的。因为最敏锐的登月目击者预见到登月产生了未曾料到的效果,就是为人类对地球负责这一古老原则注入新的活力,而这一原则对于全球公民社会至关重要。巴兹·奥尔德林后

---

[1] Armand Delsemme, *Our Cosmic Origins. From the Big Bang to the Emergence of Life and Intelligence* (Cambridge and New York, 1998).

来自己捕捉到了这种意义，它指出了一种矛盾：当站在月球上的时候，他和阿姆斯特朗比谁都离地球更远。然而他们在那时都有一种非常神秘的体验，就是感到自己和其他所有人亲密无间且融为一体。① 为什么会这样？登月无疑具有一种影响，让地球上的生命看起来更脆弱。登月至今还提醒人们，仅仅是在地质年代的最后一秒，人类才出现在地球上。在天长地久之中，我们的世界不过是白驹过隙。不仅如此，登月也令人羞愧地提醒我们，在广阔浩渺而又深不可测的宇宙中，人类生活不稳定地建立在鲜为人知的深层时间基础之上，可能有45亿年。这样，人类生活似乎更紧密地与我们所经验的世界之命运息息相关：岩石、河流、鸟儿、花儿、风和云彩的世界。人类和自然密不可分，而詹姆士·洛夫洛克（James Lovelock）所提出的盖亚（Gaia）假说是这种认识的一个类型。所谓盖亚就是希腊的大地女神。② 这个假说强调了地球的物质系统和生物系统之间紧密联系的特征。生物有机体包括植物、鸟类和动物组成的生物区，物质环境包括大气层、海洋和地表岩石，生物有机体不会简单被动地适应物质环境；这些有机体选择性地利用物质环境，从而持续地改变物质环境。在这种持续变动的循环和再循环过程中，盖亚假说仅仅把人类看成一个要素。于是它警告那种认为地球是人类的奴隶的头脑简单的假设。它指出，尽管人类是世界舞台上的后来者，却有充分的理由可以说明，对生物区、物质环境以及我们自身而言，我们现在所做的事情都可能有无法估量的重大影响。地球很可能向人类复仇。确实，地球环境的紧密关系使我们能够预测出下列事态的影响，比如自然资源消耗的加快，其他有机体以千倍于自然比率的速度灭绝，或者大气层中碳浓度的增加。同样的紧密联系排除了一些简单的解决方案，比如让人类成为地球管家的提议。该假说提议，尽管人类在历史上笨手笨脚地对待地球，人类还是有资格成为地球的管家，就像羊可以充当园丁。这只让一件事情成为确定无疑的：没有什么事情是

---

① Chaikin, *A Man on th Moon*, p. 213.
② James Lovelock, *The Age of Gaia. A Biography of our Living Earth* (Oxford, 1995).

确定无疑的，除了在盖亚面前，人类必须更为谦卑之外。

全球公共场所

就算关于月球探险的媒体报道有助于我们培养全世界相互依赖的认识，关于传播媒体和全球公民社会的关系，还有其他什么可以称道的呢？不用说，今天的全球传播体系是涡轮资本主义体系的一个完整部门，一个野心勃勃而又被寡头垄断的部门。大约有十个垂直整合的传媒集团（conglomorate）控制了世界市场，其中大多数的总部在美国。① 他们区分了广告驱动的商业投机的优先顺序：音乐、视频、体育、新闻、购物、儿童和成人的影视娱乐。节目制作编码于是偏向于涡轮资本主义生产线，比如在卫星电视新闻领域的节目制作编码。它们遵从特殊的市场场面调度（mise-en-scène）法则。比如，特别强调"爆炸性新闻（news-breaking）"和"重磅炸弹般（block-busting）"的报道，这些报道集中于事故、灾难、政治危机和战争。新闻记者的报道来自出事地点或附近（在行话中称作"clusterfucks"），他们送给编辑的材料被选择，许多报道被认为不是报道，这些材料还被缩短和简化，重新包装并转换成商业的形式。分段的原声摘要和"现场"编辑或轻度加工的材料是编辑们最喜欢的；编辑们喜欢的还有"动画式"展示技术（'flashy' presentational technologies），包括运用标语、快速画面切换和焦点"明星"。新闻交换协议使新闻机构之间交换可视胶片和其他材料，然后处理余下的事情。光速传播保证了新闻故事在全球许多地方基本同步。

这些趋势使一些评论家得出结论说，全球传播媒体为涡轮资本主义受

---

① R. Burnett, *The Global Jukebox* (London, 1996); A Mohammadie (ed.), *International Communication and Globalization* (London, 1997); 以及 Edward S. Herman and Robert W. McChesney, *The Global Media: the New Missionaries of Corporate Capitalism* (London and Washington, DC, 1997)。

众制造了涡轮节目，而这些受众对政治无动于衷。他们警惕着头脑的资产阶级化（embourgeoisement）。他们认为美国风格的资本主义文化正变得大行其道，因为它无处不在。阿尔及利亚的沙漠居民抽的是万宝路香烟。尼日利亚的部落成员挤在电视机前观看过时的《达拉斯》（Dallas）。中国的农民工梦想着开上克莱斯勒汽车。所以，全球公民社会面临很大的压力，它要采用适应地方条件的涡轮资本主义生活标准，而这些源自美国的生活标准是或多或少难以提供的，比如汽车、Windows XP、耐克运动鞋、溜冰板、万事达信用卡、大型购物中心以及关于"选择"的喋喋不休。如果是在 18 世纪，一个世界主义者的思考方式通常是法兰西式（à la française）的，换句话说，那时的世界主义者认为巴黎是世界性都市。三个世纪之后，由于涡轮资本主义，世界主义者转而将品味固定在纽约、华盛顿、洛杉矶或西雅图。涡轮资本主义产生"麦克世界（McWorld）"：消费者的世界部落，他们随着标语、广告口号、赞助式广告、牌子、商标和丛林爵士乐（jingles）的音乐而起舞。[1]"单一语言和单一图像的独裁，远比单一政党的独裁破坏更严重"，爱德华多·加莱亚诺（Eduardo Galeano）悲叹道，"强加一种生活，这种生活的模范公民是温顺的消费者和被动的观众，他们立足于遵循北美商业电视模式的装配线之上。"[2] 其他人用更难听的词表达了对于"思维的单一文化"［范达娜·席娃（Vandana Shiva）］的关切，或表达了对于"跨国公司文化宰制"形式中的"全球文化

---

[1] Benjamin Barber, *Jihad vs. McWorld: How Globalism and Tribalism are Reshaping the World* (New York, 1995).

[2] 爱德华多·加莱亚诺的话被下书引为警句，Herman and McCheshey, *The Global Media*, p. vi. 更谨慎的评论参见 Aihwa Ong, *Flexible Citizenship: The Cultural Logics of Transnationality* (Durham, 1999); Richard Packer, *Mixed Signals: The Prospects for Global Television News* (New York, 1995); Michael Schudson, "Is There a Global Cultural Memory?" unpublished paper (University of California at San Diego, 1997); 以及 Mike Featherstone, "Localism, Globalism and Cultural Identity", in R. Wilson and W. Dissanayake (eds.), *Global-Local: Cultural Production and the Transnational Imaginary* (New York, 1996), pp. 46-77.

同质化"的关切：在这个世界上，"大型私人经济企业时而竞争，时而联合，在不断变化的市场和地缘政治状况中，追逐历史上资本主义生产利润和资本积累的目标"①。

这些评论恰当地警告了文化垄断的危险，但是这些话有些言过其实，一方面在于和市场进程本身相关的原因：正如我们已经看到的那样，如果有什么不同的话，那就是消费产品的零售业具有在全球公民社会内部加强文化多样性的作用，这些产品包括麦当劳、达美乐和百事可乐。一方面是因为对利润的追逐，涡轮资本主义的零售人员自己看到了需要让产品适应地方的条件和品味［因此可口可乐宣称："我们不是多国家的（产品），我们是多地区的（产品）"］。另一方面也是因为地方消费者对商业媒体的回馈：在重新阐释这些商品以及赋予这些商品新的不同意义方面，他们显示出蓬勃的力量。确实，全球市场化的文化并不是所有参与其中或接触它的人平均贡献的产物。其生产过程不会咨询他人，然而不管怎样，那种文化从风格和内容上来说在很大程度上是大西洋式的，它永远容易遭遇从中生产或提取意义的普遍力量。美国高尔夫球明星泰格·伍兹（Tiger Woods）曾经称自己为"白黑印亚人（Cablinasian）"（高加索人、黑人、印度人和亚洲人的混血），而这就是这种力量的象征。② 跨越国家的文化混合于是广泛流传，这种文化混合是一种"克里奥尔化（creolisation）"，其形式是炒杂烩菜、爱尔兰百吉饼、北印度打击乐、斯里兰卡板球、"酷儿圣战（queer jihad）"、戴着面纱上网的伊斯兰妇女、古典欧洲的消逝以及彼得·斯卡尔索普（Peter Sculthorpe）乐谱中的土著和日本主题。流散文化生存和兴盛的例子也屡见不鲜，就像来自边缘环境的文化产品在全球的商业成功，比如伊朗和中国的电影、巴西的西班牙语电视连续剧（telenovelas，出口到80多个国家）以及墨西哥的肥皂剧《富人也哭泣》（"*Los Ricos*

---

① Herbert Schiller, "Not Yet the Post-Industrial Era", *Critical Studies in Mass Communication*, 8 (1991), pp. 20-21.

② *International Herald Tribune* (Paris), 24 April 1997, p. 3.

Tambien Lloran",*The Rich also Cry*)——在共产主义时代之后的俄罗斯早期,该剧几乎是电视收视率最高的。结果,从文化上而言,全球公民社会是一个大杂烩空间,里面充满各种混合与联结、融合与分离。

媒体的全球化不断造成社会的杂交状态。但特别是从世界青年反越战游行之时开始,媒体的全球化也具有一种未曾预料的政治效应:它对不同规模公共领域的多样性的增长作出了贡献,而有一些公共领域是全球性的。在全球性公共领域中,好几百万人可以目睹争端的调停,这些争端集中在谁得到什么,何时得到以及如何得到。① 全球传媒集团为想象的全球受众创造全球产品,同时,它们设想并培育尘世舞台(theatrum mundi)。这种发展有某些必要性,因为记者和广播员必须事先假设存在着正在听、读、看、评的"公众",不管他们在线还是离线。他们知道媒体节目需要见证者,因为这些输出不能长期对着空屋子播放。全球媒体事件包括体育比赛、重磅电影、媒体奖项等。当然,不是所有全球媒体事件都支撑了全球公共领域。这就是说,公共领域并不是娱乐或表演的领地。它们是政治的舞台:在它们那想象的边界内,权力冲突和矛盾在千万双眼睛和耳朵面前爆发并展开。这些之所以可能,是因为有宽体喷气式飞机,有计算机化的通信手段和覆盖面广的卫星广播。多亏有这些,对跨国权利实施的非暴力监督的公共实践才扎下根来。全球公共领域的术语在这里被当做理想类型,这些全球公共领域是全球公民社会中的一些场所,其中权力斗争在透明地发动并被见证,而其方式并非暴力或战争,它们是讲述出来的、想象中的而且处于全球公民社会之中的非暴力空间。在这个全球公民社会之中,在地球上的各个地方,数以百万计的人们目睹着政府和非政府机构权

---

① John Keane, "Structural Transformations of the Public Sphere", *The Communication Review*, 1:1 (1995), pp. 1-22. 亚当·米奇尼克(Adam Michnik)建议,全球公共观点近来的发展可以被看成早期类似趋势的再生,只是形式不同。该趋势在19世纪社会主义的国际主义中表现明显,而这种国际主义随着第一次世界大战的结束而终止(interview Washington, DC, 21 April 2001)。

力被公共地予以命名、监督以及表扬和谴责，挑战着时间和空间的古老障碍。

全球公共领域仍然是受问题驱动的，它在呈现结果方面更为有效，而不是去探究行动者的意图和事件的结构性原因。全球公共生活也很容易遭到内部破裂：它并没有充分地制度化为代议制政府机构，也与之缺乏有效的联系。它是没有政治实体的声音。然而不论如何，全球公共领域已经开始影响这个由外交、全球商业、跨政府会议和跨国非政府组织形成的西装革履的世界。全球公共领域具有一些有趣的影响，这得益于一些行动，包括人民传播宪章（People's Communication Charter）和透明国际；也受惠于一些全天候广播机构，包括美国有线电视新闻网（CNN，为8 000万家庭和几千个宾馆提供服务）和英国广播公司世界广播部（BBC World Service）（每周吸引1 500万名观众和听众）。这些不能化约为关于冷静事实和平静协议的理性—批判机制，尽管这种情况时有发生。① 其中一些结果是"超越政治的（meta-political）"。比如说，全球公共领域让在新全球秩序下的公民参与进来，并告诉他们，除非他们找到表明全球公民社会跟他们无关的方式，否则全球公民社会就跟他们有关。这样，全球公共领域就发挥着在家庭范围之外的临时歇脚点的作用；它们给一则古希腊殖民者的格言以全新的意义，"不管你走到哪里，你都是城邦人（polis）"。"栖居是人类在地球上的方式"②，海德格尔写道，那个通道（passage）暗示，人类被束缚在地理位置之上，但是该暗示忽略

---

① 关于公共领域理性沟通模式的这些局限，首先在下面这本重要著作中得以概括，Jürgen Habermas, *Strukturwandel der Öffentlichkeit: Untersuchungen einer Kategorie der bürgerlichen Gesellschaft* (Neuwied, 1962)，在另一篇文章中亦可窥知其轮廓，John Durham Peters, "Distrust of Representation: Habermas on the Public Sphere", *Media, Culture and Society*, 15 (1993), pp. 541-571, 另可见拙文 "Structural Transformations of the Public Sphere".

② Martin Heidegger, "Building Dwelling Thinking", in *The Question Concerning Technology and Other Essays* (New York, 1982), p. 146.

了全球公共领域所实现的全新空间多偶性（polygamy）。在全球公共领域中，植根于地方自然环境的人们越来越经常地远游，甚至不需要离开家，延伸了的感觉就可以让他们感觉到"第二个家"。他们身居一隅，放眼寰球。

由于媒体叙事用亲密（如果不是讽刺的话）的语气向受众游说并探索更广阔的世界，全球公民社会的成员不再那样地留恋故土（parochial），开始有一点儿心怀天下。这并不只是小小的成就，特别是考虑到人们并不"自然地"对远方的事件具有责任感。伦理责任感通常不过是"事不关己，高高挂起"。然而，当他们参与源于其他环境的媒体报道，当他们被拽入全球公共领域的机制之中，他们的兴趣并不仅仅建立在癖好、无用的好奇心或幸灾乐祸（Schadenfreude）上。他们用自身的生存关怀来判断并理解这些报道，而他们的关怀因此有所改变。"远在那边（out there）"的世界变成"他们自己的（their）"世界。全球公众被教以所谓灵活公民身份的方式：他们知道，本地人和外地人之间界限模糊，他们知道他们的义务变得更加多样。他们变得无拘无束。他们四处走动；他们学会让自己远离自己；他们发现存在不同的时间节奏、其他地方和其他问题，还有其他的生活方式。他们欢迎（他人）质疑他们自己的教条，甚至向他们从未谋面的人传播普遍的文明标准，比如谦恭、礼貌和尊敬。[1] 全球公共领域集中于具有开拓意义的媒体事件，比如拯救生命演唱会（Live-Aid）（1985年它大约吸引了10亿名观众）甚至成为欢乐的空间，在其中数百万人体会到某种快乐，就是为了某些明确的共同目标，而与其他人公开结盟或作对的那种快乐。全球公共领域也可能突出地展现残酷，比如用电视世界新闻的形式上演遥远的陌生人的痛苦，或者用多媒体联合行动的形式，发动争取联合国通过《消除对妇女的暴力行为宣言》（Declaration for the Elimination of

---

[1] 参见史蒂芬·图尔敏（Stephen Toulmin）关于将文明作为教条之解毒剂的有益反思，"The Belligerence of Dogma", in Leroy S. Rounder (ed.), *Civility* (Notre Dame, 2000), pp. 94-100。

Violence Against Women）的运动；① 并且，全球公共领域也可能成为灾难的场所，在这个空间中，数以百万计的人们体会到不公正的结局、痛苦的失败以及生命陨落的悲剧。一条古老的箴言说，世界上的这一半人不知道世界上那一半人如何生活，这条箴言不再正确。媒体呈现扩展了人们对于其他人糟糕命运的认识。它对于灾难的描绘并没有（自动地，或大规模）产生道德上自命清高的愤世嫉俗者，娱乐的爱好者坐在沙发上，体验每一秒钟的血泪画面。公众们聚集在残忍和羞耻的舞台周围，他们促成了汉娜·阿伦特（Hannah Arendt）所谓的"同情的政治"②：通过在远方目睹其他人的可怕遭遇，数以百万计的人许多时候受到震惊和困扰，他们有时甚至准备为他人说话，准备拿出金钱和时间，或者支持一个普遍原则，就是人道主义干预的权利能够而且应该压倒古老的假慈悲规则，尽管这些规则可能同样正确。而所谓人道主义干预的权利就是帮助身处危难者的义务，正如当今法国法律所规定的那样。

处于全球公民社会之中的公共领域具有另一种政治影响。特别是在重大媒体事件期间，在虚拟的紧张状态中，公共领域加强了受众那种生命易逝、结果未卜的共同感受。这些重大媒体事件包括切尔诺贝利的核泄漏、中欧和东欧1989年巨变、斯洛博丹·米洛舍维奇（Slobodan Milosević）被推翻和被捕以及对纽约和华盛顿的恐怖主义袭击等。这些事件的见证者（和麦克卢汉及其他人认为的相反）并未因此而进入一个"地球村"，该地球村装饰着人类的外壳，用原始的"村庄或部落观念"进行思考。③ 作为

---

① Charlotte Bunch et al., "International Networking for Women's Human Rights", in Michael Edwards and John Gaventa (eds.), *Global Citizen Action* (Boulder, 2001), pp. 217-229.

② Hannah Arendt, *On Revolution* (Harmondsworth, 1990), pp. 59-114；以及对于阿伦特观点的发展，参见 Luc Boltanski, *La Souffrance à Distance* (Paris, 1993)。

③ 参见下书的导言，Edmund Carpenter and Marshall McLuhan (eds.), *Explorations in Communication* (Boston, 1966), p. xi："后文字时代人们的电子媒体把世界压缩成村庄或部落，在那里，每个人的每件事情都同时发生，每个人都知道，并且都参加正在发生的每一件事情……这种同时享有的村庄或部落体验产生一种村庄或部落观念，并且带来关于团结的奖赏。"

公共领域的成员,受众并没有体验到未受打扰的团结。他们反而逐渐发现,全球公民社会的权力关系远非既定的,更应该把这种关系理解成"斗争的舞台,分裂的争夺场"①,那是运动和反运动的合力、矛盾和同意的结果、妥协和抵抗的综合、和平和战争的交织。公共领域逐渐改变了全球公民社会权力关系的本质。比如说,通过公开文明、文明化和文明社会的冲突图景,公共领域最明确地增加了全球公民社会的自我反思性。并且,全球公民社会对于全球新闻报道那具有倾向性的规则,对于有关全球公民社会本身的敌对性报道也提出了公开性的要求。比如说,那些报道通过广播宣称,全球公民社会是没有重量的软术语,是西方的教条,仅仅是涡轮资本主义的烟幕弹,即仅仅对"有用的全球化白痴"而言是一个工具。②

通过这些不同的方式,全球公共领域强化了全球公民社会给人的乱七八糟的那种印象。有种宽泛的言论将全球公民社会人格化,好像全球公民社会是一个普遍的客/主体,是无产阶级或地球上的不幸者一词最新且最有希望的替代语。全球公共领域明确了一个观点,就是和更为地方性的公民社会一样,"全球公民社会"没有"集体意见",它充满了网络、流动、分裂和摩擦,它并不能单独干任何事情,仅仅是构成它的个人、群体行动、组织和网络在行动和互动。全球公共领域于是加重了一种认识,即全球公民社会是一项未竟的工程,也是永远受到威胁的工程。这些因素动摇了全球公民社会的教条,为其注入活力。它促使世界公民摆脱乡土观念的陋习,看到全球公民社会的言论并不简简单单地是西方资产阶级的意识形态,甚至促使他们明白,当今在伦理上最为紧要的事情,就是为全球公民社会的行为规则和丰厚馈赠(dowries)描绘出更为清晰的图景。而这是当今关于全球化的大多数文献所缺乏的。

---

① Margaret E. Kech and Kathryn Sikkink, *Activists Beyond Borders. Advocacy Networks in International Politics* (Ithaca and London, 1998), p. 33.

② David Rieff, "The False Dawn of Civil Society", *The Nation*, February 22, 1999.

当今全球公共领域的成长,当然需要为全球公民社会带来更多的民主。① 有些权力在月夜或黑夜上演,通过把这些权力置于阳光之下,通过披露在全球公民社会边缘或边缘之外的操纵、欺诈和残暴,全球公共领域维持了一些词语,比如自由和公正。近年来,这种全球公共领域已经监护了昂山素季或亚瑟·阿拉法特(Yasser Arafat)的命运。全球公共领域中也有许多肮脏的交易,包括排斥、欺诈、炫耀、残暴和战争。它们记录了阴谋和欺诈的案例。它们帮助受众看到了世界舞台上拥有自上而下权力的各色人物:老练而世故的管理人员和专业人员,他们最拿手的就是通过假象骗人;掌握绝对权力的人,他们首先让人头晕目眩,然后当对他们要求更多时,他们就使坏;在压力下主动改变立场的卖国贼;喜欢暴力的凶手;庸俗的统治者,他们的兴趣是篡夺王位、召见溜须拍马的乌合之众,或者用暴打和催泪弹让人们屈服。

全球公共领域也能探查全球公民社会自身重要组织的权力。对于全球化的总体进程和民主化政府而言,公民社会的多元声音具有至关重要的检查和平衡作用,然而发出这些声音的社会组织自己却不怎么民主。② 公共性可以提醒世界注意,这些组织通常背离民主责任的原则。要提醒那些阅读、收听和观看的人们,全球公民社会看似空空如也的空间中,充满了非常强大却又不大负责任的组织(比如国际足联和国际奥委会),充满了追逐利润的公司机构[比如孟山都(Monsanto)]。这些公司制造环境破坏,或仅仅为生产利润而吞并其他公司,而不是为了可持续的社会用途,于是它们长期恶化着全球公民社会的处境。全球公共领域可以有助于揭露不法行为,包括(美国2002年期间)会计和股市作假。那次作假影响了许多

---

① 公共领域主题基本上在当今所有关于全球化的文献中备受拒斥,对于这一情况的批评参见 Tore Slaatta, "Media and Democracy in the Global Order", *Media, Culture and Society*, 20 (1998), pp. 335-344. 还有含蓄表达的相似观点,参见 Arjun Appadurai, "Grassroots Globalization and the Research Imagination", *Public Culture*, 12: 1 (2000), pp. 1-19.

② 参见迈克尔·爱德华兹(Michael Edwards)为下书所写的重要导论,Michael Edwards and John Gaventa (eds.), *Global Citizen Action* (Boulder, 2001), esp. pp. 6-8.

企业，比如泰科国际（Tyco International）集团、能源商安然（Enron）、电缆公司阿德菲亚（Adelphia）以及电信巨头世通公司（WorldCom）。全球公共领域还能有助于质疑一些非营利跨国非政府组织更为可疑的做法：包括它们那官僚主义的呆板，它们对背景的漠视（context-blindness），它们与市场价值或项目为王（project-speak）的陈词滥调更为广泛的结合，或者他们对于社会发展持有供应经济学涓滴模型（trickle-down model）的错误信念。公共领域能指出一些跨国非政府组织那种后殖民的专横，指出它们在所谓的"合伙关系"中像传教士那样为伙伴充当保护人的坏习气，而这种关系是缺乏公共责任的。并且，公共领域能够批评它们那装扮巧妙的、自我循环的中产阶级精英，他们有时候被封为五星旅（Five Star Brigade）。他们的特权和特权行为与某些全球公民社会应该好好珍视的原则相矛盾，比如平等组织的多样性，对于差异的开放性容忍，速度和灵活性。正是靠这些，围绕共享价值和利益的多样性，全球公民社会才实现了错综复杂而又变动不居的联合。①

从公民社会内部和外部的各个地方，全球公共领域倾向于监督权力的实施。正是由于这种倾向，当全球公共领域正常发挥作用的时候，它们把一些问题提上了政治日程，比如代表权、责任和合法性。它们提出的问题包括：谁从全球公民社会获益，谁又从中受损？现在，在全球公民社会那多元而重叠的权力结构中，谁为谁说话？谁的声音被听到了，或者听到了一部分？或者，谁的利益和关怀被灰头土脸地推到了一边？在这个社会的暗处和缝隙发出的声音之间，如何才能有更大的平等性？并且，通过哪种制度性程序，可以把这些声音表现出来？这些问题有时候很简洁。通过提

---

① 南非的一则笑话讽刺说，那些有幸在非政府组织中找到工作的人可以"**享受**"生活，关于非政府组织内部这种非民主趋势的讨论参见 Stephen N. Ndegwa, *The Two Faces of Civil Society. NGOs and Politics in Africa* (West Hartford, CT, 1996), esp. chapter 6; Brian H. Smith, *More than Altruism: The Politics of Private Foreign Aid* (Princeton, 1990); 以及 Steven Sampson, "The Social Life of Projects", in Chris Han and Elizabeth Dunn (eds.), *Civil Society: Challenging Western Models* (London, 1996).

出这类问题，全球公共领域能够确保没有人在地方和全球层次上垄断权力。通过揭露腐败或危险的交易并对其如此命名，通过让决策者手忙脚乱并迫使他们就范，通过要求他们重新考虑或修改他们的决策，全球公民社会有助于解决那个似乎没有人能管得了的问题。这一点在瞬息万变的全球金融市场领域特别明显，那里每天完成1.3万亿美元的成交量，是世界贸易量的100倍。并且，正如国际奥委会之类的机构内部不断升级的争议所显示的那样，在决策者和被实施者之间的竞争其实是不均等的，而全球公共领域在这种竞争中可以有助于阻止当权者私人"拥有"权力。全球公共领域意味着更大程度的势均力敌。它们建议有可供选择的机会。它们慢慢推动着我们这颗蓝白色的小小行星更加开放和谦恭，以致不知不觉地让权力变得让人感到更能"被生物降解（biodegradable）"，更加对它所塑造和重塑的生命负责，更加对它所保障或毁灭的生命负责——不管这种跨国权力在何时何地行使。

第五章 超越国界的伦理

流传的理念

近年来，跨国公共领域的发展使人们越来越认识到，全球公民社会实际上也在成长。① 如同内核上包裹的外壳，这种认识包括另一种洞见：在新兴的世界范围内的公民社会具有惊人的复杂性。那可能是一种保守的论断，因为实际上全球公民社会如此复杂，以至于在我们看来它似乎是开放式的整体（open-ended totality），它的范围还没有完全弄清楚。有人试图调查并概括它的轮廓，这些人有一种盲人摸象（blind-geographers）的感

---

① 参见拙文 "Global Civil Society?", in Helmut Anheier et al. (eds.), *Global civil Society 2001* (Oxford and New York, 2001), pp. 23-47。

觉。书籍、杂志、互联网信息、广播和电视节目在全球流通，它们合起来扩展了像看万花筒这样认识公民社会。这个万花筒中有各种群体、运动和非政府机构，它们时而重叠或和谐，时而冲突或抵触，呈现出各不相同、千变万化的颜色。或许，把全球公民社会看做多种差异的动态空间更为合适，一些差异紧密联系，甚至处于公开的冲突之中。这类似全球城市的内部结构和机制，比如纽约、伦敦、柏林、巴黎或悉尼：各种形状和大小的建筑组成的复杂而动态的三维风景，很受欢迎的廉价品市场，各种类型的组织，欢呼和咒骂，公共的慷慨大方和私人的谋财害命，用各种交通方式四处奔波的千百万人。

确实如此，一个重要的具有实践意义的哲学问题浮现出来了。这就是：假设全球公民社会具有敌对者，并且在任何情况下，它包含行动者的多样性，这些行动者生活于不同的准则之下，那么，是否存在一种伦理话语，能够从政治上规范性地证明这种公民社会（的存在）？（全球公民社会的）批评者经常质疑："好吧，那全球公民社会有什么好的呢？"那么我们能否直接对这个问题给予正面答复呢？简言之，是否存在一种伦理能完成下面两件事情？这两件事情是：对于全球公民社会的怀疑者和批评者给予有力而明确的回答；此外，为了加强全球公民社会本身的声誉，（也需要）向其成员说明，为什么他们要非暴力地争取自己的自由？为什么他们需要共同工作来承担责任？为什么他们需要争取相互承认和协调？这样有助于为公民社会中混乱或"战场"的气氛增添平静和缜密——简言之，为什么他们要把公民社会建成更适宜生活的空间，让诸多不同类型的公民机构和生活方式同处其中？

对于新的全球公民社会伦理的追寻是困难的，原因有许多。首先，几乎没有可资借鉴的理论先例。关于全球公民社会的研究总的来说并不发达，而在伦理的问题上更是如此。当这个问题产生后，至少对全球公民社会的支持者来说，最常见的反应是提供一长串设想出来的良好品质，没有专门的顺序，通常是用大而化之且流于模糊的表述。全球公民社会被说成是具有价值观意味的术语，是一个"进步的前瞻性概念"[①]，"对于更仁慈、更包容的世界的规范性预期"支配着这个术语。人们探讨"伦理共识的可能性"，认为需要支持"全球层次上对于人权、法治、和平、可持续发展和社会公正的渴望"。也有评论说全球公民社会是一些价值观的避风港，"比如非暴力、宽容、团结、同情、对于环境和文化遗产的管理职责"。这些价值观意味着什么？这些价值观是不是互相兼容的？它们为什么值得向往？在不同的研究者、活动家和决策者受众手里，它们会有什么样的实际意义？通常，在全球公民社会伦理方面的讨论中，这些问题没有一个弄清楚的。[②] 相反，人们都同意全球公民社会是一个不错的理想。为什么这样认为？全球公民社会的行动者应当如何行事？并且为什么如此行事？是在哪种意义上而言的？这些问题都留给了世界上那些人们。

从规范角度而言，全球公民社会将成为遭到口诛笔伐的术语。争论一方面是由于这一概念实在令人难以捉摸。在最低限度上，它意味着全球层次上平等者之间更高的尊严和自由，包括免予被差遣、暴力和不公正的自由。正因为如此，全球公民社会理念的要求超出了人们所愿意或能够给出的东西。我们所说的全球公民社会从来就不是"纯粹"或"正宗"的。永远没有十足的全球公民社会。它通常看起来模糊不清，或荡然无存。我们一直在追逐它，在市井街角中，在明镜生辉的大厅中，跨越未知的山水，飞上蓝蓝的天空追逐。改进、完善，以及失败，这些都刻进了全球公民社会的理念之中。

为什么要选择全球公民社会？对于分歧性主张的归类通常按照其偏好

[①] 克劳斯·冯·柏伊姆（Klaus von Beyme）认为没有"国家"概念的公民社会是不可思议的，参见"Die Liberale Konzeption von Gesellschaft und Politik", unpublished paper (Wien, 2001)。

[②] 参见下面的评论，Helmut Anheier, "Measuring Global Civil Society", in Helmut Anheier *et al.* (eds.), *Global Civil Society 2001* (Oxford, 2001), p. 224。

来整理，被弄得乱七八糟，令人困惑，于是阻碍了对这一问题的回答。在对于全球公民社会伦理的追寻中，这种混淆无疑是一种障碍。这种混淆可以说是一个长期历史进程的终结游戏，或者是最终结果。这个历史过程开始于19世纪末期，当时公民社会的理念和资产阶级有着深厚的联系，这个阶级大约只占西方人口的八分之一。公民社会的批评者尽可海阔天空述陈其弊，他们指出资产阶级的价值观，特别是他们对于"良心"、"慈善"和"自治"的诉求，通常是他们掩盖金钱欲和对他人控制欲的面纱。那种嘲讽是正确的，但是同样不可否认的是公民社会价值观的广泛社会影响。诸如在地方政府的层次上，资产阶级参与公共事务，并且资产阶级的骄傲自大通常因为自我怀疑而得到抑制，它怀疑自己认为具有普遍性的那些理念。它不喜欢建立在侵略性冲动基础上的行动。从整体上看，它受到一些事情的困扰，比如殴打儿童、虐待佣人、剥削工人和对犯罪分子执行死刑。所以，它看不惯穷人的激愤，非常讨厌贵族对于有组织谋杀的崇拜，它管这种谋杀叫战争……

回顾历史，我们可以发现，公民社会的伦理逐渐失去与城市"资产阶级"社会群体的直接联系，反而逐渐"分散"到正在拓宽的各种社会和政治支持者之间。从地理角度而言，他们现在居住在地球上的五湖四海。"作为一种社会模式，公民社会具有持久的稳定性和吸引力"[①]，而公民社会这种价值观的分散化或许被认为是这种稳定性和吸引力的社会基础。这当然回击了简化论观点，这种观点认为公民社会仅仅是"资产阶级的"或"自由主义的"现象。这种观点的标准版本大概是这样的：公民社会理念在西方政治思想传统中生发。在18世纪和19世纪兴起的自由主义的资产阶级社会，可以作为该理念的经验落脚点。尤其是在拥有财富阶级的自由主义派别之中，更可以找到该理念的经验落脚点。公民社

---

① Guido Hausmann and Manfred Hettling, "Civil Society", in Peter Stearns (ed.), *Encyclopedia of European Social History From 1350 to 2000* (New York, 2001), p. 495.

会言论尤其兴起于某些国家，这些国家具有的特征是，在有约束的宪政政府和私人经济企业之间，具有稳定的联系。那种情况没有变化，于是争论来了，因为那种情况表明，公民社会的思想和理念是具有特定历史和环境限制的好想法。如果转化到其他环境之中，所要付出的代价就是暴露其"自由主义"或"资产阶级"偏见。这样，谈论印度的公民社会伦理是没有意义的[1]；谈到非洲也一样[2]；甚至谈到波兰也没有什么差别[3]。甚至，去设想全球公民社会的伦理也是不那么明智的。

　　简化论观点将全球公民社会看成"自由主义"或"资产阶级"的理念，与之相反，接下来将要介绍的关于伦理和公民社会问题的思考采取了更为不同的积极观点。它拒斥这些方法中保守的本质主义，转而探索一种可能性，即是否可以把公民社会理解成在社会意义上可以变动的理念，这种理念具有传播的潜力，甚至可能具有成为全球理念的潜力。曾经一度，关于公民社会的言论必定和"高人一等者（the better sort）"亦即体面的上等人（good decent men）相联系。他们中许多人很富有，有的乐意支持革命行动，有的反而在拥有财产的公民社会之名义下压制革命。200年后，时过境迁。公民社会的话语已经同其中等阶级、专业人士和贵族的源头分离开来；就像逃出其瓶口的妖怪，它已经在诸多方向上偏离原路。我

---

[1] David L. Blaney and Mustapha Kamal Pasha, "Civil Society and Democracy in the Third World: Ambiguities and Historical Possibilities", *Studies in Comparative Internatinal Development*, 28: 1 (Spring 1993). 一种非标准的观点仍然持有把公民社会作为"自由主义"现象的简化论看法，它声称，公民社会作为"一种历史现象和理论概念"，"和自由主义的兴起密不可分"。但是在今天，需要询问"一个诱人的问题，即是否有必要考虑非自由主义甚至非多元主义的公民社会？"［参见西蒙·钱伯斯（Simone Chambers）和威尔·金里卡（Will Kymlicka）为下书写的编辑导言，*Alternative Conceptions of Civil Society*, Princeton, 2002, p. 5］。

[2] Peter Lewis, "Political Transition and the Dilemma of Civil Society in Africa", *Journal of International Affairs*, 46: 1 (Summer 1992), pp. 31-54.

[3] Adam B. Seligman, *The Idea of a Civil Society* (Princeton, 1995); 及其 "Civil Society as Idea and Ideal", in Chambers and Kymlicka (eds.), *Alternative Conceptions of Civil Society*, pp. 13-33.

们可以把公民社会话语所经历的变化和马克斯·韦伯所推广的铁路比喻相参照：既然社会经济和政治群体是利己的，那么和公民社会相联系的规范就是扳道工（die Weichensteller），这些规范决定自利群体行动的轨道。当然这种说法可能过于老套。在全球网络形态内，这些铁路路线现在四处铺开。这个事实意味着，公民社会话语的"规范性"范围已经得到极大的扩展，比起1750—1850年这一百年间的情况，这种扩展是显而易见的，而那是它诞生和流行的世纪。① 它还意味着，这个伦理话语的意义必定增加，主要是因为这个话语所驾驶的火车头的数量大大增加了，这些火车头拉着货车厢和客车厢，奔向地球上的四面八方。

从伦理立场看，公民社会话语的全球化有利有弊。② 它为千万陷于暴力、贫穷和偏执生活的人们带来了希望。另一方面，它也潜在地增加了公民社会的伦理意义，以至于让公民社会的理念变得自相矛盾，不为公众信服，而作为一个普遍而时髦的滑头词为人所诟弊。③ 确实，有一些迹象表明，这种跨越全球的意义多样化，作为对这些相互冲突的意义予以反复交叉讯问（cross-interrogation）的条件。并且，如此一来，也成为对公民社会伦理进行更具世界性的理解的前奏。当然，对公民社会更为世界性的理解是必要的，这种理解是全球公民社会理论化的一种尝试。但是在过渡时期，有一个谨慎的劝告。公民社会话语在近期的全球化中容易遭受多少有

---

① Manfred Riedel, "Der Begriff der 'Bürgerliche Gesellschaft' und das Problem seines geschichtlichen Ursprungs", in Ernst-Wolfgang Bockenforde (ed.), *Staat und Gesellschaft* (Darmstadt, 1976), pp. 77-108；以及拙文 "Despotism and Democracy: The Origins and Development of the Distinction Between Civil Society and the State 1750—1850", in John Keane (ed.), *Civil Society and the State: New European Perspectives* [London and New York, 1988 (reprinted 1998)].

② John Keane, *Civil Society: Old Images, New Visions* (Oxford and Stanford, 1998), pp. 32ff.

③ S. Gaschke, "Irgendjemand wird schon helfen", *Die Zeit*, 30 (22 July 1999), p. 8；比较：对于公民社会概念的攻击，称其"使用过度、评价过高，并且在分析上没有实质意义"，参见 Katherine Fierlbeck, *Globalizing Democracy. Power, Legitimacy and the Interpretation of Democratic Ideas* (Manchester and New York, 1998), chapter 6.

些悲观的判断的影响,即认为对于伦理话语的追寻只是徒劳之事罢了,不要指望这种伦理话语能有助于减少公民社会混乱的特征,不要指望这种伦理能减少或协调公民社会那不可调和的差异,不要指望这种伦理能令人信服地向外部世界证明这些差异的合理性。

反调儿学派

让我们权且称下面这个学派为反调儿学派(the Shool of Cantankerousness)。根据该学派的批评,全球公民社会明显包含大量不同的伦理生活方式,它们不会结合为一种伦理共识。那种异质性不能化约为一种定义,不用惊奇,根据一些作家的观点,这是因为人类的处境中充满了伦理分歧,这些分歧在全球公民社会的中心造成了永久的冲突和权力斗争。这个社会"是在地理和社会上分布不均的景象,反映了社会总体的不平等:地主和没有地的苦力、金融家和贫民窟居民、具有不同宗教信仰和种族血统的人们。社会本来就是而且一直将是竞争的地带"[①]。

尚塔尔·墨菲(Chantal Mouffe)最近关于"对抗性(antagonism)"和"竞争性(agonism)"伦理的著作揭示了这一点,该著作正好将这一点和全球公民社会的理念交织在一起(twisting it against)。[②] 实际上,她的论断是这样的:社会关系充满了权力和差异,而且差异产生对抗。如果这种对抗本来是可以解决的,就能够通过运用政治策略得到解决。政治策略是差异系统通过"赋予形式(mise-en-forme)"过程实现的稳定化,这种解决依靠战术上的算计,特别是对于朋友和对手的界定,有时候他们是彻底的敌对者。(正如我们所看到的那样)这种推理本身具有可疑的本体论环路(ontological ring),尽管她口口声声反对所有形式的"本质主义

[①] Jamie Swift, *Civil Society in Question* (Toronto, 1999), p.148.

[②] Chantal Mouffe, "Civil Society Beyond Liberalism and Communitarianism", typescript of a public lecture delivered in Vienna (30 November 2001).

(essentialism)"。它假设公民社会充满了潜在的或实际的恶棍。且不论它的前提，这个论断认为，全球公民社会的规范性理念是彻头彻尾毫不连贯的，比如人们可以设想充斥着反调儿（cantankerousness）的世界："不存在公民社会的真实意义"，墨菲评论道，并补充说这是一种幸运，因为"在对于良性社会的不同理解之间，存在一些对抗是很重要的"。全球公民社会的规范理念也是难以实施的。因为对该理念的各种运用通过"对国家的普遍不满"而臭味相投（这种夸张论调和前面所说公民社会话语没有语义中心的主张相矛盾）。不仅如此，那种几乎没有政府的世界完全是天真的幻想。墨菲说道，因为除非加以严格的管制，否则很可能出现人对人成为狼（homo homini lupus）原则支配的世界，那将把所有人带回自然状态。

该观点归宗于托马斯·霍布斯，最近的渊源则是卡尔·施密特（Carl Schmitt）的著作。在他那些关于政治性概念的经典文章中，施密特把世界设想为危险的地方，联盟和对手之间的斗争把世界推来拉去，有时候大卸八块，这些斗争在某些伦理原则的名义下，决定谁得到什么，什么时候得到以及如何得到。[1] 世界是多主体的（pluriverse），是自利分子组成的危险丛林，是恶语伤人的舌头，是公开的分歧，是朝秦暮楚的权宜联合，甚至是暴力冲突的爆发。这种现象反映了一个事实，人类是动态且危险的生物。在环境的压力下，他们容易干出狡猾和残忍的事情，这里施密特承认引用了马基雅维利的洞见。生活经常陷入与外人的对抗，和陌生人的冲突，甚至暴力冲突不仅可能，而且不可避免。这样看来，那些在表面价值上重视伦理原则话语的人是愚蠢的，那些伦理原则包括理性争论、多元主义、接受差异、理解以及同情他人等。伦理时时处处都是权力和权力冲突的遮羞布。此外，它认为，对于伦理原则的思考（如墨菲所言）是天真

---

[1] 这里我引用了此前的一项研究，"Dictatorship and the Decline of Parliament. Carl Schmitt's Theory of Political Sovereignty", in John Keane, *Democracy and Civil Society. On the Predicaments of European Socialism, the Prospects for Democracy, and the Problem of Controlling Social and Political Power* [London, 1998 (1988)], pp. 153-189。

的。不仅如此，除非他们认识到应然（ought）权力是本然（is）权力的坚实避难所，否则他们只是在做无谓的抽象联系。

反调儿学派对于全球公民社会提出的批评有三点价值。首先，它警告需要警惕披着羊皮的狼（maquillage），就是在普遍原则的外衣和珠宝打扮下的特殊利益。其次，它还正确地指出了一点，就是在跨国公民社会组织、网络和运动内部及其之间，有无所不在的冲突的可能性。这使人想起黑格尔（Hegel）的洞见，他认为公民社会是一个永无休止的战场，利益和利益在其中相互角逐。那个洞见仍然非常重要，全球公民社会，包括其更为地方性的领域，都不包含"自然地"达致平衡的趋势。这种平衡更是公民社会各种互动要素的偶然结果与合成。最后，反调儿学派所提出的批评指出，需要对全球公民社会进行法律的和政治的管理。这源于其粗糙和混乱的特质，因为，如果持续存在来自对手的不文明欺骗、诡诈和暴力对抗，那么全球公民社会就需要政府机构的调解、立法和巩固，从而让其文明性最大化。

这些观点是有价值的。反调儿学派对伦理言论给予短暂的忏悔，然而，全球公民社会的支持者有必要怀疑这种忏悔的方式。它之所以忏悔是因为它暗中坚持冲突的本体论，而这和它自身对于本体论的拒斥相矛盾。它正确地强调了认同的矛盾性，并且相应地，打算怀疑所有具有规范性倾向的本体论，怀疑所有类型的规范性主张，这些主张假设存在潜在的本体，它在本质上存在，并且对于世界上的人和事物都具有决定作用。麻烦在于，反调儿学派在对抗性强迫症（obsession）的基础上提出自己的主张。"在对于同样目标的共同渴望中，人类走在一起，同样地运动"，墨菲写道，"这也是人们对抗性的开始。人一定要交流，敌对和暴力反而成为随时随地都可能的事情……暴力难以根除。"[①]具有讽刺意味的是，这种对于暴力本体论的暗中亲近使其获得了第一法则信仰者俱乐部（Club of Be-

---

① 参见下书前言，Pierre Saint-Amand, *The Laws of Hostility. Politics, Violence, and the Enlightenment* (Minneapolis and London, 1996), pp. ix, x。

lievers in First Principles）的荣誉会员资格。该俱乐部是一个乱糟糟的哲学圈子，包括一些相互抵触的本体论，它们每一个都为了引起注意而竞争或呐喊，试图作为在这颗叫做地球的行星上想象中的最佳生活方式。

反调儿学派暗中提到了民主的重要性，在那里民主被理解成"对抗的多元主义"，但是如果考虑到它对于权力冲突和暴力的审美亲近的话，这似乎仅建立在纯粹的策略性考虑上［墨菲把自己的政治构想描绘成"民主霍布斯主义（democratic Hobbesian）"］。民主的可能性的最佳制度性条件则付诸阙如，不予考察。整个路数过早地去质疑全球公民社会理念，或者将其作为没法实现又没有希望的天真乌托邦，草率地作出判断，判处它死刑。这样，反调儿学派看不到变化（alterity）的理论问题，特别是需要一反对于群体冲撞和冲突的普遍看法，去看看自己和他人、内在和外在可能并不是敌对的，实际上他们通常是你中有我，我中有你（always inside one another）。我将回到这一点，现在我仅仅做一个有限的经验性观察。可以看到，反调儿学派有意忽略了全球公民社会内部实际存在的伦理共识和伦理团结模式（的历史）。反调儿学派有些小家子气：对于忠诚和共识缺乏兴趣或彻底没兴趣，那些忠诚和共识仅仅被忽略或低估为其对抗性成员的权宜性举动。反调儿学派的对抗性强迫症使其忽略或诋毁过去几十年作出的那些努力，筑起了对全球公民社会的伦理防御工事。强调并批判地评估这些努力非常重要，不仅仅是用这种练习来锤炼我们对于全球公民社会的思考，而是作为一种丰富我们理解的方式，使我们更好地理解其伦理优势，以及尚未解决的伦理问题。当然，这个主题又大又复杂，限于篇幅，我们不能严格地去考察其细节。所以，让我们用简化的术语思考片刻，那种术语乃是一种可能位置的连续体（a continuum of possible positions）。

西方理念？

观察者站在这个连续体的一端，特别是那些对于伦理观念的时空变化敏感的人，那些坚持全球公民社会是其特殊理念的人亦然，他们认为全球公民社会具有历史的特殊性。让我们称这种路数为特殊主义。它那各种各样的支持者都同意全球公民社会并不是具有普遍效力的原则。它确定无疑地是"西方"的产物，或者"大西洋地区"的产物，尽管有一些重要的相反主张。全球公民社会的原则相应地强调非暴力、多元主义、自我组织、个人性、平等、互相帮助和自我反思，它的原则可能令人向往，但是虽然如此，该原则只有虚假的普遍性（pseudo-universal）。它是在普遍伦理面纱之下的地方伦理的实践。

是否应当拒斥伦理本身，特殊主义者在这一点上并没有达成一致。当然，有人避开谈论全球公民社会，有人直接表示出敌意。他们指出，幻想的全球公民社会伦理可以简化为"西方"或"美国"的核心价值观，主要是自由主义或市场个人主义的鄙陋意识形态。左翼的各种评论家，包括一些马克思主义派别的支持者都确信，新兴全球公民社会的制度结构和道德标准基本上通过权力关系来组织。这些权力关系源自"自由主义"及其相应的体系，那个体系包括私有财产、市场竞争、商品生产和交换。全球公民社会是西方资产阶级社会的一个新阶段，这个阶段的润滑剂是一套特殊的具有专门历史意义的资产阶级价值观。一般的想法认为，全球公民社会是一粒银子弹，它可以"打开"压迫性的政体，可以确保或深化民主自由。人们认为它是好的，因为它从定义上就和（邪恶的）政府权力划清界限，并且与之对抗。但是，特殊主义的主张认为，冷静的事实是，全球公民社会是"冷战之后时代统治意识形态的一部分：自由市场资本主义"。全球公民社会的话语非常错误地描述了这个世界，它的代言人是"通常以全球化而闻名的世界私有化……的有用的白痴，不管他们自己是否意识到"①。

---

① 该引语摘自 David Rieff, "The False Dawn of Civil Society", *The Nation*, February 22, 1999, pp. 11-16。也可参阅作者早期对于19、20世纪社会主义者错误描述国家的批评性说明，对于公民社会的区分，参见 *Democracy and Civil Society*。

这些理解吸引了陌生的同伙，包括"全球化"在宗教上的反对者，他们一致认为，关于公民社会的言论是"西方价值观"或美国主导的涡轮资本主义的借口。还有其他的特殊主义者承认全球公民社会的原则具有历史特殊性。但是，当和它在世界舞台上的对手比较时，他们同时又坚持其在伦理上的重要性，甚至优越性。"大多数人，尤其是那些相对没有受到欧洲启蒙的人，首先简单地不把自己当成人类的一员，"理查德·罗蒂（Richard Rorty）写道。① 世界上一部分人如此行事，这不仅是"北大西洋文化"之"特性"的标志。在"北大西洋文化"中，孵化出了自由的人道主义。尽管它具有历史的偶然性，这个文化应该被看成是"在道德上更胜一等的"，因为它是"希望的文化，那是让世界更美好的希望，这个世界因此可以通过社会努力达到，与之相对的，则是具有顺从（resignation）特征的东方文化"②。

罗蒂并没有谈到公民社会，只提及其道德，他认为这种道德是优越的（并且可类推至其全球关联），但原因似乎失之武断。西方诞生了通过社会努力达至人类进步的重要原则，那是"世俗的人道主义文化"。但是即便如此，那些原则也只是许多明显优越的原则中的一种。"需要达到的还很多，"他曾经说道，"但是基本上来说，西方是正确的道路。我认为没有什么需要向其他文化学习的。我们应该致力于扩张，让这个星球西方化。"③其他人很快会问，为什么支持这个西方化进程？罗蒂并没有说清楚，因为他想避免任何形式的普遍推理，避免陷入特殊主义在一定程度上的限制。另一种类型的特殊主义也是这么干的，它提出一个大胆的经验性主张，认为起源于西方的全球公民社会已经变成普遍的事实（de facto universal），

---

① Richard Rorty, "Human Rights, Rationality, and Sentimentality", in *Truth and Progress* (Cambridge, 1998), p. 178.

② Richard Rorty, "Rationality and Cultural Difference", in *Truth and Progress* (Cambridge, 1998), p. 197.

③ 摘自对马蒂亚斯·格雷夫拉斯（Mathias Greffrath）等人的采访，"Den Planeten verwestlichen!", *Süddeutsche Zeitung* (München), 20 November 2001 (translation mine).

从而避开了这个问题。布赞和西格尔（Buzan and Segal）提出了这种推理的标本。[1] 他们指出，在20世纪期间，建立了当时最为广阔的人类联系网络和组织网络，在人类历史上第一次形成了"人类的单一全球空间"。布赞和西格尔踌躇着没给这个空间命名，但是他们的描述非常清楚，这个空间包括各种机制，在别的地方，这些机制招摇过市的名字包括"全球经济"和领土国家的"国际体系"，以及鲜为人知的"世界社会"术语。该术语表示在世界范围内，那些借助传播手段的扩展所形成的共享经验和认同的增长。[2] 布赞和西格尔认为，这些机制的综合效应在于，人类现在不能避免相互认识，尤其是富人，因为他们的行动通过日益复杂的西方方式而相互交叉。将来的全球"文明碰撞"是不可能的，主要因为在过去的大约四个世纪中，一些关键要素在这个星球上加速扩散，这使西方获得比对手体系强大得多的力量优势：经验—分析科学、政治自由主义、市场驱动的个人主义和装备现代武器的拥有土地的民族国家。

古希腊和古罗马影响了许多民族和文化，布赞和西格尔将西方式的胜利和希腊、罗马所影响的广大外围部分作对比。那500年的阶段之后是将近2 000年的希腊化文明，从亚历山大的远征到拜占庭帝国的灭亡。以此类推，500年的"古典"西方文明阶段可以和"西方化文明（Westernistic civilisation）"阶段区分开来。"西方化文明"现在已经开始，并且具有多个中心。他们声称，这个类比可以延伸得更远。因为在20世纪期间，两次世界大战和反殖民化削弱了西方对世界的控制。西方曾对这个星球上的人和领土进行直接的政治和军事控制，而世界大战和反殖民化标志着这种控制的终结。结果是颇为讽刺的：尽管西方（被理解为经济合作与发展组织国家及经济体核心）的权力衰落了，西方化却在世界上取得了明显的胜

---

[1] Barry Buzan and Gerald Segal, *Anticipating the Future* (London, 1998), p. 74.
[2] Buzan and Segal, *Anticipating the Future*, p. 183.

利,东亚的崛起就是一种象征。① 西方可能用最微妙的方式成功地征服了世界:通过培育一系列的西方规范和技术。但是这也具有意料之外的后果,就是鼓励世界上的人们认为自己和老牌的西方核心国家是平等的,甚至可以作为其对手。就像有些行动者可以近在咫尺地操控,有些行动者在与它的关系中享有一些特权,有些行动者在它们新建构的世界权力位置的基础上,感觉他们具有用西方方式来捣乱西方的权力。

这种类型的特殊主义避免全球公民社会的概念,甚至当提到"世界社会"或"世界经济"的发展时,他们明明在脑子里有一些相似的东西,尽管有些模糊。公民社会术语的缺失是有代价的,给人一种非常片面的印象,认为现在形成了"单一全球空间",形成该空间的有围绕科学—技术进步产生的许多"固定"准则,有市场、领土国家体系、国际法和习俗(或者是赫德利·布尔和其他人所说的"国际社会")。这种分析确实低估了全球的动荡,这些动荡源自于非西方文明的原有核心。这些核心最明显地集中在伊斯兰社会和东亚,它们越来越有能力并且也愿意进行自我防卫,能够并愿意对其自身所处的地区施加影响。不仅如此,它们还坚持其自身文化价值观的合法性。这个分析还忽略了潜在的冲突,这种冲突产生于西方准则内部(潜在)的不相容性之中。市场和国家之间的张力以及经常性的冲突是广为人知的②,但是最为显著的事实可能是,因为全球公民社会的范畴被忽略掉了,所以其间产生规范性冲突的力量也被忽略掉了。相关的例子是,对于非暴力冲突的公共空间的漠视,这些非暴力冲突集中于谁得到什么,什么时候得到以及如何得到,这是西方的一条决定性的组织原则。同样被忽略掉的还有宗教,这种忽略(有意或无意地)产生了一

---

① 参见 Buzan and Segal, *Anticipating the Future*, pp.185-186:"东亚的持续成功似乎建立在保持西洋世界所传授的基本特征上。东亚每一个成功的经济体都接受了市场经济的逻辑。如此运行的每一个经济体也走向各种类型的政治自由主义道路,走向优先强调人权的道路。这个潮流是波澜起伏的,但是在西方化的这些关键方面,没有一个国家退缩后仍然能保持经济成功(新加坡除外)。"

② Claus Offe, *Contradictions of the Welfare State*, ed. John Keane (London, 1984).

种世俗论的印象，认为宗教正"消亡"。情况绝非如此。这可以解释为什么在全球层次上的公民社会中，伦理标准目前仍然存在并且依然畅行。可以解释为什么全球公民社会本身受到规范性的挑战，为什么现在要作出各种努力来总结它的第一法则。并且，在规范性上，还要捍卫并证明它是更好的生活形式。

第一法则？

第一法则信仰者俱乐部的成员出身各有不同。然而他们具有一个共同特征，就是他们都区分出一套普遍的伦理法则。这套法则可以通过某种方式作为精神上的动机和实践的指南，（正如我们所见）这些成员通过不同策略从伦理上为全球公民社会辩护。了解他们的路数甚为重要，即便仅是为了评估他们各自的合理性。

自然法

现代伦理规范的历史开始于格劳休斯（Hugo de Groot）所写的《论战争与和平法》（*The Rights of War and Peace*）①，在这个历史过程中，人们多次试图建立普遍的伦理标准，这些标准据说是客观的，因为它们在推论上遵从自然法（natural law）原则。这一点有先例可循，比如罗马法中就有一套对于第一法则的追寻，即对于万民法（jus gentium）的追寻，这套法则可以运用于该法治理下的所有人。这套法则因此通常被描述并被分析为自然法（jus naturale）。即将一套自然法作为不容置疑的标准，该法律决定所有人应当如何一起生活。自然法推理毫无疑问地具有"世俗"的动机，这明显表现在它那著名的（一开始是神学的）陈述中。该陈述认为，即使上帝并不存在，即使人类事物不在上帝的关注之下，自然法仍然

---

① Hugo de Groot, *De Jure Belli ac Pacis*, 3 vols. (London, 1715).

有效（etiamsi daremus non esse Deum aut non curari ab eo negotia humana）。自然法路数也暗示伦理原则不应该建立在惯例之上，而应建立在"自然"之上，通常被理解成"人性（human nature）"本身。这个准则实际上充当了伦理原则推理的标准，充当了有效性准则，该准则在逻辑上先于并独立于实际存在或"实在的"法律或习俗。自然法是一个约束所有个人的伦理体系；它通过作为推理能力的"自然"权力（faculties）手段，来号召人们认识并尊重其管制。

今天，这种路数最为常见并且最有影响的类型是普遍人权学说。该学说最早的论述包括 J. G. 费希特（J. G. Fichte）的《知识学原理下的自然法基础》（*Grundlage des Naturrechts nach Principien der Wissenschaftslehre*，1795—1796），该书奋力捍卫"世界主义权利"，将其作为"原初人权，这种权利先于所有权利契约，并能单独促成这些契约……是属于人类的一种真正人权：可以用来获得权利的权利"①。费希特自然假定，这些权力是有明确的先决条件的，就是外国人"义不容辞"地承认并尊重主权领土国家的权力。他并没有发现国家和普遍人权之间存在的（潜在的）紧张关系，但确确实实，这种张力已经逐渐困扰着关于人权的讨论。人权的普遍优先（universal primacy）被进一步提出，比如免于拷问和被独裁政府统治的自由，以及更积极地说，公民享有享受集体提供的卫生保健和教育的权利。对于两代公民社会成长的支持者而言，这种往前跨出一步的做法一直是他们灵感的来源。

全球公民社会是人权伦理主张的产物，也是它的保障，而人权伦理在一些场合受到批评。当然，什么算是"人类"或"人性"，这个定义存在很深的模糊性；关于人性的书通常是晦涩难懂的，无论如何都会引起针锋

---

① J. G. Fichte, *Grundlage des Naturrechts nach Principien der Wissenschaftslehre* (1795—6), in *Johann Gottlieb Fichtes sammtliche Werke*, ed. I. H. Fichte (Berlin, 1845—6), vol. 3, p. 384.

相对的解释，甚至是敌对的解释。关于人权和人权滥用的言论也容易遭到异议，这些异议认为这种言论建立在隐蔽的假设之上。在那种假设中，成为人是一件好事情，或者人类是好的，或者至少人类"本质上"能有善良的愿望。这些异议是雄辩的，实际上它们推动人们寻找更可靠的不同伦理论断来支持全球公民社会。

人类共识？

从演绎的角度，立基于自然法理论上的伦理行为准则来自于第一法则，比如"所有人都是平等的，因此有权生活在全球公民社会之中，有权平等地运用他们的权利"。相反，从归纳的角度，对于全球公民社会的合理性存在另一种类型的伦理论证。休谟（Hume）认为"不论何时，不论何地，人类都是一样的"[1]。在休谟的影响下，这一路数认为，全球公民社会有一些第一法则，从历史/现实的观察看来，这些法则可能被神圣化。不论何时何地，一些伦理准则或者这些伦理准则中的一些类型已经逐渐为全人类共有。休谟认为，比如说同在一条船上的两个人，人类的合作并不是来自于个人之间理性的承诺或契约，而是来自在不断试错中对共同相处所带来的优势的认识，由此一起尝试品味"社会和相互帮助的甜头"[2]。新休谟主义伦理路数强调，人们之间基本的协议（consensus humani generis）能够而且确实包括下面一些内容，比如对生命的尊重，免予恐惧的自由以及足够的食物、衣物和居所。这种人类共识路数的支持者特别羞于在这些问题上过于仔细。他们通常持一种动态变化的立场，在这种立场中他们提倡可以通过文化间的交流形成跨文化共识。

帕雷克（Parekh）对非种族中心的"最低普遍主义"的辩护就陷于这

---

[1] David Hume, *Essays Moral and Political*, eds. T. H. Green and T. H. Grose, 4 vols. (London 1875), vol. 2, p. 68.

[2] David Hume, *A Treatise of Human Nature: Being an Attempt to Introduce the Experimental Method of Reasoning into Moral Subjects* (London, 1739), book 3, section 7.

种窠臼。① 他设想存在一些可以界定的普遍价值,这些价值可以并且应该作为基本伦理的开端,作为某种"基础(floor)"价值观,如果有人、群体或整个社会想要破坏它,那么它们就不再被认作是"善"的,也不值得其他人的包容。得益于我们时代伟大的技术进步,全球的相互倚赖促进了"虽然模糊但是无误的全球道德共同体观念"。那么,什么是这些共同的人类价值观?帕雷克提出了一些"普遍的人类常量",这些常量不仅把人从动物中区分出来,让人更高一等,而且使得所有人能够被等量齐观。这些常量包括"人类团结、人类尊严、人类价值、人类福利或人类基本利益的提升以及平等"。帕雷克否认这些普遍性是任何简单意义上的本体论,也并不认为这些普遍性能够免于时间和空间的无常;它们更多是系统发育(phylogenesis)的产物,因为人类社会"已经有足够的理由决定由自己做主,并且授予自身具有价值的地位"。迈克尔·沃尔泽作了一个广为人知的区分,其中一方是特殊人类社会的"厚重"道德板块,另一方是延伸到其他不同社会之间的"稀薄"道德条带。② 回应这一区分,帕雷克承认,和那些紧密束缚或"厚重"道德结构或"特殊关系"比较起来,这些普遍性是延伸式的稀薄道德,前者塑造了不同社会和政治共同体的突出形态。不论如何,这些人类常量显示了两种基本的责任:不要通过破坏他人追寻自己所认定的幸福的能力,而给他人造成贫穷或痛苦之类的不幸;在可以利用的资源限度内,(个体)有责任减轻他人的痛苦,并且为他们提供他们需要的帮助。这些责任是我们共同人性的表达。它们也成为一座桥梁的支撑,而这座桥梁促进了"对于道德价值的跨文化反思"。这些反思是必

---

① Bhikhu Parekh, "Non-Ethnocentric Universalism", in Tim Dunne and Nicholas J. Wheeler (eds.), *Human Rights in Global Politics* (Cambridge and New York, 1999), pp. 128-159. 帕雷克在另一本书中对该观点的细节作了润色,参见 *Rethinking Multiculturalism* (London, 2000) 以及 "Cosmopolitanism and Global Citizenship",修改后的文稿首先发表在 E. H. Carr Memorial Lecture (University of Wales at Aberystwyth, 2002)。

② Michael Walzer, *Thick and Thin: Moral Argument at Home and Abroad* (Notre Dame, 1994).

要的，也是令人向往的，因为尽管普遍的人类常量是"普遍有效的"，它们在本质上却流于宽泛，有待诠释；它们还需要区分出先后顺序，还需要运用于每个社会的特殊环境。帕雷克指出，任何特殊的社会（注意该术语的抽象用法）不能假设其他人会自动同意它自己对于任何常量的解释，比如"人类生命"。又比如说，对于人类尊严的敬重可以意味着涡轮资本主义系统中个人主义的伦理，也可以是社会安全防卫支持下的公民伦理；从最不起眼的意义上而言，人类尊严可以看做对于奴役、折磨、强奸和种族屠杀的禁止，或者从最重大的意义上而言，可以看做满足幸福生活的所有条件，所有那些令人向往的条件。有人可能会问，如何在这些不同的选择之间作出抉择？帕雷克的回答是："通过心态开放的跨文化对话，在这些对话中，参与者理性地决定哪些价值观值得他们效忠和敬重。"①

这一路数有一些缺点。它对于"人类"的理解是相当模糊的，至少，它低估了处于"人之为人（being human）"问题中心的无可救药的伦理矛盾。它回避了诸多问题，比如说，从情境上而言，如何可能进行敞开心扉、积极有为而又无拘无束的跨文化对话？这里明显需要公共领域的范畴，但是这一路数却没有提及。除此之外，它声称的与"理性"决策和"对话"的联系带来一个疑问，即它假设了需要证明的内容：在全球层次上，已经有现存的参与跨文化对话的意愿，这种对话建立的基础是关于人之为人的先前共识。毫无疑问，在一些圈子中，比如说在一般的宗教群体内，那种意愿已经存在。但是在那些该意愿并不存在的地方，在那些对于"人之为人"的含义存在深刻分歧的地方，关于理性谈话是件好事的假设不能作为狂风大浪中的救生衣。"最小普遍主义"的提法遭遇破产，正是那个需要证明的假设将其拉下马。

---

① Parekh, "Non-Ethnocentric Universalism", pp. 149-150, 150, 140, 158；比较"Cosmopolitanism and Global Citizenship", p. 27："我们所需要的……是对他人敞开心扉，是对人类生存的巨大范围和多样性的理解，是在想象上把握让人类既区分又联合的事物，是进入非霸权对话的意愿。"

新康德路数

另一种反对伦理特殊主义的策略并不认为普遍范围的伦理法则是毫无用处的抽象,也并不认为它对于伦理差异没有反应。该策略认为,一套伦理第一法则可以通过理性程序来加以描述和论证。它指出,这些第一法则必须考虑经验条件和行动后果,但不必陷入经验主义或结果主义(consequences)的泥淖。根据这种新康德策略,其出发点是探寻一种可能性,即应当剔除不能用于诸多不同行动者的伦理法则;并且相应的,每条伦理法则都必须普遍适用。这种绝对命令或道德法则结果类似于:"在任何场合,任何时间,行动只需遵循一个信条,即你的意愿同时也是一条普遍法则。"这种路数强调,伦理的价值通过"出于责任"遵守普遍法则来衡量。它自然质疑下面的观点,该观点认为伦理被束缚在领土国家的疆界内,被束缚在它们包含的民族和文化差异内。康德的观点认为,对于伦理完全充分的描述必须是世界主义的,这是该观点最基本的出发点。

世界主义者喜欢指出一个事实,即我们的世界是一个整体,在其中远距离的行动和互动是可能的。"通过我们的行动,特别是我们那些包含制度性意义的行动或不作为,大量遥远的陌生人可能获益或受损,甚至继续生存或遭到毁灭,他们的行动对于我们而言也是一样。"奥尼尔(O'Neill)评论道。[①] 她继续问道,这是否也意味着,我们对于遥远的他人负有义务。她的回答是,如果没有普遍的理由认为遥远的障碍发生作用,或者没有普遍的理由认为那种作用必定影响一些人,或与一些人相关,那么,就没有普遍的理由得出结论,认为在众多遥远的陌生人之间不可能存在公正或其他伦理义务。她评论道,在日常行动中,行动者通常假设我们社会内部和外部的遥远陌生人既是主动者(agents),又是被动者(subjects)。

---

① Onora O'Neil, *Bounds of Justice* (Cambridge and New York, 2000), pp. 187, 183, 201.

"进口者和出口者依靠关于遥远贸易伙伴能力的复杂假设。播音员作出关于遥远受众的复杂假设；航空公司作出关于遥远旅客的复杂假设；还对遥远的管理者作出假设。银行在复杂假设的基础上存入或贷出，该假设针对广泛分布的存款人和贷款人范围，这个范围甚至可能是全球性的。该假设还针对他们在一定利率条件下的存款和贷款意向。"康德在后期对我们作为自由存在的地位进行了历史化的理解，奥尼尔的推理与之类似，是建立在她所谓的"实践的、情境的路数"之上的。尽管她没有用全球公民社会这一措辞，她却暗中认为存在全球公民社会。她试图强调，在我们的日常生活中，"我们"依靠"假设的广泛网络"；"我们"不断假设，有不可胜数的他人，尽管我们从来不会见到他们，但他们却能够而且确实在制造和消费，在贸易和谈判，在翻译和支付账单，在污染或保护环境。这并不意味着我们应该对他们表示出友好和善意，或者我们具有规范性的资源来履行我们对于所有人的责任。伦理美德和责任需要暗中履行。按当前的情况，世界主义当今只能作为"近似的道德世界主义"。然而，因为至少一些陌生人值得我们现在去团结，这意味着"我们"能够为了"制度性世界主义"而工作的可能性。并不一定是为了一个无政府的世界，而是为了在这个世界中，一些全球制度性形式保证人们之间的伦理边界变得更有渗透性。

神和全球公民社会

新康德主义在伦理上的视角遭到一些批评，批评的内容包括它以激情作代价来崇拜理性，包括它空洞的形式主义，包括它僵化并且忽视情境的法则，这些法则忽视了冲突的普遍规则之间"取长补短"的必要性，批评还包括它有赖于对"phenomenal"（本质，偶然决定的）和"noumenal"（非本质，自我决定的）二者的区分。我们没必要因为这些批评而踌躇不前，因为很容易看到的是，以上提出的所有关于全球公民社会的假设伦理论证都有凌乱和有瑕疵的特征。遵循阿布·哈米德·安萨里（Abu Hamid Al-Ghazali）在《哲学家的不一致》(*Tahafut al-falasifah*)① 一书中运用的著名的方法，对这些论证进行简单的排列，便可揭示出它们在理论和实践上的互不相容。当然，在对它们的对比中，也能学到许多有益的东西，包括在任何对于全球伦理修正化的描述中，有必要对他们当中每一个都给予承认。然而，逻辑缺陷和推理疏漏比比皆是；对于重要问题的视而不见或迟钝濡滞，这妨碍了每一方的活力；当综合考虑时，很明显它们并不是一路货色，因此它们之间没法比较，它们所提出来的要解决的问题于是更为混杂。关于全球公民社会的伦理状况，它们本想一劳永逸地解决所有问题。这些都无须大惊小怪，因为在哲学领域的其他方面，所有为伦理法则提供理性基础的努力似乎都以失败告终。人们没有必要接受维特根斯坦那忧郁的结论去看待最初的问题，这个结论认为"一些人曾经试图论述或谈论伦理或宗教，所有这些人的这种倾向都与语言的边界背道而驰。这种对着我们的铁笼四壁的奔跑注定是绝对没有希望的"②。自维特根斯坦以后，理性争论和逻辑推理的技术已经变得日益精细，但结果仍然是相同的：混乱和分歧，直赶得上巴别塔。用来协调的只有倾向某种路数的当代潮流，昨天是普遍语用论和自由主义正义论，今天是社群主义（communitarianism）和解构论，它们的说服力主要决定于言辞的吸引力、制度性的支持、超凡魅力、把握时机的艺术和幸运。

伦理理性主义有这些局限性以及彻底的失败，既然如此，伦理宗教论证出现复苏和重新流行的征兆也不足为怪了。伦理混乱带来的道德不安是一种腐殖质，宗教伦理的幼苗就生长在其中；它还得到一种感觉的培植，那种感觉表明，尽管人类不能避免推理，但仅仅有理性

---

① Abu Hamid Muhammad Bin Al-Ghazali, *The Incoherence of the Philosophers / Tahafut al-falasifah*, trans., introd. and annot. by M. E. Marmura (Provo, UT, 2000).

② Ludwig Wittgenstein, "A Lecture on Ethics", in Peter Singer (ed.), *Ethics* (Oxford, 1994).

是不够的。① 确实，宗教虔诚和各种形式的公民社会之间在历史和知识上密切联系，然而这种关系中也存在紧张和复杂性。公民社会的宗教起源是一个颇有争议的问题。比如说，穆斯林教士和学者指出，在公民社会在西欧登上历史舞台之前，伊斯兰教就引入了它的基本要素，拉希德·加努希（Rashid al-Ghannouchi）就持这种观点。② 在信奉基督教的欧洲，从 16 世纪前开始，就有一些相反的努力试图拯救并捍卫文明之邦（societas civilis）的理念，将其作为宗教狂热的解毒剂。③ 从知识上来讲，这为一些讽刺的效应铺平了道路，包括在现实存在的公民社会的地上之城（Earthly City）中，宽容（一些）宗教差异的观点。还有一些主张认为，正是这种建立在政教分离基础上的宗教宽容的空间，让西欧在历史上脱颖而出，并且比其他文明更胜一筹。

我们没有必要因为这些复杂的观点而驻足不前。它们仅仅是作为背景，让我们理解当代那些把世界的宗教和伦理还给世界本身的努力，并给它们界定当代公民社会全球化的发言权。全球公民社会的宗教论证当然随处可见。顶尖的神学家汉斯·昆（Hans Küng）作出了严密的推理，很好地阐发了一种宗教论证："没有世界伦理，就没有生存。没有宗教间的和平，就没有世界和平。没有宗教间的对话，就没有宗教间的和平。"④ 昆承认世界上的宗教并没有践行它们自己规定的准则，然而，昆强调它们之

---

① 参见拙文 "Secularism", in David Marquand and Ronald L. Nettler (eds.), *Religion and Democracy* (Oxford, 2000); 以及哈贝马斯在德国出版界和平奖（German Publisher's Peace Prize）颁奖礼上的演说文本，Jüergen Habermas, "Glauben und Wissen", *Der Tagesspiegel* (Berlin), 15 October 2001; 以及 Wolfgang Kraus, *Nihilismus heute oder die Geduld der Weltgeschichte* (Frankfurt am Main, 1985), p. 138; "历史以及过去幻想中的挫折、苦难和仇恨，还有今天的现实，这些都是淹没我们的虚无主义的根源。虚无主义是人间天堂之希望的另一面。"

② 参见拙作 *Civil Society: Old Images, New visions* (Oxford and Stanford, 1998), pp. 28-31。

③ Dominique Colas, *Le Glaive et le fléau: Généalogie du fanatisme et de la société civile* (Paris, 1992), esp. chapters 1—3.

④ Hans Küng, *Projekt Weltethos* (München, 1990), p. xv ff.

间在重要伦理问题上令人惊异的共识程度。比如说，它们都强调需要责任自觉，不仅针对自己也针对世界。这种世界认可的伦理有一些例子，包括佛教的在面对世界时的"定（composure）"；律法和犹太法典的戒律；塑造印度人一生的社会责任；孔子致力于智慧的教育；《古兰经》中有关日常生活的教导；以及耶稣基督的布道。昆谈到，所有的宗教要求个人遵守并信奉某些绝对的法则和美德，这些法则和美德可以从内心指导他们的整个行动。在这些"黄金法则"之间，包括为人类幸福而工作的重要意义。因此，《古兰经》要求正义、真实和努力工作，佛教有超越人类苦难的教条，印度教奋力践行"教规（dharma）"，儒家要求保持包括"仁（humanum）"在内的宇宙秩序，犹太教的戒律要求爱上帝和自己的邻居，还有耶稣在"登山宝训"中的激进主张（乃至爱自己的敌人）。

尽管这些不同的伦理策略都禁止说谎、盗窃和谋杀之类的行为，它们也明显包含了一些不同的戒律。一些天主教信徒反对人工避孕；一些穆斯林赞成将剁手作为对盗窃的惩罚；一些印度教教徒捍卫种姓体系；诸如此类。然而，昆坚持认为，他们在对"无原则的自由思想"的反对中联合在一起，在对无条件的绝对信条的积极信奉中联合在一起。他们对于第一法则的遵从尤其重要，因为宗教为伦理领域带来确定性。由此可知，在面对不确定性和思想空虚的时候，宗教可以给个人以力量。他们能够"运用笃信的独特力量在人间展示出可靠的意义天地，展示出最终的目标"。宗教在伦理权利和义务的尾巴上放了一根刺；它赋予它们深刻意义，赋予它们"绝对性和普遍性"。

全球公民社会——无源之水

从开普敦到开罗，从费尔班克斯到弗里曼特尔，这些主张通常激起满腔热情的公共争论。这种争论中，宗教的"真实"对阵世俗观点的"真实"。这些争论难以轻易解决，并且通常变得猛烈升温。作者在其他地方曾指出，需要通过遵循无休止争议法则（Law of Unending Controversy）①，在伦理问题上号召停战，其原因也正在这里。除了在开玩笑而外，在任何被接受的意义上，这个法则（law）并不是什么"法律（law）"。但这条特殊的法则强调了，那些通过沟通产生伦理共识的现实努力是难以让人信服的[顺着尤尔根·哈贝马斯（Jürgen Habermas）那著名公式的路线]。它还指出，协调冲突性伦理主张的努力是不可能的，更不用说去炮制一些诸如元语言之类的东西，那种元语言试图满足所有争论者，调和所有的对立，并且让狮子温驯地和羊羔待在一起。

在宗教问题上，这条法则当然起作用。它帮助我们看到，人类无法确信上帝存在，或者不存在；当我们谈论上帝时，我们并不一定知道我们在谈论什么；并且，相反的，我们不知道如何最好地运用内在的语言来总结人类和世界的本质。无休止争议法则要求我们更清晰地审视19世纪世俗主义者的观点，该观点认为宗教是人为的宏大传说，宗教信仰者因此就像伊克西翁（Ixion）那样，他和云交配产下怪物。这个观点恰恰可以运用于世俗主义者自身，为什么宗教是愚昧的？为什么我们只应该相信自己？为什么人类成为人类现在的样子？他们在追寻回答这些问题的有力原因，但是在进展上没有什么起色。尽管有这种僵局，无休止争议法则促使我们看到，如果我们想要避免社会熵和政治混乱的话，除了寻找一种让非信仰者和信仰者的自由、平等和相互尊重达到最大化的方式，留给我们的没有别的知识和政治选择。

无休止争议法则最适合运用于对全球公民社会的宗教和非宗教论证。神学方法依靠对超越性第一法则的存在进行大胆的断定和忠实的认同，这种第一法则试图解释并理解世界。这些宗教主张很容易跟同样大胆的"世俗"或现世（内在）主张相抵牾，比如一些类型的观点认为，所有伦理体

---

① 一个明显的例子是 Umberto Eco and Cardinal Carlo Maria Martini, *Belief or Nonbelief? A Confrontation* (New York, 2000). 或者参见作者关于世俗主义历史起源和当代局限的文章，"Secularism?", in Marquand and Nettler (eds.), *Religion and Democracy*, pp. 5-19.

系都是彻头彻尾的人类创造，或多或少是精心制作的人类故事，来让我们理解我们注定栖居其中的广袤世界。关于全球公民社会的无休止争论，与之差不多同样的机制潜在地或实际上适用于所有其他伦理主张。这些主张竞相进入我们的视野，争取我们的青睐。它们都是有争议的。它们都不是不朽的。每一种都容易被挑剔和剖析（being picked open），要明白事实上它们是根据权宜规则进行的语言游戏，这些规则通常是无法比较的。

有些人可能会从这条无休止争议法则中得出悲观的结论，因为永远解决伦理争论是不可能的，这似乎把我们扔回伦理反调儿学派的行列中。这些规则不是正暗示了争吵、紧张、白热化争执和潜在暴力冲突的永恒存在吗？那些类型的结果确实是对积极妥协精神的诅咒，是对相互认可和接受差异的诅咒，而这些被诅咒者对于任何活跃的公民社会都是至关重要的。然而，如果因为伦理共识是不可能的，从而得出结论认为全球公民社会是不可能实现的理念，那么这是懦弱的不合逻辑的推论。确实，这些主张和相反主张在实践上不容易协调，但是有一种方法可以让这些规范性争论能够最为公正和开放地得到公开处理，达成妥协，而不需要引燃暴力。荒谬的是，这种方法被叫做全球公民社会。

道德

哪种方式可以把全球公民社会理解为规范性理念？至少有两种相互重合、相互依赖的方式可以积极地回应这个问题。它们都是新的超越边界伦理的必要成分。这个问题的一种可能答案，是在理论和实践意义两个层面上理解全球公民社会，将其理解为多种道德得以实现的条件。换句话说，就是来自单一普遍伦理的自由的领域。过去和现在每一位公民社会的成员都缠绕在自己编织的规范性意义网络之中，并且从定义上说，包括想象中的将来的公民社会也概莫能外。在这种理解中，公民社会包括许多不同的、通常相互竞争的价值观体系以及宝贵的生活方式体系，它们共同存在，相互遭遇。道德和谐不会自动降临到公民社会。在它的互动领域，康德所说的"非社会的社会性（asocial sociability）"的例子随处可见。这源于一个事实，即个人的道德认同是功能分化的产物：人们参与不同的群体和联合，因此，他们只是部分地参与其中。这样，共同伦理纽带折断了，瓦解为许多分离的道德联系。至少从原则上而言，公民社会促进了不同道德的无限多样性。这当然让愤世嫉俗和吹毛求疵的人更加磨刀霍霍，特别是那些强调公民社会的道德不一致的人（Etzioni），以及那些强调公民社会能够不屈不挠地对自身权利关系进行内在批判的人。

礼貌地说，在任何公民社会内，这些愤世嫉俗者和吹毛求疵者的批评是令人期待的，也是受人欢迎的，这主要因为公民社会倾向道德多元主义（"道德不一致"）和自我批评，而这些批评实际上是公民社会得以正常发挥功能的规范性原料。公民社会充满道德纤维。它包含诸多社会空间，在其中，许多不同种类的道德能够而且确实在寻求庇护。德里达（Derrida）最近呼吁建立"庇护城市"，这可以进行更广泛的诠释，将其作为设想公民社会是什么以及如何做得最好的隐喻。它为收容来自地球任何一个地方的难民之权利和义务提供世界性的保护。[①] 在一个充斥着暴力、严重的贫富失衡和肮脏的偏见的世界上，全球公民社会是一处安全的天堂，它保证了诸多不同道德的被庇护权利，这些道德潜在地或实际上相互冲突。它为那些不一定会获得同意的主张提供了永恒的避难所。在这种永恒性的意义上，它超越了康德在谈到公民社会时的想法。康德对该术语进行了古典而非现代的理解，认为公民社会是普遍和平可以占支配地位的地方，因为陌生人行使他们天赋的（Besuchsrecht）自然权利，可以进入并临时落脚于此。[②]

---

① Jacques Derrida, *Cosmopolites de tous les pays, encore un effort!* (Paris, 1997). 或参见下面的著作对于庇护和收容的思索，Emmanuel Levinas, "Les Villes-refuges", in *L'Au-delà du verset* (Paris, 1982).

② Immanuel Kant, *Zum ewigen Frieden. Ein Philosophischer Entwurf* (Königsberg, 1795), third article.

对于所有种类的道德而言，公民社会其实保证了永久居留（Gastrecht）的权利。那些栖居于公民社会界限之内的行动者义不容辞地运用并保护它的一些基本道德规则，其原因也正在这里。

这些规则在今天通常被非常流利地概括为"社会资本"一词。"'社会资本'这个术语"，一位公民社会的分析者简洁地写道，"我们指的是公民之间认识和道德调整的综合，这引导他们在匿名的公民同伴之间扩展信任（还包括政治当局，毕竟，人们的公民同伴被赋予了政治权力），引导他们实践'联合的艺术'"，引导他们关注公共（和他们自己范围狭小的特殊群体相对应的）事务和问题。① 我们会问，如果一个公民社会富有这种意义上的社会资本，那么它的道德属性是什么？首先，一个公民社会具备所谓的"主义盾牌（-ism-shields）"。托马斯·潘恩是现代"文明化社会"术语的发明者。自从18世纪诸如潘恩之类的人物出现后，公民社会的成员形成了一种看法，认为带给世界最大危害的是下面这样的信念，即某些个人、群体、政党、政府、教会或整个国家认为自己独占"真理"的信念，并且据此认为那些与他们不一致的人不仅仅是执迷不悟，更是堕落、疯狂和邪恶的。公民社会的道德提防着假设、傲慢和仇恨。它的道德是谦卑的道德。他们信奉沙菲（Al-Shafii）的古代格言："我的观点是正确的，但也可能错误，其他人的观点是错误的，但也可能正确。"因此，这些道德还保证了对于刻板印象的深刻怀疑。刻板印象是没有道理的谣言和主张，它认为其他人是愚蠢的或劣等的，或者简直就是邪恶的。② 公民社会无疑培育了刻板印象。公民社会培育的公共自由不仅使得个人和群体去胡闹（把老家伙送到风雪中去，把所有人送到月球上去，特别是因为人们已经去过那里了），而且还谈论具有更严重后果的严肃事情。但是事实上，公

---

① Claus Offe, "Civil Society and Social Order: Demarcating and Combining Market, State and Community", *Archives européennes de sociologie*, 41: 1 (2000), p. 94.

② Isaiah Berlin, "Notes on Prejudice", *The New York Review of Books* (October 18, 2001), p. 12.

民社会容纳了许多道德，这意味着公民社会也促使了公众对于这些刻板印象不断积累的深刻怀疑，同时也促使了公众对社会自满（social complacency）的抵制。公民社会可能造成社会平庸，普遍缺乏生活中的冒险精神。公民社会的成员可能自鸣得意地逐渐相信他们自己和善的宽容，相信他们自己对于"他人"的接纳："良好"的他人。当然，是那些赞同我们所赞同的所有事物的人，比如议会民主、自由市场、环境保护以及女性主义，当然还有观点的自由。伦理哲学家有时通过给出"为善（being good）"本自然的印象，加深了这种自鸣得意。① 从历史角度而言，那种结论是幼稚的。不仅如此，它还低估了公民社会的机制。公民社会具有一种趋势，可以刺激其成员对于描述差异的话语产生敏感，那种结论也低估了这种趋势。他们开创了一种注定没有尽头的学习进程：在这一进程中，我们认识到，那种和我们自己的生活大相径庭的生活完全是可能的。我们逐渐理解，接纳或宽容我们所知甚少、一无所知或缺乏同感的人，才是文明性的特征。

文明性

公民社会是道德多元主义的天堂，这么说促使我们重新思考文明性的概念。文明性的道德话语具有模糊不清的历史，这种模糊不清的历史具有模糊不清的后果。在欧洲早期现代化期间，特别是在美国和法国革命之间，在大西洋地区，"文明性"和"文明化"通常指的是身体风度和言谈举止，它们能给他人一种积极的印象，主要是"彬彬有礼"、"温文尔雅"

---

① 相关的一个例子参见 Simon Blackburn, *Being Good. A Short Introduction to Ethics* (Oxford, 2000), section 21："感谢那些向我们行善的人，同情那些在痛苦或烦忧中的人，憎恨那些以制造痛苦和麻烦为乐的人，自然而言，这些对我们都是好事。几乎所有伦理都鼓励这样做……这只是我们大多数人的特征，我们所有人如何做是我们的最佳状态。"注意这种在道德问题上关于是否说"我们"或"我们大多数"（并且人们应该加上"我们中的一些"）的犹豫，这也是公民社会的生活特征。

和"教养有素",与之相反的是"粗鲁无礼"、"举止鄙陋"、"好勇斗狠"和"野蛮原始",后面这些是国内外那些人口中无知的大多数人的习惯。① 17世纪晚期,哲学家约翰·洛克(John Locke)和都柏林绅士政治家威廉姆·莫利纽克斯(William Molyneux)之间进行了著名的通信交流,这是这种态度的慢动作(slow-motion)范本:对于不拘礼节(informality)的普遍诉求,对于固有偏见和炽热情感的回避,对于启蒙"礼貌"的庆贺,关于热爱"经验知识"和"真理"的谈话,这些都推动了他们之间广泛的交流。有一次,洛克的朋友问他关于爱尔兰同时也是关于所有殖民地的问题:既然洛克主义的主张认为,除了出于自愿之外,人们不应当屈从于政府,那么凭什么爱尔兰应当屈服于英国?洛克回避了这一问题,这一点是他们通信的突出特征。② 这一特殊的例子解释了更为普遍的观点,即文明性是特权者的特权性话语;它假设并要求排除世界人口中整个的其他类别,只是因为它们那些"低劣"的特征,比如肤色、性别、宗教或缺乏教养。

可以理解,除了"好战"或"暴力"而外,文明性的所有这些古老含义都激发了当今公民社会支持者的良心。对他们而言,"文明性"具有大为不同的内涵:它不仅指"非暴力",也意味着"尊重他人"、"对陌生人友好"、"宽容"甚至"慷慨大方"。这种内涵的改变是巨大的。这和这些关于公民社会道德的反思相吻合,并且可以用下面的公式来概括:文明者是一些个人和群体,他们运用间接含蓄、保留脸面和自我克制等手段,在圆滑的谈话、行动和举手投足中,展示他们对于世界性的和平道德多元性

---

① Jean Starobinski, "Le mot civilisation", *Le temps de la réflexion* (Paris, 1983), part 4, pp.13ff.; Jörg Fisch, "Zivilisation, Kultur", in Otto Brunner et al. (eds.), *Geschichtliche Grundbegriffe. Historisches Lexikon zur politisch-sozialen Sprache in Deutschland* (Stuttgart, 1992), vol.7, pp.679-774; and Robert Hefner (ed.), *Democratic Civility: The History and Cross-Cultural Possibility of a Modern Political Ideal* (New Brunswick, NJ, 1998). 比较下面关于文明性的修订版的哲学论述,Mark Kingwell, *A Civil Tongue. Justice, Dialogue, and the Politics of Pluralism* (University Park, PA, 1995).

② 初版以不太准确的形式发表于 *Some Familiar Letters Between Mr Locke and Several of his Friends* (London, 1708).

的遵从。

在这种意义上，文明性意味着公民社会永远具有在道德上正反感情并存的特征。"道德无可救药地是悖论（aporetic）的"，鲍曼评论道，"没有选择（除了那些相对较小的选择，或者其存在的重要性不大的选择）是确确实实地好的（选择）。大多数道德选择是在矛盾的冲动中作出的……道德本身在模糊不清的情境中变动、被感知并发生作用，充满不确定性。"[①] 从社会内部看来，道德纯粹是不可能存在的。践行道德（living a morality）通常是模糊又费劲的传奇故事，因为这涉及一种内在的认识，即一些人的道德在另一些人看来其实是厚颜无耻，或者这些道德只是让他们显得冷酷。这也就是为什么它还包括另一种看法的原因。那种看法认为，在任何情况下都坚持某种道德［在尼克·霍恩比（Nick Hornby）的《如何为善》（*How To Be Good*）一书中得到生动的描述］就是幽默感的丧失，也是所谓常识的丧失。自然，道德要求更多的道德判断。在日常生活和社会关系中更自如地航行要求付出持久的努力，通过这些努力来解释差异、达成协议、假装我们能宽容差异、批判过度、说服别人、成熟老练、达成妥协、避免冲突、平息分歧、三缄其口、装聋作哑。这些并不能增进道德共

---

① 摘自下书关于道德的启发性反思，Zygmunt Bauman, *Postmodern Ethics* (Oxford and Cambridge, MA. 1994), p. 11. 下面一段吸取了鲍曼的观点，但是其通过内在批判的方式，强烈地反对作者在它处提及的鲍曼在政治问题和（在此书中）道德上的教条悲观主义。很明显，鲍曼对于"现代性"的描述忽略了公民社会、公共领域或代议法治民主的规则和制度。这种忽略导致他把现代性等同于于对"普遍并'客观'建构的道德"的追寻，这种追寻在本质上是种族灭绝性的（genocidal）。后现代主义于是和认识道德多样性及意义创造过程中的道德两难的斗争联系起来。鲍曼没有看到这种普遍化描述与其自身相抵牾。公民社会、公共领域、代议法治民主制度都是 *tu quoque*（彼此彼此的）制度性假设，在这种假设之后，他并没有追问道德明确性。他只是为我们留下了某种存在主义，这种存在主义可以说类似于在中西欧地区此前持不同政见者的态度（"生活于真实之中的"反政治力量），或者类似于某种福柯所说的"关注自身（souci de soi）"、"自我关注"的道德，即个人认识到要反对任何普遍有效的伦理。前者的谱系和局限已经在拙作中讨论过，参见 *Václav Havel: A Political Tragedy in Six Acts* (London and New York, 1999). 作者此前对于鲍曼教条悲观主义的评论参见 *Civil Society: Old Images, New Visions* (Oxford and Stanford, 1998), pp. 127-129。

识。这也与道德普遍性无关。当公民社会还是公民社会，道德普遍性就不会也不可能存在。道德代数学是文明性的诅咒，就像古希腊的强盗，试图把道德放在拷问台上，然后将其扩展并重构，让道德符合关于确定性的中规中矩的把握，于是可以"根据合适的道德"来生活。

迈向公民社会伦理

为什么全球公民社会应当涵盖各种广泛的道德？对于该问题原因的简短总结就此打住。自然，新的问题产生了：在这个社会内，是否需要干点什么？现实存在的公民社会内在地受到各种道德的推拉，其中一些（比如全球恐怖分子网络）至少在道德上是可疑的。既然如此，我们是否能够或必须得出结论，认定这些道德中的每一种都该被理解为"有效的"或"合法的"？回答是有力的："否也。"循着反调儿学派的步伐，这不仅仅是因为百花齐放会或迟或早地导致杂草遍地。反事实推理推动了负面的答案，在这种推理中，需要询问道德多元性之可能性的现实条件。这里我们来询问全球公民社会的普遍化伦理。

这个社会可以被看成是道德多元主义的伦理先决条件（conditio sine qua non）。全球公民社会需要在严格的最初词义上运用风气（ethos）一词，也就是说，运用家庭、住处、熟悉的居留地、在与他人的关系中我们涉及自身的方式。这样，这个社会及其制度维持着道德并促使其繁荣。作为一种伦理理念来考虑，全球公民社会不同于所有老式的原始柏拉图主义观念，那种观念用单一的普遍理念把所有差异集中起来纳入其中。它与任何形式的一体化（Gleichschaltung）都没有关系。一些政治运动窒息道德差异，并首先消除所有任意的或"野性"的道德判断资源，但全球公民社会兢兢业业地抵制着所有这些政治运动。在这方面，全球公民社会伦理拒斥后现代主义对于单一性的新式赞歌，这种单一性教条地强调不同背景和理念的多样性。全球公民社会的伦理通过柏拉图和后现代主义开拓了一个新进程，在这个过程中，它超越了二者对于伦理的极端思考方式。和后现代主义及其他类型的多元主义类似，全球公民社会的伦理鼓励社会多样性，但它是通过探询动态社会多元性的普遍前提而做到了这一点。它对此前描述的变化性问题进行了全新的审视。它特别指出，需要一反常识关于道德之间碰撞和冲突的看法，要转而看到，除了暴力已经爆发之外，在其他任何场合，"我们的"道德和"他们的"道德、自我和他人、内在和外在实际上都不是对立的，通常是我中有你，你中有我。用最简单的话来讲，这就是说，许多道德生活方式的共存，要求每一种道德无条件地接受公民社会制度的必要性。

如此理解的话，全球公民社会并不仅仅是（用汉娜·阿伦特的话来说）"人类的无限多元性和分化"① 能够提出并活跃的空间。它也是可以普遍适用的伦理理念，在智利可以，在阿富汗也不例外，在安道尔亦然，这正是因为它是唯一认识并尊重社会差异之真实多样性的伦理。当然，在实践中，这种普遍伦理可能遭到拒斥。甚至可能掏出手枪，电极会伸向某些人的私处，痛苦只会让这个道理更加明晰。全球公民社会的结构可能受到嘲弄，遭到巧妙的回避，甚至扼杀。但是，那些如此拒斥那些结构的人必然认为他们自己是在所有的道德空谈之上，并超越了这些空谈。就是说，他们生活的方式或打算生活的方式是其他每个人应该遵循的生活方式。就像世界上所有罗伯斯庇尔式（Robespierres）的人一样，他们继续从事在明亮的黎明之前宣布普遍满足这一工作，那是他们自己的满足。如果必要的话，用恐惧和鲜血保证他们工作。他们追寻他们的第一原则，在这种做法中剪除道德。

在这种意义上，全球公民社会并不是伦理第一法则。它不能够也不应该和普遍满足的信仰相提并论，不能够也不应该和上帝或其他种类的来生或现世普遍原则相提并论，这种普遍原则控制并压抑了所有特殊性。不同

---

① Hannah Arendt, *The Origins of Totalitarianism* (London, 1973), p. 438.

理念和生活形式具有真正的多元性，全球公民社会最好解释成这种多元性维持和兴盛的前提，这是一种隐性的逻辑和制度前提。这种前提就扎根于实际存在的全球公民社会之中，全球公民社会的运作依靠或多或少没有言明的推论，即它是许多观念和生活方式的空间，因此公民社会是个好社会。全球公民社会似乎要求每一位参与者或潜在成员签署契约：承认并尊重全球公民社会的原则，将其作为一种普遍伦理原则，来保证对于其道德差异的尊重。

　　全球公民社会的伦理当然不是"永恒的"。它有过去的历史以及不确定的未来。它可能会毁灭，成为军事力量或骄横权力积累下的牺牲品。在任何常规的意义上，它并不是跨历史或超历史的理念。尽管它变化不定，全球公民社会并不只是诸多道德规则中的一种。全球公民社会就像是又大又精致的桌子，用来召开圆桌会议，又像横跨全球的空中交通控制网络。从康德思想看来，全球公民社会是一种"绝对（categorical）"要求，而非"假定（hypothetical）"要求。每一个喜欢或想要加入全球公民社会的人必须遵循它的规范性规则。它是无条件的，没有什么如果或但是，因为这是其多方面社会参与者可能进行动态互动的条件。全球公民社会促进对于差异的认识，但它也暗示并要求对于联系的认识。为了认识并讨论差异，全球公民社会必须呈现为共同的清晰框架，该框架包括争议的原则、手段、模式和实质。在如此的理解之中，全球公民社会是普遍的伦理观念，但它是具有差异的伦理原则。如果没有它那制度性的结构，不同的个人、群体、运动和组织就不能和平共处。所以，碰到关于全球公民社会"建立"的哲学或伦理原则的问题，它的支持者们不应当感到尴尬。事实在于，它不需要任何第一原则。

　　巴萨姆·提比（Bassam Tibi）曾经恰当地评论道，全球公民社会的伦理作为某种桥梁，联结了具有不同道德的许多不同社会之间的差异。①

---

　　① Bassam Tibi, "The Cultural Underpinning of Civil Society in Islamic Civilization", in Elisabeth Özdalga and Sune Persson, *Civil Society, Democracy and the Muslim World* (Istanbul, 1997), pp. 23-31.

确实如此，但是，这里勾画的对于全球公民社会非极端主义的理解无疑容易遭遇一些力量，包括个人、群体、运动和组织的力量。这些力量对于社会多元主义的任何内容都不想要，对于他们自己特殊生活方式的所有内容都想留下。鬼迷心窍的轰炸者决定在购物者头顶上夷平混凝土建成的大型购物中心，愤怒的炮兵把平民的生活轰进战场，有钱有势的家伙自私地尸位素餐，以别人为代价中饱私囊，增加自己的财富和收入。对这些家伙，全球公民社会的伦理能说什么？要说的有很多。原则上，全球公民社会的伦理不会容忍它不能容忍的反对者。它不能宽容，因为那会抵触并削弱它自身的慷慨精神。全球公民社会的支持者必须注意它的反对者，不能允许反对者在其他人身上实验赢家通吃的强迫症（obsession）。一元论时时处处都是公民社会多元主义的威胁。当然没有用来探查或处理全球公民社会一元论对手的明确规则。对于在特殊环境中作出不同判断的任务而言，完全没有替代物，全球公民社会的支持者之所以必须对于一元论的不同形式始终保持开放心态，原因正在这里。这些一元论的形式或者在全球公民社会内部冒出来，或者从外部造成威胁。自始至终，一些形式的一元论具有一元性的影响，比如法西斯主义的单人牢房（cells）。其他一些具有难以预料的混杂效果，对于"国家"的捍卫是这方面的一个例子。然而有时候有些例子通过增加公民社会的多样化，最终为实际存在的公民社会带来多元化影响，这方面可以想想浪漫主义艺术家及其支持者反对现代性的抗议。

防御手段

对于含混的敏感和对于讽刺的认识是全球公民社会伦理的重要成分，它实际上关注于发展出多种敏感的技巧来对付反对者。全球公民社会的装备库可以储存各种防御手段。宽泛地说，这些手段有两种类型。政治的、法律的和警察—军事手段来源于政府机构内部，从定义上而言，这些手段是"外在"于全球公民社会机构的。对于非政府领域而言，它们可以有力地作为启动装置，包括通过提供军事和警务保护；通过在个人和整个社会群体头上撒下合法契约的网络；通过让社会冤情合法地大白于法庭；并且分配财政资源，以支持全球公民社会的基础结构。以上部分论述的保护多元主义的政府资源在原则上有一种补充，那就是源自全球公民社会内部的非政府手段。

除开以金钱为媒体的市场关系，这些社会机制的研究大体上都很薄弱。因为篇幅的原因，这里只能提一下。这些社会机制包括大量不同而有趣的做法，这些做法具有谜一般的影响。许多在公民社会内部生活的人以自己的方式感受到奥斯卡·王尔德（Oscar Walde）那句俏皮话的真意："什么是对的，什么是错的？对于这种观念的全神贯注，在行动上表现出引人入胜的心智发展。"[1] 那就是说，适当的幽默感是重要的社会润滑剂，特别是那种华而不实的骄傲的幽默，因为幽默鼓励对生活的讽刺进行健康的理解。在捍卫文明性的过程中，还有其他非政府的武器：通过接触不同事物来学习的习得技巧，即通过"命令"推理（"imperative" reasoning）[2] 来学习的习得技巧，通过谈判来达成双方同意的妥协的技巧，比如说通过会议和平行峰会达成妥协；通过更有力的论证力量劝说他人，

---

[1] Oscar Wilder, *The Complete Works of Oscar Wilde* (Leicester, 1987), p. 1113. 幽默的"民主化"是一种特殊的现代进展。可与之相比较的是，在现代化早期的欧洲上层阶级中，人们把幽默当做坏品味。约翰·维伯克摩斯（Johan Verberckmoes）评论道，"小丑、色鬼、农夫、醉汉、吹风笛的人都被认为是设想中的文明人的反面"〔*Schertsen, schimpen en schateren: Geschiedenis van het lachen in de zuidelijke Nederlanden, zestiende en zeventiende eeuw*), Nijmegen, 1998, p. 47, 引自 Benjamin Roberts, "Humor", in Peter N. Stearns (ed.), *Encyclopedia of European Social History. From 1350 to 2000*, Detroit, 2001, vol. 5, p. 132〕。不久以后，大约是在18世纪左右，旧的公民社会话语经历了现代化，"文明"人逐渐奉幽默为武力决斗的替代物，奉幽默为用三寸不烂之舌而非用剑解决分歧的技巧。在这种文明化进程中，幽默的角色值得研究者给予更多的关注。

[2] 引自 *imparare* (Lat.: 通过和不同的他人互动而学习)，参见 Raimundo Panikkar, "What is Comparative Philosophy Comparing?", in Gerald J. Larson and Eliot Deutsch (eds.), *Interpreting Across Cultures: New Essays in Comparative Philosophy* (Princeton, 1988), pp. 116-136。

或者通过尤尔根·哈贝马斯提出来的著名的"致力于达成共识的沟通行动(Verständigungsorientierten Handelns)";公民德行的训练,比如慈善、温和与谦卑①;通过羞辱运动(shame campaign),放逐非文明的罪犯;并且培育根据下面的准则来生活的能力,即只有对于做错事的其他人予以宽恕,全球公民社会才有前途。

远方的责任

这些只是政府和非政府机制的一些例子,这些机制可以用来抗击各种形式的教条主义和敌意,教条主义和敌意能够分裂全球公民社会的脆弱组织(tissues)。这些机制可能并不总是有效,在某些时间和地点,它们很可能具有矛盾的效果。唯一能够确定无疑的是,那些认为全球公民社会可以离开这些机制而运转的人是幼稚的。这种公民社会是摇摇晃晃的秩序。它包含稳定的力量,也包含熵的力量;它的普遍潜力总是受到阻碍;它那世界联合的图景在误解和混淆中陷入困境。全球公民社会没有"自然"走向和谐的趋势。不论是从内部还是从外部,它都受到持续的威胁。最要命的是,那些来自权力群体的人们不想要它的一丁点儿多元主义;全球公民社会那无源之水的伦理不能也不应轻易实现的原因正在于此。在挑战面前,它并不神经兮兮;当挑战消失,它并不茫然失措,并不是倦怠的自愿牺牲品。全球公民社会是一种好战的伦理。它通过非政府纽带不屈不挠地寻求保证自由、平等和团结,这些纽带和平地延伸向这颗行星的五湖四海。在一些诸如"请勿跨越警戒线(linea de policia por favor no cruzar)"之类的标牌面前,它感到不安。边界上是砖砌起来的窗户、武装部队、警犬、乌鸦窝、护照、带刺铁丝网、满是涂鸦和黑帮标记的墙壁。对于全球

---

① 参见作者对下书的评论,Norberto Bobbio's *In Praise of Meekness. Essays on Ethics and Politics* (Cambridge and London, 2000), in CSD Bulletin, 9: 1 (Winter 2001—2), pp. 15-16.

公民社会的精神有一些暴力威胁,全球公民社会的伦理在这些威胁面前当然不是蠢笨的软蛋。它清楚,有些时候,暴力必须用来作为反对那些威胁的最后防线。① 这种限制是无条件的,但是这条规则有一个显著的例外:它涉及能够把公民社会连根拔起的暴力手段。

不可避免的伦理主题被弄得更加不可避免,因为重大的伦理问题现在困扰着全球公民社会。此前的世界观没有应付过这个问题;该问题是,人类在地球上的生活是否应该继续,为什么应该继续。汉斯·乔纳斯(Hans Jonas)指出,在现代以前没有出现这个问题。善良和邪恶的问题通常是地方性问题。当然,也有对于终极问题的关注,比如世界、神和上帝的创世问题。并且,帝国的统治者不得不采取从长计议的思考和打算方式。然而事实上,在现代以前,大多数人的伦理世界是和睦的,包括统治者和被统治者之类。行动主要具有地方影响,对于那些行动的规范性判断是相应的地方事务;当时没有远洋航行的战舰,没有喷气发动机、电报系统或互联网,由于技术原因,不可能发生具有遥远影响的行动,因此正确或错误的问题被限制在此时此地。伦理植根于就近的地理区域。"所有这些都发生了决定性的改变",乔纳斯写道,"现代技术引入了具有如此全新规模、对象和影响的行动,以至于此前的伦理框架不能够容纳这些行动。"② 在现代条件下,行动者及其行动具有遥远的影响,因此,我们从过去继承的伦理问题和答案的储备太局促于一隅,难以回应这些全球性的进展。此前的伦理判断植根于直接的邻里关系和与我们亲近之人的关系,但人类力量已经全球化,包括毁灭世间生活的技术力量。这揭示出,此前的伦理判断只继续具有个人方面的相关性和必要性,而对于如今生活在这

---

① 对该问题的详细论述参见 John Keane, "Judging Violence", in *Reflections on Violence* (London and New York, 1995), pp. 61-104。

② Hans Jonas, *Philosophical Essays: From Ancient Creed to Technological Man* (Englewood Cliffs, 1974), pp. 7-8;或参见他的 *Das Prinzip Verantwortung. Versuch einer Ethik für die technologische Zivilisation* (Frankfurt am Main, 1979), pp. 36, 80, 86, 91, 94。

颗行星上的每个人所面临的问题，这些伦理判断是完全不够的。这些问题的突出之处，不仅在于它们的意义是针对作为整体的物种而非少数人，而且也是由于它们难以让人看见。比如说，父母和祖父母通常知道他们有道德义务来养育他们的孩子，给孩子穿衣，教育孩子，以及爱孩子，并且通常他们能富有创见地找到履行这些义务的方式。他们能看见并判断他们自身行动的影响。当人类的作为或不作为开始具有遥远的影响时，麻烦就找上门来。父母和祖父母们可能不知道这些影响，所以对于这些仍然充满幸福地高枕无忧。如果他们确实知道这些，然后他们会被告知或者逐渐相信，在遥远机构中的其他人在处理那些问题。在两个例子中，这些父母和祖父母对于那些问题兴趣不大或没有兴趣，更不用说有能力或义务在这类问题上做一些事情。

全球问题就如同是核武器。有这么一个故事，1943年，当科学家尼尔斯·玻尔（Niels Bohr）到达洛斯阿拉莫斯（Los Alamos），他的第一个严肃的问题是："它真的足够强大么？"[1] 他指的当然是原子弹，指的是原子弹是否足够有力来结束世界战争，是否足够强大到挑战人类超越人为的伤亡，达到和平和自我开放的世界。蓦然回首，玻尔的问题可以用多种方式回答。丢在广岛的原子弹结果是否"保持了和平"是甚有争议的（为谁的和平？这个主张如何证明？当今的原子发展如何？）。它当然增加了压力，让未来战争的图景令人难以忍受，只是因为它标志着屠戮人类、破坏环境的技术能力有了巨大增长，并且这一切是在可怕的、轻易的方式中完成的。人类是无所不能，还是一无所知，这个本就有很大分歧的伦理问题，由于核武器的发明和发展而变得更具争议。对所有地方性环境，包括家庭，核武器具有无形的意义。原子弹降临到人类头上，对于其可怕后果的第一印象和目击描述传遍全球，这标志着对于一个深刻的伦理问题产生

---

[1] 引自下面未出版的讲座的第三部分，Robert Oppenheimer, "Niels Bohr and his Times" (1963)，转引自 Richard Rhodes, *The Making of the Atomic Bomb* (New York and London, 1988), p. 778。

全球性认识的开始,而该伦理问题涉及一些人对另一些人干了什么事。①从那时起,由于原子弹分裂的化学和政治辐射尘以及长期辐射效应,同样的问题就没有消失过。在原子试验计划的作用下,世界上数不清的家庭已经遭受了死亡、离散和分裂。这其中包括作者本人的家庭,作者童年时候生活在澳大利亚。原子弹已经具有全球化影响,其中包括全世界都在追问的一连串扫兴的问题:一些人是否有权玩弄另一些人的生命,或者在世界层次上玩弄所有人的生命?重大的核战争或核灾难是否会成为如此糟糕的事情?地球上为什么应该继续存在生命?或许人类就像痛苦的个人一样有权利自杀?如果不是这样,为什么?

这些问题让人坐立不安,但是它们都有最明确的依据,因为有一些貌似充分的理由来预期人类难以或不能继续生存。只要花几秒钟想一想全世界储存的核武器就行了,或者想一想预示灾难的恐怖主义者发动化学或生物武器袭击的可能性,或者想一想现代人(homo sapiens)当今给地球生态系统带来的彻底改变。仅仅是在这些事实的压力下,很有可能由于故意、疏忽或无意后果而造成人类的集体自杀。汉斯·乔纳斯认为,核武器之类的技术发明具有远距离的影响,必须遵循新伦理的新"第一责任":所有人都有紧迫的责任来想象并思考现代技术的远距离影响。如果它深入人心并得到遵守,这种责任将导致一种加深的认识,至少认识到一些技术如何有力且有效,如何具有潜在的毁灭性。第一伦理责任害怕这些技术带来的不确定性。"将要更加留意世界末日的预言,而不是天赐福祉的预言",他总结道。在全球伦理的问题上,当务之急是公开培育"保存和预防的伦理,而非进步和完美的伦理"②。

乔纳斯所言极是,但是,全球伦理的问题不能也不应悬挂在那种严肃的预示灾难的注解上。在一些领域要紧握紧急制动闸,比如在核问题上这

---

① Robert Jay Lifton, *Death in Life* (New York, 1967).
② Johas, *Das Prinzip Verantwortung*, p. 70.

无疑是必要的，但这不是很令人鼓舞。全球伦理需要睁开眼睛，伸出手臂，去拥抱一些更为积极的事物。一开始，需要认识一些新生事物：世界人口的千百万人之间都有一种感觉，都感到他们是公民社会的公民，这个公民社会延伸到这个星球上四面八方的犄角旮旯。这个全球公民社会是分歧和共识（identity）的避风港，在这个空间中，有许多互不相同、彼此重合并相互冲突的道德。那些生活在其中的人们至少有一个基本共同点：他们对于铺张浪费、华而不实、争权夺利的行为具有伦理上的厌恶。具有上述行为的人错误地认为他们自己是上帝，并且试图像上帝那样行事。这种多元主义的伦理是不容商量的，这就是为什么作为多种道德的空间，公民社会用上千种不同的方式回答乔纳斯提出的那个问题，那个人类为什么不应该终结其自身存在的问题：我的家庭，我的孩子；我喜欢我的工作；我信仰上帝；生活有太多快乐。其他人的回答可能是：弹奏音乐、绘画、和其他人掷西洋双陆棋骰子、在山地车上蹦跳，或者修补他们的渔网。

　　同时，在政府或非政府领域，有些行动者试图与人类及其生物圈玩危险的游戏，在上面那些回答的支持下，全球公民社会的伦理给所有那样的行动者施加压力。这种普遍伦理对他们的傲慢自大满是怀疑。它号召他们洁身自好，并且，如果他们做不到这一点，那么在尊重人类多样性的至高伦理义务的名义下，全球公民社会的伦理将要求强硬行动。其形式是，对于任何类型的自杀力量游戏进行实实在在的禁止。自然，全球公民社会的伦理仍然会有敌对者。他们会提出他们的抗议，他们的如果和但是。他们会扮鬼脸并乱吼乱叫，或者谋划他们的策略。人类在地球上为什么应该继续生存下去？这些敌对者对于这个问题漠不关心，搞清楚其中的原因会是一件有趣的事情。这些当代权力中厚颜无耻的角色，和公民社会伦理作出的回答相比，他们难道有更确定、更紧迫的回答？可能，是否应该请他们解释他们的漠不关心，或者解释他们的玩世不恭？他们有什么要说的？

拓展阅读

如果读者有兴趣加深自己对于这个主题的理解，可能希望参考下面关于全球公民社会的附加文献，这些文献是由各个学科的专家在20世纪的各个时期完成的。出版者已经尽最大的努力保证本书所引用的外部网站的URL在出版之前是正确且可更新的。然而，出版者没法对这些网站负责，不能保证站点仍然可更新，不能保证内容现在和将来仍然能够使用。

我应该感谢马丁·奥利弗（Martyn Oliver），在本书这部分以及其余部分的准备过程中，他提供了慷慨大方、竭尽所能的研究帮助，感谢他对于索引所做的专门准备。

Jeffrey C. Alexander (ed.), *Real Civil Societies. Dilemmas of Institutionalization* (London, 1998)

Helmut Anheier *et al.* (eds.), *Global Civil Society* 2001 (Oxford,

2001)

Raymond Aron, "The Dawn of Universal History", in Miriam Conant (ed.), *Politics and History. Selected Essays by Raymond Aron* (New York and London, 1978)

Roland Axtmann, "Kulturelle Globaliserung, kollektive Identität und demokratischer Nationalstaat ", in *Leviarhan*, 23: 1 (1995), pp. 87-101

Bertrand Badie, *L'état importé: L'occidentalisation de l'ordre politique* (Paris, 1992)

Gideon Baker, "The Taming of the Idea of Civil Society", Democratization, 6: 3 (Autumn, 1999), pp. 1-29

Benjamin Barber, *Jihad vs. McWorld: How Globalism and Tribalism are Reshaping the World* (New York, 1995)

Gary J. Bass, *Stay the Hand of Vengeance. The Politics of War Crimes Tribunals* (Princeton and Oxford, 2000)

Ulrich Beck, *What is Globalization?* (Cambridge, 2000)

John Boli and George M. Thomas (eds.), *Constructing World Culture: International Non-Governmental Organization Since 1875* (Stanford, 1999)

Fernand Braudel, *Civilization and Capitalism, 15th-18th Centuries*, vol. 1 (London, 1984)

Hedley Bull and Adam Watson (eds.), *The Expansion of International Society* (Oxford, 1984)

John Burbidge (ed.), *Beyond Prince and Merchant: Citizen Participation and the Rise of Civil Society* (New York, 1997)

David Callahan, "What is Global Civil Society?" www.civinet/org/journal/vol3nol/ftdcall.htm

Simone Chambers and Will Kymlicka (eds.), *Alternative Conceptions of Civil Society* (Princeton, 2000)

Neera Chandhoke, *State and Civil Society. Explorations in Political Theory* (Delhi, 1995)

Neera Chandhoke, "The 'Civil' and the 'Political' in Civil Society", *Democratization*, 8: 2 (2001), pp. 1-24

Steve Charnovitz, "Two Centuries of Participation: NGOs and International Governance", *Michigan Journal of International Law*, 18: 2 (Winter, 1997), pp. 183-286

Dominique Colas, *Le Glaive et le fléau: Généalogie du fanatisme et de la société civile* (Paris, 1992)

Fred R. Dallmayr, "Globalization from Below", *International Politics*, 36 (September 1999)

Jacques Derrida, *Cosmopolites de tous les pays, encore un effort!* (Paris, 1997)

John Dewey, "Civil Society and the Political State", in Jo Ann Boydston (ed.), *John Dewey. The Middle Works*, 1899-1924 (Carbondale and Edwardsville, 1978)

Peter Dicken, *Global Shift. Transforming the World Economy*, 3rd edn. (London, 2000)

Nigle Dower, *World Ethics: The New Agenda* (Edinburgh, 1998)

Tim Dunne and Nicholas J. Wheeler (eds.), *Human Rights in Global Politics* (Cambridge, 1999)

Michael Edwards, *Future Positive. International Co-Operation in the 21st Century* (London, 2000)

Michael Edwards and John Gaventa (eds.), *Global Citizen Action* (Boulder, 2001)

Richard Falk, "The World Order Between Inter-State Law and the Law of Humanity: The Role of Civil Society Institutions", in *Explorations at the Edge of Time: The Prospect for World Order* (Philadelphia, 1992)

Richard Falk, *Predatory Globalization: A Critique* (Oxford, 1999)

Felipe Fernández-Armesto, *Civilizations* (London, 2000)

A. M. Florini (ed.), *The Third Force. The Rise of Transnational Civil Society* (Tokyo and Washington, DC, 2000)

Ernst Gellner, *Conditions of Liberty: Civil Society and Its Rivals* (London, 1994)

Gary Gereffi and Miguel Korzeniewicz (eds.), *Commodity Chains and Global Capitalism* (Westport, CT, 1994)

Jürgen Habermas, "Civil Society and the Political Public Sphere", in *Between Facts and Norms* (Cambridge, MA, 1996)

Michael Hardt and Antonio Negri, *Empire* (Cambridge, MA and London, 2000)

Pierre Hassner, *La violence et la paix: de la bombe atomique au nettoyage ethnique* (Paris, 1995)

Robert Hefner (ed.), *Democratic Civility: The History and Cross-Cultural Possibility of a Modern Political Ideal* (New Brunswick, NJ, 1998)

David Held and Anthony McGrew (eds.), *The Global Transformations Reader* (Oxford, 2000)

Eric Hobsbawn, *The Age of Empire 1875-1914* (New York, 1989)

Peter J. Hugill, *Global Communications Since 1844. Geopolitics and Technology* (Bltimore and London, 1999)

Michael Ignatieff, *Virtual War* (London, 2000)

Harold James, *The End of Globalization: Lessons from the Great Depression* (Cambridge, MA, 2001)

Sudipta Kaviraj and Sunil Khilnani (eds.), *Civil Society: History and Possibilities* (Cambridge and New York, 2001)

John Keane, "Structural Transformations of the Public Sphere", *The Communication Review*, 1: 1 (1995)

John Keane, *Civil Society: Old Images, New Visions* (Oxford and Stanford, 1998)

John Keane (ed.), *Civil Society and the State: New European Perspectives* (London, 1998)

Margaret E. Keck and Kathryn Sikkink, *Activists Beyond Borders: Advocacy Networks in International Politics* (Ithaca, 1998)

Samir Khalaf, *Cultural Resistance. Global and Local Encounters in the Middle East* (London, 2001)

David C. Korten, *Globalizing Civil Society. Reclaiming our Right to Power* (New York, 1998)

Ira M. Lapidus, *History of Islamic Societies* (Cambridge, 1998)

Emmanuel Levinas, *On Thinking-of-the-Other* (London, 1998)

Ronnie D. Lipschutz and Judith Mayer, *Global Civil Society and Global Environmental Governance. The Politics of Nature from Place to Planet* (Albany, 1996)

Edward Luttwak, *Turbo-Capitalism. Winners and Losers in the Global Economy* (New York, 1999)

William H. McNeill, *The Rise of the West. A History of the Human Community* (Chicago and London, 1963)

Célestin Monga, *The Anthropology of Anger. Civil Society and Democracy in Africa* (Boulder and London, 1996)

Joseph S. Nye and John D. Donahue (eds.), *Governance in a Globalizing World* (Washington, DC, 2000)

Aihwa Ong, *Flexible Citizenship: The Cultural Logic of Transnationality* (Durham, 1999)

Dianne Otto, "Nongovernmental Organizations in the United Nations System: The Emerging Role of International Civil Society", *Human Rights Quarterly*, 18 (1996), pp. 107-141

Anthony Pagden, *Lords of All the World. Ideologies of Empire in Spain, Britain and France c. 1500-c. 1800* (New Haven and London, 1995)

Victor M. Peréz-Diaz, *The Return of Civil Society: The Emergence of Democratic Spain* (Cambridge, MA and London, 1993)

Victor M. Pérez-Diaz, "La formación de Europa: nacionalismos civiles e inciviles", *Claves* (Madrid), 97 (November 1999)

Kenneth Pomeranz and Steven Topik, *The World That Trade Created. Society, Culture, and the World Economy, 1400 to the present* (London, 2002)

John Rawls, *The Law of Peoples* (Cambridge, MA, 1999)

David Reynolds, *One World Divisible. A Global History Since 1945* (London, 2000)

T. Risse-Kappen (ed.), *Bringing Transnational Relations Back In. Non-State Actors, Domestic Structures and International Institutions* (Cambridge, 1995)

James N. Rosenau and Ernst-Otto Czempiel (eds.), *Governance Without Government: Order and Change in World Politics* (Cambridge and New York, 1992)

Yoshikazu Sakamoto, "An Alternative to Global Marketization", in Jan Nederveen Pieterse (ed.), *Global Futures: Shaping Globalization* (London and New York, 2000)

Martin Shaw, *Theory of the Global State. Globality as an Unfinished Revolution* (Cambridge, 2000)

Hernando de Soto, *The Mystery of Capital: Why Capitalism Triumphs in the West and Fails Everywhere Else* (London, 2000)

Ignatius Swart, "Toward a Normative Politics of Global Transformation: Synthesizing Alternative Perspectives", www.uai.org/uniata/swart1.htm

Charles Taylor, "Civil Society in the Western Tradition", in E. Groffier and M. Paradis (eds.), *The Notion of Tolerance and Human Rights: Essays in Honour of Raymond Kilbanksy* (Ottawa, 1991)

Bryan S. Turner, "Orientalism and the Problem of Civil Society in Islam", in Asaf Hussain et al. (eds.), *Orientalism, Islam and Islamists* (Brattleboro', VT, 1984)

Robert B. J. Walker, "Social Movements/World Politics", *Millennium*, 23: 3 (1994), pp. 669-700

Paul Wapner, "The Normative Promise of Nonstate Actors: A Theoretical Account of Global Civil Society", in Paul Wapner and Lester Edwin J. Ruiz (eds.), *Principled World Politics. The Challenge of Normative International Relations* (Lanham, MD, 2000)

Tadashi Yamamoto (ed.), *Emerging Civil Society in the Asian Pacific Community* (Singapore, 1995)

Danilo Zolo, *Cosmopolis: Prospects for World Government* (Cambridge, 1997)

Michael Zürn, "Democratic Governance Beyond the Nation-State", *European Journal of International Relations*, 6: 2 (2000), pp. 183-222

索 引

（所注页码为英文原书页码，即本书边码）

Afghanistan 阿富汗 18，119-122，158，159，202
AIDS 艾滋病 13，59，140
al Jazeera 半岛电视台 9
Albright, Madeleine 玛德琳·奥尔布赖特 2
Alexander, Jeffrey C. 杰弗里·C·亚历山大 77
Al-Ghazali, Abu Hamid 阿布·哈米德·安萨里 192
Althusius, Johannes 约翰内斯·阿尔特胡修斯 125-126

Amnesty International 大赦国际 9，11，57，58，154
Anheier, Helmut 赫尔穆特·安海尔 7-8
Annan, Kofi 科菲·安南 2
anti-globalisation movements 反全球化运动 59，61
　　varieties of 反全球化运动的多样性 59-60
Archibugi, Daniele 丹尼尔·阿奇布基 122
Arendt, Hannah 汉娜·阿伦特

xii，171，201

Argentina 阿根廷 5，72，83，89

Aron, Raymond 雷蒙德·阿伦 146

ASEAN 东南亚国家联盟 100，101

Asian Development Bank 亚洲发展银行 2

asylum seekers 寻求庇护者 19，20

Aung San, Suu Kyi 昂山素季 9，172

Australia 澳大利亚 24，28，30，35，46，52，86，98，131，207

Bacon, Francis 弗朗西斯·培根 125

Bangladesh 孟加拉国 41

BBC World Service 英国广播公司世界广播部 169

Beck, Ulrich 乌尔里希·贝克 7，143-144

Belgium 比利时 50-52，74，78，132

Belo, Bishop Ximenes 西梅内斯·贝洛大主教 9

Bharein 巴林 100

biomes 生物群落 18

Bolingbroke, Henry St John 亨利·圣约翰·博林布 112

Braudel, Fernand 费尔南德·布罗代尔 44

Brazil 巴西 5，46，60，61，71，72，74，85，100，139，168

Britain 英国 5，11，19，31，34，43，45，46，48，50-53，56，57，61，66-69，72，78，84，159

British Empire 大英帝国 28，31，35，50，51

Buchanan, Patrick 帕特里克·布坎南 143

Bull, Hedley 赫德利·布尔 22，185

Burma 缅甸 18，69，128，154

Buzan, Barry 巴瑞·布赞 184，185

Campaign for a More Democratic United Nations 民主联合国促进运动组织 116

Canada 加拿大 28，35，56，102，117，130，132，139

Cantankerousness, School of 反调儿反调儿学派 179，181-182，195

    merits of 反调儿学派的价值 181

    weaknesses of 缺陷 181-182

    see also ethics 或参见伦理

CARICOM 加勒比共同体 100-101

267 索 引

Catholic Relief Servicess 天主教救济服务社 9

Chechenya 车臣 18，101，158

Chile 智利 46，202

Christian Aid 基督教救济社 9

Christian missionaries 基督教传教士 28

Christianity 基督教 1，29，32，33，41，42，43，44，193

    interaction between Islam and 基督教世界和伊斯兰教世界之间的相互作用 44

civic initiatives 公民行动 18，47，59，92，153

    see also civil society; global civil society 或参见公民社会；全球公民社会

CIVICUS 世界公民参与联盟 4，65

civil law 民法 33

civil liberties 公民自由 6，53，54，157

    see also civil society; global civil society 或参见公民社会；全球公民社会

civil society 公民社会

    arts and entertainment 公民社会的艺术和娱乐 79

    as liberal ideal 公民社会被看成自由主义的理念 177－178

    as Western ideal 作为西方理念的公民社会 29－30，32－34，39，182

    civility and 文明性（或礼貌）和公民社会 12－14，30，36，50－53，87

    communications media 传播媒体 79

    corporate social responsibility and 公司社会责任和公民社会 83－84

    cultivation of intimacy 公民社会对亲密关系的培育 79

    distinction between government and 政府和公民社会之间的区分 21

    early modern theories of 公民社会的现代早期理论 31－32

    ethic of 公民社会的伦理 4，177，178，179，182

    freedom 公民社会的自由 140，144

    Gramscian view of 葛兰西主义 63，66，74，75

    morality of 公民社会的道德 197

    Marxian accounts of 马克思主义描述 3

    non-profit associations within 非营利

团体 25

recreation 娱乐形式 79

religious origins of 公民社会的宗教起源 193

spread of ideal 观念的传播 27，35 - 39

theories of 公民社会理论 xii - xiii，32，62

traveling potential of 传播的潜力 178 - 179

types of institutions within 公民社会中的机构类型 79

violence and 暴力和公民社会 30 - 31

within Islamic societies 伊斯兰社会中的公民社会 32 - 34

see also global civil society 或参见全球公民社会

civil war 文明战争 150

civility 文明性 182，198，199，204

early modern conception of 文明性的早期现代概念 198 - 199

moral ambivalence of 文明性的正反感情并存 199

moral language of 文明性的道德话语 198

plural meanings of 文明性的多种意义 199

CNN 美国有线电视新闻网 169

Coca-Cola 可口可乐 73，84，86，168

colonialism 殖民主义 173

pre-/post-colonial dualism 前殖民和后殖民的二元论 37 - 38

communications technology 通信技术 45，69，88

complexity theory 复杂性理论 19，24

Congo 刚果 46

contingency 偶然性 16，128，184

cosmocracy 世界民主 21，97，100

as an ideal-type 作为理想类型的世界民主 169

clumsy government within 世界民主中笨拙的政府 107 - 111

complexity within 世界民主中的复杂性 111 - 118

definition of 世界民主的定义 98

dominant power within 世界民主中的宰制力量 111 - 120

forms of governmental linstitutions within 世界民主中的政府模式化体系形式 101 - 102

global governance school of 全球治理学派 96 - 97

269 索 引

inner core 世界民主的内核 99 - 100

instabilities within 世界民主中的不稳定性 111 - 120

political entropy of 世界民主的政治熵 111 - 112

second zone 世界民主的第二层区域 100

structuring principles 世界民主的结构原则 102 - 104

third zone 世界民主的第三层区域 100

unaccountability within 世界民主中的责任阙如 116 - 118

cosmologies 宇宙论 1

cosmopolitanism 世界主义 28, 52, 70, 119 - 120, 122

Kant on 康德论世界主义 21, 28

Council of Europe 欧洲议会 99, 106 - 107

Cruelty 残暴 xii, 55 - 6, 121, 152 - 153, 172 *see also* violence 或参见暴力

Cuba 古巴 46, 151

Dahrendorf, Ralf 拉尔夫·达伦多夫 22, 159

Davos World Economic Forum 达沃斯世界经济论坛 97

DAWN (Development Alternatives With Women for a New Era) 新时代妇女不同发展途径组织 11 - 12

de Soto, Hernando 埃尔南多·德·索托 71

Democratic Republic of Congo 刚果民主共和国 101, 150, 158 - 159

denizens 居民 20

diasporas 移居国外 6

Earth Summit 地球峰会 111

Earthwatch 地球观察 60

East India Company 东印度公司 28

ecological movements 生态运动 1

Egypt 埃及 31, 114

El Salvador 萨尔瓦多 50 - 52

Engels, Friedrich 弗里德里希·恩格斯 32, 49, 70

Environment Defense Fund 环境保卫基金 38

ethics 伦理 4, 27, 41, 75, 185 - 186

believers in First Principles 第一法则信仰者 185 - 186

natural law human consensus 自然法人类共识 186, 188

neo-Humean approaches to 新休谟主义伦理路数 188

neo-Kantian approaches to 伦理的新康德路数 190-191

theological approaches 伦理的理论路数 189，193 see also Law of Unending Controversy 或参见无休止争议法则

weaknesses of conventional approaches 伦理传统路数的缺点 190-191

see also First Principles 或参见第一法则

Etzioni, Amitai 阿米泰·埃奇奥尼 196

European Court of Human Rights 欧洲人权法院 102，104

European Court of Justice 欧洲法院 107

European Union 欧盟 5，60，101，106，131，143

Fascism 法西斯主义 1，203

fatalism 宿命论 xi，32，117，125-128

Fichte, J.G. J.G.费希特 187

FIFA 国际足联 9，173

First Principles, believers in 第一法则，信仰者 182，186

human consensus 第一法则人类共识 188

natural law 第一法则自然法 186

First World War 第一次世界大战 44，53-54，70

Ford foundation 福特基金会 4，9

Fortuyn, Pim 皮姆·福图纳 143

Foucault, Michel 米歇尔·福柯 64-6

Fourth World Conference on Women 第四届世界妇女大会 62

France 法国 5，24，34，50，55，57，74，78，106，118，129，132，153，158-159

free trade 自由贸易 50，67，78

neo-liberal economics 新自由主义经济 2

see also turbocapitalism 或参见涡轮资本主义

French Revolution 法国大革命 21

Friends of the Earth 地球之友 57-58

G-8 Summit 八国峰会 25

al-Ghannouchi, Rashid 拉希德·加努希

Galeano, Eduardo 爱德华多·加莱亚诺 167

Gates, Bill 比尔·盖茨 9，83-84

Gellner, Ernest 恩斯特·盖尔纳 39

Germany 德国 5，34，50－51，55，66，74

Ghandi, Mahatma 圣雄甘地 8，50－53

Global Action Project 全球行动项目 60

global campaigns against landmines 全球反地雷运动 6

global cities 全球城市 6

global civilization, idea of 全球文明，全球文明的理念 2

global civil society 全球公民社会

    activists within 全球公民社会的活动家 58

    analytic-descriptive usages of 对全球公民社会术语的分析性—描述性的运用 3

    as by-product of governmental action 作为政府作为副产品的全球公民社会 92

    as categorical 作为绝对（要求）的全球公民社会 202

    as ideal-type 作为理想类型的全球公民社会 8－20，30

    as precondition of pluralism 作为多元性前提的全球公民社会 202

    blurred boundaries within 全球公民社会内部的模糊边界 7

    campaigners perceptions of 运动者对于全球公民社会的认识 62－63

    civility within 全球公民社会里的文明性 182，198－201，204

    communications media within 全球公民社会里的传播媒体 166

    complexity of 全球公民社会的复杂性 4，15－17，175

    definition of 全球公民社会的定义 8

    distinction between market and 市场和全球公民社会之间的区分 82

    elusiveness of 令人难以捉摸的全球公民社会（概念） 176

    empirical approaches 全球公民社会的经验轮廓 4

    ethical approaches to: believers in First Principles 全球公民社会的伦理路数；第一法则的信奉者 160，175；ethical language of 全球公民社会的伦理话语 175；natural law 全球公民社会的自然法 188；human consensus 全球公民社会的人类共识 186；neo-Humean approaches to 全球公民社会的新休谟主义路数

188; neo-Kantian approaches to 全球公民社会的新康德主义路数 190-191; theological approaches 全球公民社会的理论路数 189, 192; weakness of conventional approaches 全球公民社会传统路数的缺点 189-191

freedoms within 全球公民社会中的自由 140, 145

free trade 全球公民社会的自由贸易 78

governance of 全球公民社会的治理 94-97

incivility within 全球公民社会内部的不文明（现象） 12

inequality within 全球公民社会内部的不平等 145

justice 全球公民社会的公正 172, 176

languages, extinction and survival of 全球公民社会语言的消亡和存续 19

market inequalities within 全球公民社会中的市场不平等 88

markets and 市场与全球公民社会 75

markets, as an organising principle of 作为全球公民社会组织原则

的市场 76

mobility of people within 全球公民社会中人们的跨国流动 19-20

movements within 全球公民社会内部的运动 60

non-foundationalist approach to 对全球公民社会的非极端主义路数 203

origins of 全球公民社会的起源 3, 35, 40, 44-57

INGOs 全球公民社会的跨国非政府组织 2, 5, 8, 25, 36

pluralism within 全球公民社会中的多元主义 14, 41, 61, 125, 138, 142, 181, 183, 199, 201, 203

poverty 全球公民社会中的贫困 6

power relations within 全球公民社会中的权力关系 16-7, 50, 62, 171, 183

principle threats to 全球公民社会的主要威胁 143

protection of 全球公民社会的保护 204

protest organisations 全球公民社会的抗议组织 18

purist views of 全球公民社会的纯

粹主义观点 57，62，64-65

religion 全球公民社会的宗教 5

Seattle protest and 西雅图抗议和全球公民社会 59

share of wealth and income within 全球公民社会内部财富和收入的份额 90

strategic approaches 全球公民社会的策略性运用 3

traditions within 全球公民社会内部的传统 40-43，78

see also civil society 或参见公民社会

global commodity chains 全球商品链条 69，74

    uneven development of 全球商品链条的不平衡发展 70

    see also turbocaptalism 或参见涡轮资本主义

Global Coral Reef Monitoring Network 全球珊瑚礁监测网络 9

    see also neo-liberal economics；turbocapitalism 或参见新自由主义经济；涡轮资本主义经济

Global Forum 全球论坛 111

global governance *see* cosmocracy 全球治理或参见世界民主

global media 全球媒体 xi

    as force for cosmopolitanism 作为世界主义力量的全球媒体 162，168-169

    see also global public spheres 或参见全球公共领域

global money landering 全球洗钱 113-114

global public spheres 全球公共领域

    as ideal type 作为理想类型的全球公共领域 169

    and self-reflexivity 全球公共领域和自我反思性 172

    growth of 全球公共领域的成长 172

    see also global media 或参见全球媒体

global statistics agencies 全球统计机构 6

global summit 全球峰会 6

Gramsci, Antonio 安东尼奥·葛兰西 62

Greene, Graham 格雷厄姆·格林 31

Greenpeace 绿色和平组织 57，91，109

Gulf War 海湾战争 119

Habermas, Jürgen 尤尔根·哈贝马

斯 195，205

Haiti 海地 35，72

Hanson, Pauline 波林·汉森 143

Hardt, Michael 迈克尔·哈特 64-65，82

Hassner, Pierre 皮埃尔·哈森纳 146

Hegel, G. W. F. G. W. F. 黑格尔 73，137，181

Heidegger, Martin 马丁·海德格尔 164，170

Held, David 大卫·赫尔德 122

higher education 高等教育 129

    as catalyst of global civil society 作为全球公民社会催化剂的高等教育 137

    growth of 高等教育的成长 129

Hobbes, Thomas 托马斯·霍布斯 22，55，95，180

Hobsbawn, Eric 艾瑞克·霍布斯鲍姆 95

Honduras 洪都拉斯 52

hubris 狂妄自大 xiii

Hugo, Victor 维克多·雨果 48

human rights 人权 44，59，60-61，101，142，154，187

    ethic of 人权伦理 187-188

humanitarian intervention, principle of 人道主义干预（的原则） 158-159，171

Hume, David 大卫·休谟 188-190

Hungary 匈牙利 24，101，118

ideology 意识形态 41，60，138-145

    free market 自由市场意识形态 142-143

Index on Civil Society 公民社会指数 4

India 印度 28，32，35，37-38，42，53，60，73，84，87，100，102，148

    constitutional democracy in 印度的宪政民主 37

    James Mill on 米尔·詹姆斯论印度 32

    the Raj 统治 28

Indigenous Peoples Bio-Diversity Network 土著民族生物多样性网络 9

Indonesia 印度尼西亚 100，115

INGOs 跨国非政府组织 6，7，18，32-38，62，173

    collaboration with government 跨国非政府组织和政府组织的合作 109，110

date on 关于跨国非政府组织的数据 6

early examples of 跨国非政府组织的早期例子 47

growth of 跨国非政府组织的增长 5

inequalities among 跨国非政府组织之间的不平等 90

see also civil society, global civil society 或参见公民社会，全球公民社会

Inter-American Court of Human Rights 泛美人权法院 107

see also civil society, global civil society 或参见公民社会，全球公民社会

International Airport Association 国际航空运输联盟 109

International Association of Religious Freedom 国际宗教自由协会 93

International Bank for Reconstruction and Development 国际建设和发展银行 67

International commissions 国际委员会 9

International Committee for the Relief of Wounded Soldiers 伤兵救护国际委员会 154

International Court of Justice 国际法院 97，106

International Criminal Tribunal for the Former Yugoslavia 南斯拉夫国际刑事法庭 102，104

International League for the Rights of Man 国际争取人权和公民权联盟 54

International Missionary Council 国际传教士理事会 54

International Monetary Fund 国际货币基金组织 5，61，67，89，98

International Olympic Committee 国际奥委会 173-174

International Postal Union 国际邮政联盟 93

International Red Cross 国际红十字会 9，93，154

International Society 国际社会 22，95，185

Internet, access to 接触互联网 140-141

regulation of 互联网法规 106

Iran 伊朗 42，100，130，168

Iraq 伊拉克 148

Islam 伊斯兰教 1，33，34，40-44

interaction between Christianity and 基督教和伊斯兰教之间的相互作用 44

origins of 伊斯兰教的起源 40

technical innovations 伊斯兰教的技术创新 41

universalising tendencies within 伊斯兰教内部的普遍化构想 42-43

Israel 以色列 23，141，148，154

Italy 意大利 34，43，50，139，156

Japan 日本 5，19，24，25，35，66，74，79，99，143，158

Jonas, Hans 汉斯·乔纳斯 206，208

Jubilee 2000 纪念2000年 60

Judalism 犹太教 41-43，194

Kant, Immanuel 伊曼努尔·康德 20，21，28，123，125，133，191-192，197

  cosmopolitanism and 世界主义和康德 21，28

Kashmir 克什米尔 150，158

Kemal, Mustafa 穆斯塔法·凯末尔 34

Kerr, Clark 克拉克·科尔 136

Klein, Naomi 内奥米·克莱恩 9，59，84，92，125-192

Kleist, Heinrich von 海因里希·冯·克莱斯特 23

Kosovo 科索沃 119，158-159

Küng, Hans 汉斯·昆 193-194

labour 劳动 6，18，33，74，78-79

languages 语言

Law of Unending Controversy 无休止争议法则 194

Le Pen, Jean-Marie 让-玛丽·勒庞 85，143

Levi, Primo 普里莫·列维 9

literacy 识字 6，85

Locke, John 约翰·洛克 199

Luttwak, Edward 爱德华·勒特韦克 81

Lyotard, Jean-François 让-弗朗西斯·利奥塔 137

Macpherson, C.B. C.B.麦克弗森 89

mafia 黑手党 10，14，155

  see also violence 或参见暴力

Mamdani, Mahmood 马哈默德·曼姆达尼 27

margizens 边缘人 20

Marschall, Miklos 米克洛·马歇尔 97

Marshall, McLuhan 麦克卢汉·马

歇尔 1

Martin Luther King 马丁·路德·金 9

Marx, Karl 卡尔·马克思 32, 49, 64, 70

McDonald's 麦当劳 16, 84, 86-87, 131, 168

media events 媒体事件 16, 62, 163, 170

　　1989 revolutions 1989 年革命 171

　　attacks on New York and Washington 对纽约和华盛顿的恐怖主义袭击 171

　　overthrow of Milosevic 推翻米洛舍维奇 171

　　see also global public spheres 或参见全球公共领域

Médicins Sans Frontières 无国界医生 109, 154

Mexico 墨西哥 30, 52, 60, 61, 72-73, 89, 143, 168

Mill, James 詹姆斯·米尔 32

Montesquieu 孟德斯鸠 112

morality 道德 47, 57, 121, 125, 196-8

Mouffe, Chantal 尚塔尔·墨菲 180-181

Multilateral Agreement on Investments 多边投资协议 69

Naidoo, Kumi 库米·奈多 64

Namibia 纳米比亚 24

Negri, Antonio 安东尼奥·内格里 64-65, 82

neo-liberal economics 新自由主义经济 2

　　see also turbocapitalism 或参见涡轮资本主义

Netherlands 荷兰 5, 11, 26, 34, 50

News Corporation International 国际新闻集团 9

Nicaragua 尼加拉瓜 52

Nigeria 尼日利亚 35, 61, 84, 100

non-profit associations 非营利团体

　　within Japan 日本非营利团体 25

　　see also global civil society 或参见全球公民社会

North American Free Trade Agreement 北美自由贸易协定 69, 117

North Korea 朝鲜 148, 158

Northern Ireland 北爱尔兰 24

Norway 挪威 45, 90, 116

nuclear Weapons 核武器 13, 15, 56, 106, 147-149, 207-208

O'Neill, Onora 奥诺拉·奥尼尔 191

OpenDemocracy.net 开放民主网 9
Orwell, George 乔治·奥韦尔 57
Oxfam 乐施会 38, 109, 154

Paine, Thomas 托马斯·潘恩 36, 197
Pakistan 巴基斯坦 24, 100, 148, 158
Parekh, Bhikhu 比居·帕雷克 188-190
People's Communication Charter 人民传播宪章 169
Peoples Global Action 人民全球行动 61
Peréz-Diaz, Victor M. 维克多·M·珀雷兹-迪阿兹 7
Peru 秘鲁 30, 46, 71
Plato 柏拉图 116, 201
Poland 波兰 48, 55, 109, 178
Polanyi, Karl 卡尔·波兰尼 78, 79
Portugal 葡萄牙 43, 50, 118
post-modernism 后现代主义 201
poverty 贫困 6
protest organisations 抗议组织 18
public opinion 公共舆论
  across borders 跨国公共舆论 xi, 6
  see also global public spheres 或参见全球公共领域

Qur'ān 《古兰经》 32, 34, 41-42, 194

Randeria, Shalini 沙利尼·兰德利亚 37-39
Rawls, John 约翰·罗尔斯 123-124
Reagan, Ronald 罗纳德·里根 81
realism 现实主义 94-6
  see also cosmocracy 或参见世界民主
refugees 难民 19, 149, 154, 197
religion 宗教 5, 32, 37, 41-43, 142, 160, 183
  see also Law of Unending controversy 或参见无休止争议法则
Romania 罗马尼亚 54
Rorty, Richard 理查德·罗蒂 184
Rousseau, Jean-Jacques 让-雅克·卢梭 33
Ruckus Society 骚动社会组织 11, 61
Russia 俄罗斯 26, 35, 72, 100, 114, 146, 148, 158, 168

Sahlins, Marshall 马歇尔·萨林斯 86
Sakamoto Yoshikazu 义一版本 75,

279 索 引

76-7

Saul, John Ralston 约翰·拉尔斯顿·索尔 117

Schmitt, Carl 卡尔·施密特 180

Schröder, Gerhard 格哈特·施罗德 2

Seattle protest 西雅图抗议 59

Second World War 第二次世界大战 46, 55, 66, 110

Shack/Slum Dwellers International 国际贫民窟居民组织 9

Shiva, Vandana 范达娜·席娃 167

Sierra Leone 塞拉利昂 18, 87, 101, 150, 154

Singapore 新加坡 80, 131

Smith, Adam 亚当·斯密 70

social injustice 社会不公 xiii, 48-9

social movement 社会运动 xi, 6, 8, 18, 59, 63, 155

 see also anti-globalisation movements 或参见反全球化运动

socialism 社会主义 xi, 49

society, definition of 社会的定义 63

Anglo-Oriental Society for the Suppression of the Opium Trade 盎格鲁-东方禁止鸦片贸易协会 54

Sony 索尼 9, 16, 162

Soros, George 乔治·索洛斯 81, 82

South Africa 南非 35, 50-3, 85, 87, 160

South Korea 韩国 72, 82, 98, 106

Soviet Union 苏联 57, 67

Spain 西班牙 5, 28, 40, 42, 43, 50, 54, 55

St Augustine 圣·奥古斯丁 11

Stockholm Declaration 1996 斯德哥尔摩1996年宣言 13

Sub-Saharan Africa 撒哈拉沙漠以南非洲 5

Sudan 苏丹 69, 101, 149, 150, 154

Sufi networks 苏菲派网络

 Naqushabandiyya 纳格什班底亚教团 9

 Qadiriyya 卡底里亚教团 9

Sweden 瑞典 66, 74

Switzerland 瑞士 5, 19, 34, 132

taste chains 品味的链条 86-87

 see also turbocapitalism 或参见涡轮资本主义

telephone traffic 电话交往 6

terrorism 恐怖主义 xii, 10, 15, 151

Thailand 泰国 72，89，100

Tocqueville, Alexis de 阿列克斯·德·托克维尔 32，34，36

　　on civil society 托克维尔论公民社会 36

　　on colonialism 托克维尔论殖民主义 34

trades unions 贸易联盟 9，25，67，76，139

Transparency International 透明国际 9，169

transportation 运输 47-48，69，88

　　and financial speculation 运输和金融投机 72

turbocapitalism 涡轮资本主义 xi，65-74

　　and consumer advertising 涡轮资本主义和消费者广告 85

　　and financial speculation 涡轮资本主义和金融投机 72

　　and global labour pool 涡轮资本主义和全球劳动力储备 74

　　and job creation 涡轮资本主义和工作创造 83

　　and production 涡轮资本主义和生产 73-74

　　and wage differentials 涡轮资本主义和工资差别 74

　　definition of 涡轮资本主义的定义 67

　　destructiveness of 涡轮资本主义的破坏性 89

　　exchange value/prestige value 涡轮资本主义的交换价值/声望价值 18，19

　　free trade 涡轮资本主义的自由贸易 78

　　geographic bias 地理倾向 68

　　Keynesian welfare state 涡轮资本主义下凯恩斯式的福利国家资本主义体系 67-68

　　neo-liberal economics 涡轮资本主义下新自由主义经济 2

　　novelty of 涡轮资本主义的新颖之处 69

　　poverty 涡轮资本主义的贫困 6

　　taste chains 涡轮资本主义的品味的链条 86-87

　　see also free trade; neo-liberal economics 或参见自由贸易；新自由主义经济

Turkey 土耳其 24，72

　　under Kemalist rule 凯末尔主义统治下的土耳其 34-35

Uganda 乌干达 47

Uganda Debt Network 乌干达债务网

281 索引

络 60

uncivil society 非文明社会 155

　　see also violence 或参见暴力

UNESCO 联合国教科文组织 93, 110, 130

UNICEF 联合国儿童基金会 96

Union of International Associations 国际协会联盟 4, 47

United Nations 联合国 xiii, 2, 15, 25, 58, 104, 107

　　Declaration for the Elimination of Violence Against Women 联合国《消除对妇女的暴力行为宣言》 171

　　early catalytic effects of 联合国在早些年的催化剂作用 110-111

　　environmental programme 联合国环境署 91

　　Security Council 联合国安理会 100, 102, 115

　　Universal Declaration of Human Rights 世界人权宣言 119-122

United States 美国 2, 32, 35, 45, 46, 50-52, 55, 56, 57, 66, 74, 140-141, 143, 146, 148, 158-159, 173

　　as dominant power 作为宰制力量的美国 110, 118-120, 146

　　deficit-of-last-resort 消除赤字的最后屏障的美国 187-188

universities 大学

　　as ivory towers 作为象牙塔的大学 132

　　reaction to market pressures 大学对于市场压力的反应 134-135, 147

Uruguay 乌拉圭 46, 111

Varsavsky, Martin 马丁·法萨夫思奇 83

Vattel, Emmerich de 埃梅里希·德·瓦泰勒 20-21, 119-122

　　on cosmopolitanism 瓦泰勒论世界主义 28

Vienna Conference on Human Rights 维也纳人权会议 111

violence 暴力 xi, xii, 10, 44, 176, 206

　　century of 暴利的世纪 50

　　totalitarian 极权主义暴力 1

　　triangle of 暴力的三角形 145-151, 155

　　nuclear weapons 核武器暴力 147-149

　　terrorism 恐怖主义的暴力 xii, 151-152

　　see also cruelty 或参见残暴

Virginia Company 弗吉尼亚公司 28

Wagner, Adolph 阿道夫·瓦格纳 68

Wallas, Graham 格雷厄姆·沃拉斯 44

Walzer, Michael 迈克尔·沃尔泽 139, 189

war criminals 战犯 12, 22

Weber, Max 马克斯·韦伯 30, 45, 50, 178

 on ideal-types 韦伯论理想类型 30

 on power 韦伯论权力 50

WEED 世界经济、生态和发展组织 60

Wight, Martin 马丁·怀特 22, 117-120

Wilde, Oscar 奥斯卡·王尔德 204

Wittgenstein, Ludwig 卢德维格·维特根斯坦 7, 192

Women Living Under Muslim Laws 在穆斯林法律之下生活的妇女们 9

World Bank 世界银行 2, 5, 60, 89, 92

world civil society 世界公民社会 20, 22

World Court Project 世界法院计划 106

World Economic Forum 世界经济论坛 84

World Heath Organisation 世界卫生组织 110

World Passport initiative 世界护照行动 9

world society 世界社会 184-5

world trade 世界贸易 74

 see also neo-liberal economics; turbocapitalism 或参见新自由主义经济；涡轮资本主义经济

World Wildlife Fund 世界野生动物基金 91

WTO 世界贸易组织 2, 15, 97, 100, 107

Yugoslavia 南斯拉夫 54, 55, 87

Zaire 扎伊尔 46

Zambia 赞比亚 46

Zhirinovsky, Vladimir 乌拉奇米尔·季林诺夫斯基 143

Zimbabwe 津巴布韦 47, 100, 140

译后记

译事之艰,唯事者知之。信哉斯言也!

读硕期间,承蒙展江教授错爱,初译完《全球公民社会?》。弹指之间,五六年已过。追今抚昔,亦未免几句欷歔,付与这似水流年。

一

千禧之年,我就学于中国青年政治学院新闻与传播系新闻学专业。展老师任系主任,对我等影响甚深。撰写本科毕业论文时,所选题目正好由展老师指导。理论启蒙,或许始自此时。

毕业后,到北京大学社会学系随郑也夫教授读社会学专业,仍时常回展老师处问学请益。一次,展老师拿出几本英文书,嘱我选一本翻译看看。初生牛犊不怕虎,俗套的谚语含藏着真谛。诚惶诚恐之间,我选了《全球公民社会?》。盖因本科毕业论文涉及公共领域,心想总有些联系。

且自己正学习社会学，对此书也颇觉亲切。其实，展老师想让我翻译的是另一本有关电报的书，奈何我暗觉无趣。《全球公民社会？》就此进入我的视野。对它的翻译，遂构成硕士生活的组成部分。

翻翻停停，这本不算太厚的英文真被我变成中文。交给展老师后，许久未闻音讯，甚至逐渐淡忘。在此期间，我完成硕士学业，进《学习博览》杂志做编辑记者，甚至还和同事一起专访过展老师。

直到今年，落叶飘飞时节，中国人民大学出版社钟婧怡编辑打来电话，告知译稿即将付梓。其时我置身一处古色古香的庭院，一时间恍若隔世。

这个当口，我已辗转至北京大学哲学系中国哲学专业暨北京大学国学研究院，师从楼宇烈先生攻读博士学位。博士论文选定研究春秋公羊学。想起本科时曾涉猎过的"公共领域"，到硕士时翻译的"全球公民社会"，再到博士论文的"公羊学"，虽只是字词间表面的相似，似也含着冥冥茫茫的牵连。公羊学强调"大一统"，联想此书所表彰的"全球化"，其间关联似不止在字词之间而已呢。

玩笑话吗？

二

看完所有的树木，是否足以知晓整片森林？

不一定。

译完此书，细加校对后，我得出这个答案。还可加上一句：即使看两遍树木，也不足以概观森林之整体。然而，相对于没有看过树木的人，大约却更懂得整片森林。至少，更知晓森林中的某些不太一样的树木。

跟一位朋友说起这种感受——他曾译过更厚的书。他略带夸张地说，翻完后全忘了。这番话，多少让我释然了些。所以，我更愿意提提这片"森林"中给我印象甚深的"树木"，譬如"涡轮资本主义"。

这个颇为形象的表述来自美国历史学家勒特韦克。"创造性地破坏进程的加速度，是今天市场经济资本主义的新现象。"勒特韦克认为"这场变革的可怕的速度"将给"大部分居民造成精神创伤"。与这种悲观论调不同，基恩视涡轮资本主义为全球公民社会的"兴奋剂"，因为它把追逐利润的资本从国家管制、社会习俗、税收等限制中解放出来，突破时间、空间、语言和习俗的限制，在全球规模上自由流动，从而形成人员、资金、信息、原材料和产品等的整合网络，最终对全球公民社会产生文明化的影响。虽然基恩也认识到该机制的复杂性和不均衡性，但仍然对涡轮资本主义抱有正面看法。

身处中关村，看到街上行色匆匆的各色人等，再看看地铁中更为汹涌的人流、校门口骑电动车穿梭往来的快递员以及经常被人秀的 iPhone，对"涡轮"搅动之所及似有更真切的体认。窃以为，"涡轮"一说自有其道理。怀旧的乡愁看上去很美，若遽然回归此前被封闭的凝滞状态，几人真愿意？因此，至少就笔者置身的此一隅时空而言，相对那些对全球化或涡轮资本主义嗤之以鼻的理论家们，基恩的看法自然显得更务实些。

在基恩的观念中，民主、市场、公民社会、全球化之类的观念，似具有毋庸置疑的可欲性。由此，基恩对威胁全球公民社会的"暴力三角形"忧心忡忡。这种担忧难能可贵。若进一步，则可追问：上述观念，是否足以令思维与行动留止其中乃至停滞于内？是否果真找到最终的目标，乃至只需在达至目标的方式上努力，而无须对目标本身予以批判性反思？在倾向线性进化与目的论的思维方式中，某些原本重要的思考面向是否有意无意地被遗失和掩埋？我们的世界，是否真能走出治乱更替、文质再复的循环？看上去很美的说辞，若被取消反思的可能而堕为意识形态，是否终将留下"成也萧何，败也萧何"的浩叹？

歌曰：不是我不明白，这世界变化快。陷于停滞固然难耐，变化太快真乃人类福祉吗？涡轮开足马力飞旋，总有未及反应的物事被抛甩在外。它们原本好端端待在自己的地盘上。那些被认为可欲的外在目标，足以构成令它们兀自承受厄运的缘由吗？一声"文明化"的、面无表情的"sorry",真就"ok"了?

直接的"yes"或"no",总让人举棋不定。非此即彼与亦此亦彼间,空阔的地带给思考留着。

三

接到通知时,离出版期限不足两月。我先天真地以为不用怎么校对吧,重读书稿后,方知问题重重。虽博士论文日程紧张,但这项翻译岂能草草了事?然而留下的有效工作时间,不过一个多月。其间还有诸多其他事务需要打理。

紧迫之时,多亏朋友们鼎力相助。好友郭之恩博士乃英语专业出身,译过佳作数本。感谢之恩在装修新家的繁忙中,仔细校对了第五章。同门肖伟光博士曾在清华学工科,极为严谨,校对了第三章。同样严谨的好友卜红亮博士校对了第二章前半部分。好友邓世骞兄之爱人曹玲秀女士供职于新东方集团,校对了第二章后半部分。感谢诸位!笔者本人校对了第一章及第四章,并核对了其他章节。同时,笔者也要感谢作为全球公民社会重要组成部分和纽带的互联网。尤其是很多公民社会组织的译名以及其他专有名词,都能在网上搜索到译名。只要勤加甄别,基本能找到较通行的译法。而几年前初译时,很多组织的专有名词在网上还难觅踪影。这,亦是全球公民社会突飞猛进的一个旁证吧!

更应被感恩者,乃是生养我生命的父母,以及滋养我慧命的师长们。感恩雒泽举老师、展江教授、李岚研究员、郑也夫教授、楼宇烈教授、李文明先生、廖茂荣老师、赵纲先生、尹伟中先生、陈益鉴先生……还有为此书付出辛劳的中国人民大学出版社钟婧怡女士等编辑同仁。亦感恩约翰·基恩先生为译者智力生活带来的挑战与砥砺。

校书如扫落叶,旋扫旋生。虽大致尽力,但时限所囿,谬误难免,且俟来日。若得方家指正,自当洗耳恭听。

此书校对最艰苦之时,正好跨越而立门槛。携阳子共赴西安,于唐宫祖陵间感得一联,且以作结——

暮暮轻沙大唐宫阙见鸱尾霓裳藏夕阳
早早薄雾始祖驭阁转苔柏鼓烟起清响

李勇刚

于北京大学畅春新园

2011 年 12 月 15 日

Global Civil Society by John Keane

Published by the Press Syndicate of the University of Cambridge.

ISBN: 0-521-81543-6

© John Keane 2003

All rights reserved.

Simplified Chinese Version © 2009 by China Renmin University Press.

图书在版编目（CIP）数据

全球公民社会？/（英）约翰·基恩著；李勇刚译 .—北京：中国人民大学出版社，2012.2
（当代世界学术名著·新闻与传播学译丛·大师经典系列）
ISBN 978-7-300-15255-4

Ⅰ.①全⋯ Ⅱ.①基⋯ ②李⋯ Ⅲ.①社会学 Ⅳ.①C91

中国版本图书馆 CIP 数据核字（2012）第 024885 号

当代世界学术名著
新闻与传播学译丛·大师经典系列
全球公民社会？
［英］约翰·基恩 著
李勇刚 译
郭之恩 肖伟光 等 校
Quanqiu Gongmin Shehui?

出版发行	中国人民大学出版社		
社　　址	北京中关村大街 31 号	邮政编码	100080
电　　话	010-62511242（总编室）		010-62511398（质管部）
	010-82501766（邮购部）		010-62514148（门市部）
	010-62515195（发行公司）		010-62515275（盗版举报）
网　　址	http://www.crup.com.cn		
	http://www.ttrnet.com（人大教研网）		
经　　销	新华书店		
印　　刷	北京联兴盛业印刷股份有限公司		
规　　格	155 mm×230 mm　16 开本	版　次	2012 年 3 月第 1 版
印　　张	19.25 插页 2	印　次	2012 年 3 月第 1 次印刷
字　　数	264 000	定　价	49.80 元

版权所有　侵权必究　　印装差错　负责调换